Cem Anos Sem

Laura Leal

Cem Anos Sem Agú Antônio 1887 - 2009

novo século®

SÃO PAULO 2010

Copyright © 2010 by Laura Leal

PRODUÇÃO EDITORIAL   EQUIPE NOVO SÉCULO
CAPA   CARLOS EDUARDO
DIAGRAMAÇÃO   RENATA MILAN
PREPARAÇÃO DE TEXTO   GIACOMO LEONE
REVISÃO DE TEXTO   MARINA PAVELOSK

Dados internacionais de catalogação na Publicação (CIP)
(Câmara Brasileira do Livro, SP, Brasil)

Leal, Laura
Cem anos sem Antonio Agú : 1887-2009 / Laura
Leal. -- Osasco, SP : Novo Século Editora, 2010.
1. Agú, Antônio, 1845-1909 2. Cidades - História 3. Cultura - Osasco (SP) 4.
Empreendedores - Biografia 5. Fundação de Osasco (SP) - História
6. Osasco (SP) - História I. Título.

10-10892   CDD-981.612

Índices para catálogo sistemático:
1. Fundação de Osasco : São Paulo : Estado :
História social 981.612

2010
IMPRESSO NO BRASIL
PRINTED IN BRAZIL
DIREITOS CEDIDOS PARA ESTA EDIÇÃO À NOVO SÉCULO EDITORA
Rua Aurora Soares Barbosa, 405 – 2º andar
CEP 06023-010 – Osasco – SP
Tel. (11) 3699-7107 – Fax (11) 3699-7323
www.novoseculo.com.br
atendimento@novoseculo.com.br

O livro *Cem Anos Sem Antônio Agú* resgata a história do empreendedor e fundador da cidade de Osasco, estando, hoje, constituída pelos poderes Executivo, Legislativo e Judiciário. Em seus primórdios, a cidade era chamada de Ilha de São João; mais tarde, Subúrbio da cidade de São Paulo.

Subjetivamente, a palavra "história" traz em seu cerne o respeito à vida dos seres humanos em sociedade ao longo do tempo. As fontes históricas são documentos, livros, fotos, objetos, estilos de vida, documentários de filmes inclusive depoimentos coletados em 2009, enfim, tudo o que diz respeito à História da Ciência Social.

Laura Leal,
autora.

Este livro é dedicado à população da cidade de Osasco, Brasil, como também da cidade de Osasco, Itália, por ter sido ele, Antônio Agú, um filho ilustre.

AGRADECIMENTOS

Primeiramente, agradeço a Deus a oportunidade que me concedeu; aos meus pais, Acácio Antunes de Souza e Nair Venâncio de Souza (*in memorian*), o fato de me transmitirem sempre as bases de uma família que são a humildade, honradez, união e o respeito mútuo entre seus filhos: Maria Aparecida, Laura, Antonio, João, Bernadete e Marlene.

Ao meu esposo, José Eustáquio; aos meus filhos, Rogério, Priscila e Daniel; à minha nora Viviana e às minhas netas, Alessandra, Jéssica e Vanessa, agradeço a paciência ao tempo dedicado neste trabalho.

Ao presidente da Câmara Municipal de Osasco, senhor Osvaldo Vergínio da Silva e ao diretor-secretário doutor Edú Eder de Carvalho.

Aos familiares de Maria Odette Agú e à doutora Agnes Agú Cassavia.

Às escritoras Neyde Collino de Oliveira, Ana Lúcia M. Rocha Negrelli, Maria Inês Zampolim Coelho (FITO), Helena Pignatari e Marlene Ordonez.

Ao escritor Geraldo Francisco de Sales.

À jornalista e historiadora senhora Mara Danusa.

Ao pesquisador José Luiz Alves de Oliveira.

Aos colaboradores da Editora Novo Século: senhores Luiz Vasconcelos, Edson Honorato e senhorita Letícia Teófilo.

Aos colegas da Câmara Municipal de Osasco: Ráriton Cassoli (professor); Maurício Viel (jornalista); Eudes Donisete de Souza (diagramador); Maristela Scapim (cerimonialista); Sandra Maria Caputo (Chefe de Divisão Serviços Parlamentares); Elaine Cristina Moreira (cerimonialista); José Marcelo dos Santos (JUCO 2000 – Centro de Informática); Eurípedes Brandão (vereador da VI Legislatura da Câmara Municipal de Osasco); Jair Assaf (vereador da VI a XII Legislatura da Câmara Municipal de Osasco) e Valderez Cezar (Serviços Parlamentares).

Aos colaboradores: Naipha Franzoni Gonçalves da Silva (filha do construtor da chaminé da Romeu Ranzini/Granada); senhor Dejaniro Martins (munícipe e auxiliar na construção da chaminé da fábrica de louças Romeu Ranzini – Granada); Pedro Batista da Silva (munícipe); senhora Santina Dadato de Freitas (emancipadora e diretora do Jornal *A Vanguarda*).

À administração do Cemitério da Consolação da cidade de São Paulo, por intermédio do senhor Francisvaldo Gomes de Almeida (o Popó).

Ao ilustríssimo senhor coronel Galase, diretor da Central dos Serviços Funerários na cidade de São Paulo e senhor Julio (assessor administrativo).

Às senhoras Maria Aparecida Oliveira Souza e Marilene Hernandes de Souza (digitadoras).

Igualmente, às senhoras Edileusa Malfetti (assistente administrativo do Museu Dimitri Sensaud de Lavaud), Renata Aparecida Dias Pereira, (assistente – Arquivo – Museu Municipal Dimitri Sensaud de Lavaud), e Isabel Terue Kohmoto Rosa (revisora de texto).

Apresentação

A história deste livro marca o percurso dos seres humanos numa determinada sociedade e época. São acontecimentos relacionados aos objetivos, às necessidades e aos costumes de uma população, ocorridos em datas a serem lembradas.

Cem Anos Sem Antônio Agú é um livro que conta a formação da cidade de Osasco a partir do ano de 1887. Expõe situações vividas por uma população em uma época de urbanização que fez uso de técnicas para industrializar seus produtos e assim laborar as terras e torná-las prósperas. Osasco está situada a oeste da capital do Estado de São Paulo, há dezesseis quilômetros, a partir do marco zero, do então complexo metropolitano da cidade de São Paulo.

É oportuno observar, pois esta ação aproxima o passado de sua história, que os pioneiros encorajados viveram e lutaram para a formação daquilo que hoje a cidade vive – a busca de uma realidade humana melhor para as próximas gerações.

Diante desta magnitude, convém à História da Ciência Social mostrar como os fatos evoluem e se transformam. Aquela família, aquela fábrica, aquela escola, aquele hospital, não existem como seres imutáveis. Há de se ocupar as lacunas para conhecer sua origem, a tradição de uma sociedade, enfim, a vida da humanidade. Entretanto, o livro não mostra somente os feitos heroicos e o sucesso daquela vila que se urbanizava. Há momentos de infortúnio como o fato relacionado à Cooperativa de Vidreiros.

No livro que você vai ler, descobrirá a postura de um povo simples, ordeiro e honesto que habitou e ainda habita a cidade de Osasco. São pessoas responsáveis pelas transformações em todo o campo, independentemente do grupo sociopolítico-cultural. E quantas vezes sentimos dificuldades em concretizar nossos objetivos! À proporção que relevamos a raça, a cor, o poder econômico, a crença, a opinião, valorizamos a herança cultural do município.

Tudo isso faz lembrar com satisfação o grande avanço ocorrido nessa trajetória: Ilha de São João, Subúrbio da cidade de São Paulo, Vila Osasco, Distrito de São Paulo, atualmente cidade de Osasco do Estado de São Paulo. Temos como fundador da cidade um empreendedor como Antônio Agú, um empreendedor com visão progressista, que foi motivo de publicação na imprensa da época, relacionado ao crescimento do bairro. Ao longo desse período houve mudanças de toda ordem, durante os cem anos pós-morte de Antônio Agú. Essa foi, pois, a forma encontrada para reconhecer e manter viva a memória daquele que deu origem à Osasco - Cidade Trabalho.

A autora

SUMÁRIO

CAPÍTULO I De 1887 a 1896	15
CAPÍTULO II De 1897 a 1909	65
CAPÍTULO III De 1910 a 1920	83
CAPÍTULO IV De 1921 a 1929	123
CAPÍTULO V De 1930 a 1939	137
CAPÍTULO VI De 1940 a 1949	145
CAPÍTULO VII De 1950 a 1959	167
CAPÍTULO VIII De 1960 a 1969	203
CAPÍTULO IX De 1970 a 1983	241

Capítulo X 251
De 1984 a 1992

Capítulo XI 257
De 1993 a 2000

Capítulo XII 261
De 2001 a 2009

Considerações Finais 323

Capítulo I

Introdução

As fotos acima são destaque do sítio "Ilha de São João", propriedade do fundador Antônio Agú, que um dia ele sonhou para depois se transformar na cidade de Osasco.

Foto: Rômulo Fasanaro Filho - Osasco - atual - 2009

"*O homem, ao construir, melhora o seu interior e o mundo. Se fizer da natureza a corrente do progresso, terá o objetivo alcançado. Para ser construtor e empreendedor é preciso acreditar; assim, tem a certeza do sucesso.*" E ele fez isso; Antônio Agú criou e fundou a cidade de Osasco-Brasil.

A autora

Osasco tem na sua História a participação do índio, do "Coronel Fazendeiro" e do "Construtor Empreendedor".

Walter Ramos - Fonte: Museu Municipal de Osasco - Dimitri Sensaud de Lavaud - Antônio Agú e família
Fonte: Walter Ramos

Foto: Castelo di Miradolo - Osasco, Itália, utilizado em documentos como marca d'agua de certidões
Foto:by servizi_grafici
Fonte: José Luiz Alves de Oliveira

Fonte: Museu Municipal Dimitri Sensaud de Lavaud
Certidão de Nascimento e Batismo de Antônio Agú.

Fonte: Museu Municipal de Osasco - Dimitri Sensaud de Lavaud

Biografia de Antônio Agú

Nascido a 25 de outubro de 1845, às 9 horas, num povoado chamado Osasco, pertencente ao distrito de San Secondo di Pinerolo, província de Torino, região de Piemonte, na Itália, era o filho primogênito dos lavradores senhor Antônio Giuseppe de Pietro Agú e senhora Domênica Vianco. No mesmo dia do nascimento, foi realizado o batismo pelo sacerdote Michele Vianco, seu parente materno, na Igreja de Osasco, na Itália, pelo qual recebeu o nome de Antonio Giuseppe Agú. Foram seus padrinhos o senhor Giuseppe Vianco e a senhora Luiggia Vianco, que, assim como seus pais, eram agricultores e residiam em Osasco, na Itália.

Antônio Agú chegou ao Brasil no ano de 1872, aos 27 anos de idade. Foi casado com a senhora Benvenuta Chiareta, da qual desquitou legalmente. Dessa união nasceu a filha Primitiva Domenica Michela Agú em 22 de julho de 1872 e, de acordo com as informações contidas no histórico da Cúria Metropolitana da cidade de Osasco, Itália, nesse mesmo ano, o senhor Antônio Agú chegou ao Brasil.

Passado algum tempo, Primitiva filha de Antônio Agú, casa-se na Itália com o primo de seu pai e se mudam para o Brasil. Vivendo no Brasil junto ao esposo Antônio Vianco e morando com seu pai, Primitiva deu a luz à menina Giuseppina Vianco. No entanto, a mãe Primitiva faleceu dezesseis dias após o nascimento da filha, tendo sido vítima da febre puerperal, deixando a criança com o pai senhor Antônio Vianco e o avô Antônio Agú, que por sua vez foram em busca da ajuda da prima Cristina Vianco na Itália, que veio para a criação e educação da pequenina Giuseppina. Após certo tempo a menina foi viver com familiares na Itália casando com Cesare Enrico. Desse relacionamento nasceram três filhos.

Foram muitas as razões que trouxeram os italianos para as Américas. No ano de 1870, a Itália, assim como muitos países europeus na época, passou por unificação acarretando a saída de muitos italianos do país. Os demais fatores que contribuíram para essa emigração foram: o confisco da propriedade de terra por falta de pagamentos de impostos, o esgotamento da terra, as relações pessoais entre trabalhadores e proprietários de terras, a crise agrícola, o desflorestamento, a política comercial e a falta de alimentos.

Fonte: Livro: "Vida Social e Política de Raffard"
de Pedro Silveira Rocha
Usina de Açúcar São Paulo S/A

Fonte: Livro: "Vida Social e Política de Raffard"
de Pedro Silveira Rocha
Estação Raffard

* * *

Na cidade de São João do Capivari, Antônio Agú se instalou, assim que chegou ao Brasil em 1872, para trabalhar na Empresa Sucrerie Brasiliense, uma usina de açúcar localizada nesse município, região de Piracicaba, Estado de São Paulo. Nessa cidade, enquanto foi morador por quatorze anos, Antônio Agú trabalhou na construção do Engenho Central da Usina de Açúcar São Paulo. Essa usina foi o primeiro engenho instalado na cidade de Capivari, uma grande geradora de açúcar e álcool. Com grande potencial canavieiro e destaque na produção de novas tecnologias, o atual Grupo Cosan, está localizado em muitas cidades brasileiras como em Raffard, e subsidia a cidade de oito mil habitantes e gera muitos empregos e renda.

O Engenho Central de Capivari, construído em 1881, foi considerado digno de servir de exemplo para muitos estabelecimentos congêneres (Biblioteca do Arquivo Nacional 1885). Ele foi fundado em 1883 por Julio Henrique Raffard na cidade de São João de Capivari por meio do Decreto nº 6.317 no ano de 1876. Essa usina muito bem equipada e com boa oportunidade de trabalho acabou atraindo pessoas de vários lugares, tornando Capivari um pequeno povoado. O engenho-usina da cana-de-açúcar contribuiu em grande escala para dar à cidade movimento e aspecto acentuadamente industrial, fazendo da planta açúcar e aguardente. A capacidade da produção era de duzentas e quarenta toneladas. Consta que esse engenho paulista foi o único engenho central construído com capital estrangeiro e maquinário inglês.

O local rapidamente ficou conhecido por "Vila do Henrique Raffard". Os primeiros povoados foram de imigrantes italianos e Antônio Agú foi um desses que, a partir de 1875, habitou sítios e fazendas da região de Piracicaba. Esses mesmos italianos viram a transformação do povoado em "Vila Raffard" e mais tarde em "Raffard", em homenagem àquele que dedicou a sua vida, os sonhos e as esperanças às terras de São João do Capivari, o senhor Henrique Raffard. Com o progresso da região, houve necessidade de se abrir uma estrada de ferro para ligar São João de Capivari ao povoado Raffard, e o italiano Antônio Agú também trabalhou na construção desse trecho da ferrovia.

As fronteiras da cultura cafeeira e da cana-de-açúcar se alargavam cada vez mais em direção à região oeste do Estado. Os braços para tocar as plantações minguavam em decorrência da Lei Áurea, assinada pela princesa Isabel, que extinguia, em caráter definitivo e irrevogável, a escravatura no país. Assim, a saída mais viável foi substituir o escravo afro-brasileiro pelo trabalhador europeu assalariado. Observa-se que essa cidade carecia de mão de obra especializada e não podia parar seus largos passos em direção ao novo século só pela falta do trabalho escravo. É certo que o escravo trabalhava bem na lavoura, porém não era hábil no uso de máquina a vapor para o beneficiamento de grãos de café, algodão, milho e arroz. Também não possuía a prática de usar máquina para formatar telhas e tijolos nas olarias. A tecnologia estava somente ao alcance dos agricultores. Aquele que quisesse fazer uso de veículos, máquinas e demais instrumentos para a lavoura, solicitava ao mecânico daquele local, um senhor chamado Henrique de Araújo, quem fabricava tais instrumentos em sua

ferraria, aliás, muito bem montada no centro da cidade de São João do Capivari. Todos esses sinais de desenvolvimento que nem ao menos a cidade de São Paulo possuía, Antônio Agú almejava a realização de um sonho para o século XIX.

A narrativa esclarece o progresso que Antônio Agú daria às terras que veio a comprar no km 16 da Estrada de Ferro Sorocabana, na cidade de São Paulo; nada tem a ver com Osasco, Itália, mas com São João do Capivari, Estado de São Paulo, local onde fixou residência por quatorze anos. A Itália que Antônio Agú deixou, nada prometia aos filhos pátrios, tampouco vislumbrava o progresso. Com relação aos recursos para adquirir o sítio do km 16, onde existia uma pequena olaria de propriedade do senhor João Pinto Ferreira, eram provenientes da construção do Engenho Central de Capivari. Antônio Agú tinha propriedade na cidade e São Paulo, mais exatamente nas ruas Lins de Vasconcelos (região da Vila Mariana) e da Estação (atual José Paulino, no Bom Retiro). Foi na cidade de São João do Capivari, região de Piracicaba, Estado de São Paulo, o local em que se estabeleceu, posteriormente passando para o km 16 da Estrada de Ferro Sorocabana. São várias as razões para essa decisão, mas, entre elas, certamente, está a realização de um sonho, de construir um bairro.

A cidade de São Paulo, a partir do ano de 1887, começava a dar sinais de sua transformação de simples município para o complexo metropolitano que hoje conhecemos. Antônio Agú, com seus 42 anos de idade, era considerado uma pessoa abastada e tinha amadurecido seus ideais. Era tempo de novos rumos e novos projetos. Ele não foi o primeiro e nem seria o único italiano que se mudou para a cidade de São Paulo, tanto que é correto afirmar que, entre 1872 e 1886, a população de origem italiana saltou de 8 para 25% em relação ao total de habitantes do país. São Paulo deixava de ser apenas um polo político da província para se tornar uma cidade desenvolvida e economicamente vibrante, dinâmica e exigente.

Os braços italianos invadiam os meios de produção; eram pequenos comerciantes, artesões, operários têxteis, engraxates, vendedores ambulantes e oleiros. A cidade já contava com as fábricas de tecidos, calçados, gêneros alimentícios e olarias. O panorama era vertiginosamente mudado. Como consequência, já faltava moradia para a população. Os apelos de mudanças não eram poucos e cada vez eram maiores os atrativos para se sair de São João do Capivari e seguir para a cidade de São Paulo.

* * *

Autonomia e liberdade para a ação eram os elementos necessários para Antônio Agú dedicar-se aos negócios de compra e venda de propriedades e empréstimos de dinheiro a juros para outros imigrantes como ele que viviam do trabalho nas olarias. Reformou a casa do doutor Domingos Jaguaribe no Bairro da Minhoca, na cidade de São Paulo.

Pode parecer uma coisa simples dar a outrem o poder de vender, hipotecar, passar e assinar escritura, entrar em qualquer ajuste, receber quantias de dinheiro, dar quitação, praticar todo e qualquer ato que for a bem de seus interesses. Porém, no caso de Antônio Agú e sua esposa Benvenuta Chiaretta Agú, isso foi uma ampla liberdade de ação. O fato de ter se casado em comunhão de bens fez com que Antônio Agú necessitasse da permissão de sua esposa para gestar a "Ilha de São João" bem como a casa de sua propriedade na Vila Raffard, na cidade de Capivari. Para assinar esse documento, Benvenuta Chiaretta Agú veio ao Brasil pela primeira e última vez. Não se sabe ao certo, mas essa procuração afirma que Benvenuta vivia em Comiana, na Itália. Mais que uma procuração com amplos poderes, Benvenuta Chiaretta deu ao marido a condição de se desenvolver e seguir a vida independentemente da vontade dela. Antônio Agú estava livre para administrar as terras do km 16, fazer o que precisasse ser feito. Nessa mesma data, o casal passou outra procuração para dois advogados que buscariam o empréstimo hipotecário em banco.

Esse foi um período econômico brasileiro em que o dinheiro prometido pelo imperador Dom Pedro II haveria de aparecer, já que a falta de papel-moeda no país foi uma das razões da queda da Monarquia. A emissão de dinheiro seria uma das medidas econômicas do primeiro governo republicano. Assim, a atitude de Antônio Agú de pedir a dois advogados que procurassem dinheiro para que ele pudesse investir em suas terras, atitude normal para a época. Uma das exigências econômicas da República beneficiamento das terras do km 16 foi o empréstimo a proprietários com terras produtivas. Ou seja, terras que tivessem culturas de lavoura e utensílios que garantissem, com sua penhora, o dinheiro tomado emprestado aos bancos. As vantagens de se conseguir dinheiro emprestado no banco, nesse período, eram a taxa de juros menor e o prazo de pagamento das parcelas maior (semestrais).

* * *

Compra das terras - Depois de suas viagens pela Estrada de Ferro Sorocabana, o empreendedor ficou impressionado com as indústrias existentes, principalmente na região de São Roque.

A partir daí, optou por fundar uma fábrica de tijolos e telhas que produziria utilizando a terra (barro) como matéria-prima. Ele observou que nesse ramo havia a possibilidade de bons resultados, já que se tornara construtor. Esse projeto tornou-se real em 4 de junho de 1887. Ao se estabelecer no km 16 da Estrada de Ferro Sorocabana, Antônio Agú comprou do senhor João Pinto Ferreira uma gleba de terra contendo casas, ranchos, forno e plataforma para a carga e descarga das locomotivas ferroviárias.

No ano seguinte, adquire também o "Sítio Ilha de São João", situado nos meandros do Rio Tietê, atual Bairro do Rochdale, contendo trinta mil pés de uva, que abastecia a atividade vinícola que só diminuiu após sete anos com a concorrência do vinho europeu, extinguindo-se o arrendamento para o barão Evaristhe Sensaud de Lavaud. Um de seus objetivos era atrair capitais de São Paulo para os trabalhos da olaria do sítio que havia comprado de João Pinto Ferreira. Os familiares começaram a chegar para ajudá-lo.

No ano de 1887, chegou da Itália o genro Antônio Vianco e esposa, filha de Antônio Agú, senhora Primitiva Vianco Agú. Depois veio o sobrinho, Giovanni Bapttista Agú, que passou a auxiliá-lo em seus empreendimentos. Antônio Vianco assim que chegou ao Brasil tornou-se sócio do sogro Antônio Agú no ramo das construções na "Empreiteira Antônio Agú e Genro". A empresa encarregava-se da construção e direção das obras.

No mesmo ano de 1887, no km 16 da Ferrovia Sorocabana já havia um pórtico que servia para transportar a produção do local por meio do trem de carga até a cidade de São Paulo e de lá para os locais necessários para a utilização dos tijolos e telhas, além de outros produtos produzidos no local. Nos anos seguintes, Antônio Agú passou a vender terras para alguns conhecidos e amigos imigrantes, principalmente italianos, para incentivá-los a fixar residência e investir, especialmente, em atividades industriais ou comerciais, além de ter sido ele o próprio investidor. É interessante observar o comentário de Alice Canabrava em seus estudos sobre as chácaras paulistanas: "...encontra-se também a atividade agrícola ligada a uma produção industrial baseada no solo, a fabricação de telhas e tijolos. Nesses sítios, a olaria encontra-se associada ao pomar de árvores frutíferas em geral, e até há videiras para a fabricação de vinho". E a propriedade comprada por Antônio Agú tinha exatamente o perfil de chácara paulistana definida por Alice Canabrava. A raridade está no fato de o "Sítio Ilha de São João" ter sido a primeira propriedade da região do km 16 a ser vendida a um italiano, aliás, por um bom tempo – até 1902 –, foi esse o único sítio que passou de mãos brasileiras para estrangeiras.

* * *

Lotes no Cemitério da Consolação, na cidade de São Paulo - Um ano depois de sua chegada ao km 16, Antônio Agú adquiriu terrenos no primeiro cemitério de São Paulo, no Bairro da Consolação, em 28 de fevereiro

de 1888. Foram dois lotes, de números 14 e 15, na Rua 16, no 1º Cemitério Público de São Paulo, conforme consta no assentamento do Livro nº 2, folha 256, do ano de 1888, da Administração do Cemitério da Consolação.

* * *

Posse Jurídica da Terra - No período colonial, as terras eram doadas pela Coroa Portuguesa com base na solicitação daqueles que há muito tempo ocupavam as terras requeridas.

Só para ilustrar, podemos citar as terras de Afonso Sardinha, próximas ao Morro do Jaraguá. Já havia a exploração do ouro nas terras do Jaraguá quando Afonso Sardinha solicitou ao rei de Portugal o documento que dava a ele a posse jurídica das terras, denominada "sesmarias".

Na época das capitanias hereditárias, os donatários passaram a ter o poder de doar suas terras, "sesmar", isto é, os donatários podiam ditar aos tabeliães de notas uma escritura de "dada de terras", nas quais cedia determinado espaço de terra para que o "colono" o cultivasse. Em seguida, veio o poder das Câmaras Municipais de doar terras dentro de um determinado perímetro, ao redor do núcleo principal, a três quilômetros da vila, no sentido de fixar maior número de moradores. Aliado a todas essas primeiras divisões estavam o que podemos considerar uma subdivisão originária dos inventários e testamentos que dividiam normalmente em partes menores as propriedades herdadas.

Independentemente da forma jurídica como as terras eram passadas aos proprietários, a compra, venda e partilha de algumas heranças tinha escritura pública lavrada por um tabelião de notas. Por quase trezentos anos, essas divisões ficaram sem controle, ou com duplo controle, ora da Igreja, ora dos Juízes Ordinários. Ou seja, os registros de propriedade das terras eram feitos pela Igreja ou, no caso de herança, pelos tabeliães do Judicial.

Por fim, quando a vida no país requeria controle, o rei Dom João VI resolveu cobrar o imposto pela compra e venda de terras dos proprietários - e principalmente para que houvesse um controle seguro no caso de empréstimos financeiros entre pessoas, – por isso, surgiram os registros de hipotecas.

* * *

Hipotecas - A oficialização dos registros de hipotecas nasceu em 1860. Nos livros desses registros, ficavam anotados desde escravos até os animais que se davam como garantia de devolução do dinheiro tomado emprestado. Nesse período, o que mais valia era a peça escrava. As terras eram um acessório quase sem valor monetário.

* * *

Os registros de imóveis - Como hoje conhecemos, datam de 1890. Os cartórios de registros nasceram de uma transformação social, política e financeira, mas fundamentaram sua maneira de registrar as propriedades nos registros de hipotecas. Há uma diferença muito importante entre o registro de imóvel e o registro de hipoteca que é o número que a propriedade recebia no cartório. Com base nesse primeiro número todas as transformações e divisões ocorridas nas terras consideradas originais podiam ser rasteadas através dos tempos. Assim, quem estuda formas jurídicas de propriedade de terras no Brasil de hoje precisa estudar "Dadas de Terras", "Sesmarias", "Inventários e Testamentos", bem como escrituras públicas de diversos cartórios de notas para afirmar ser propriedade desta ou daquela pessoa em qualquer tempo. Não existe, em qualquer período da história do Brasil, propriedade de terra sem que haja um documento para confirmar sua posse.

Todas essas explicações servem para que as pessoas entendam que não é muito fácil aos historiadores de hoje encontrar de fato e de direito os proprietários das terras de séculos anteriores ao XIX e, muitas vezes, as exigências da lei na lavratura do documento notarial, o mais antigo dentre os documentos de terras, não exigiam muitas minúcias na descrição da terra e de suas divisas. Isso tornou mais difícil afir-

mar, por exemplo, que as terras do Sítio Quitaúna foram de Antônio Raposo Tavares.

Há indicações que esse sítio pertenceu ao senhor José Mariano de Brito, ainda que estivesse na divisa do Sítio Carapicuíba, que passou a pertencer a Delphino Cerqueira.

Falando especificamente do km 16 da Estrada de Ferro Sorocabana, podemos dizer também que a compra, venda, partilha e outros instrumentos jurídicos começaram a aparecer em 1881. Com base nas informações colhidas nesses documentos podemos afirmar que no km 16 da Ferrovia Sorocabana criavam-se gados no ano de 1880, os quais eram comercializados nas cidades de São Paulo e Santana do Parnaíba. Além da criação desses animais nos sítios, normalmente de oitenta a cento e vinte alqueires, eram cultivados o milho, a mandioca e a cana-de-açúcar. Não era muito difícil plantar e criar em uma área não muito extensa. Esse trabalho era feito com a mão de obra de um ou dois escravos no máximo e um engenho de farinha ou de cana-de-açúcar. Com esses bens, conseguia-se uma renda de subsistência razoável para a sociedade da época.

A grande maioria dos proprietários das terras do km 16 nesse período tinha também propriedades em outras cidades do interior. É o caso do doutor Jaguaribe, proprietário do Sítio Bussocaba, que plantou um bosque de eucaliptos em suas terras sáfaras e áridas e que também possuía propriedades na cidade de São Paulo. Já a família do doutor Fortunato José de Camargo, proprietário do Sítio Campesina, tinha cercados de pastos e plantações, porém, o seu meio de vida provinha da fazenda, em Faxina, onde tinha suas cabeças de gado.

Como havia feito com José Manuel Rodrigues, João Pinto Ferreira não vendeu toda a propriedade para Antônio Agú. A primeira venda foi em junho de 1887 e dela constam casas, ranchos, forno, bem como demais terrenos dentro dos limites. Nessa venda, é importante observar que existe no corpo da escritura a definição do que foi vendido ao contrário das duas escrituras anteriores de João Pinto Ferreira. Outra observação interessante está nas descrições dos limites: "Frente para a linha férrea Sorocabana. Começa no Córrego Boycicaba até o Rio Tietê, e daí até a Vertente Bagreira, e por ele acima até os terrenos de Manuel José Rodrigues, e por este até o Boyssicaba".

O nome do Córrego Bussocaba, bem como o nome da propriedade, variava de escritura para escritura. Tudo dependia de como era ditado o documento, para quem escrevia. Assim, é por dedução que se chega à conclusão de que a área que compunha a venda da olaria era atualmente: "de frente da estação ferroviária de Osasco, Rua André Rovai até o Córrego Bussocaba; Avenida Maria Campos, descendo o Córrego Bussocaba até o Rio Tietê. Desse ponto, segue até onde hoje está a Rua Manuel Rodrigues e sobe até a Rua André Rovai, e dessa rua até o Córrego Bussocaba, o ponto inicial".

A Vertente Bagreira está canalizada. Começando nas proximidades do Mercado Municipal até o Rio Tietê, passando pela linha férrea e seguindo quase paralela à Rua Manuel Rodrigues. Há, no entanto, mapas que citam esta vertente como sendo o Córrego João Alves.

É preferível a primeira hipótese, já que não se sabe a localização exata da "Ilha" que João Pinto Ferreira trocou com Manuel José Rodrigues. O que se pode afirmar com certeza é que a divisa entre as duas propriedades está onde hoje temos a Rua Manuel Rodrigues, no Bairro de Presidente Altino. Nessa escritura também ficou estabelecido entre vendedor e comprador que: "O comprador ficava com o direito de tramitar e fazer tramitar seus empregados a partir da dita olaria, entendido por terras incultas dos vendedores, até a estrada geral de rodagem que seguia para Itu, devendo ficar salvas as terras lavradias dos vendedores, bem como a estrada particular desses, que ficava em frente à dita olaria até o sítio que lhes pertencia, denominado "Ilha de São João", estrada essa que só poderia ser utilizada pelo comprador, seus filhos e empregados em caso de força maior".

Pela força da proibição, de não passar pela estrada particular dos moradores do Sítio Ilha de São João, entende-se que a abertura da Rua Dona

Primitiva Vianco já existia naquela época. E que, para ter acesso à estrada de rodagem e não destruir as terras cultivadas pelo proprietário, muito provavelmente Antônio Agú tivesse, nesse primeiro momento, aberto a sua estrada que seria a atual Rua Antônio Agú. Uma segunda cláusula importante é aquela em que toda a responsabilidade sobre o pórtico, que ficava em frente à olaria, passou para Antônio Agú. No entanto, João Pinto Ferreira ficava com o direito de enviar e receber mercadorias e tudo o mais relativo ao sítio, nesse mesmo pórtico. Caso o comprador quisesse melhorar ou aumentar esse acesso ao transporte ferroviário, os vendedores teriam garantido o direito de receber e enviar mercadorias.

É importante saber que poucas escrituras, existentes nos cinco primeiros cartórios de notas de São Paulo, têm a definição de bens, terras e utensílios claramente descrita como a dessa escritura.

A Revolução Industrial na Europa já tinha mais de um século quando o Brasil ainda lutava para mostrar à sua tradicional classe de latifundiários que o processo industrial além de viável era o caminho para o século XX.

Não era pensamento de todos os agricultores latifundiários que o futuro produtivo estivesse na indústria. Por isso, neste período, muitos brasileiros construíram fabriquetas e terminaram por vendê-las aos estrangeiros, como foi o caso das terras de João Pinto Ferreira, que vendeu ao italiano Antônio Agú em duas ocasiões. Na primeira, duzentos e trinta e seis alqueires em 1887; e, depois de sete meses, houve uma segunda venda, a do Sítio "Ilha de São João", somando a quantia de quatrocentos e cinquenta alqueires, vendidos ao mesmo comprador, Antônio Agú. Nessa escritura, foi revelada a razão que levou João Pinto Ferreira a vender todos os seus bens do km 16 da Sorocabana em menos de um ano.

No texto desse documento, ficou quitada a hipoteca do vendedor com José Mariano, ou seja, entre os anos de 1884 e 1888, os investimentos de João Pinto Ferreira não deram o retorno esperado e terminaram ocasionando a venda de tudo. Por meio das escrituras lavradas em cartório de notas, pode-se saber que João Pinto Ferreira e esposa, Cherubina Leopoldina Ferreira, eram proprietários das terras osasquenses a partir do ano de 1880. Na primeira negociação, João Pinto Ferreira vendeu duzentos e trinta e seis alqueires e o negócio foi fechado com tudo o que continha na área de terra. Os mesmos venderam em duas ocasiões o total de quatrocentos e cinquenta alqueires de terra no km 16 da Estrada de Ferro Sorocabana.

Sendo comprado por ele, Antônio Agú, os dois lados da Estrada de Ferro Sorocabana,Freguesia da Consolação, tendo como vendedores os senhores João Pinto Ferreira e esposa Leopoldina Ferreira. Na primeira compra de terras, pagou três contos de réis, negócio realizado e documentado em 4 de junho de 1887 e registrado no Cartório de Registro de Imóveis da cidade de São Paulo no ano de 1892.

A segunda compra de terras do mesmo dono foi realizada por Antônio Agú e documentada em 22 de fevereiro de 1888, sendo pagos vinte contos de réis e registrado no Cartório de Registro de Imóveis em 1892.

O Sítio Ilha de São João tinha como seus limites frente para a Estrada de Ferro Sorocabana; de um lado o Ribeirão Boycicaba até o Rio Tietê; do outro, fazia divisa com Manoel Rodrigues até a Estrada de Ferro Sorocabana.

O sítio denominado "Ilha de São João" tinha área de quatrocentos e cinquenta alqueires mais ou menos, sendo um campo com trezentos e cinquenta alqueires, terra com vinhedo, cerca de três mil pés de vinha, algumas centenas de uvas, árvores frutíferas e algumas touceiras de bambus. Havia também uma casa à margem da estrada de rodagem São Paulo-Itu, ranchos pintados, casa de fábrica de farinha, engenho de água e outras casas espalhadas. Além de dezessete bois mansos, cinco vacas, cinco cavalos e uma carroça. Preço: vinte contos de réis, na data de 22 de fevereiro de 1888, registrado em cartório em 1892. Os dois registros constam do mesmo ano de 1892.

Os registros de imóveis como hoje conhecemos datam de 1890 e a medida citada na escritura é um tanto relativa tal que, naquela época, ninguém

mandava medir os sítios para vender ou comprar, e mesmo em alqueires deveria medir para saber ao certo onde estava o valo do doutor Jaguaribe para dizer "é aqui, é ali". Além disso, na época, as pessoas também entravam em juízo reivindicando pequenos trechos ou valos mais para cima ou mais para baixo, foi o que aconteceu entre o senhor Antônio Agú e o doutor Jaguaribe.

Assim chegamos à conclusão de que o valo deveria ser onde fica o entroncamento das Ruas Narciso Sturlini, Analice Sakatauskas e a Avenida Bussocaba e, deste ponto, em linha reta, até o Córrego João Alves. Desta forma, os bairros que se originaram do Sítio Ilha de São João são: Centro, Jardim Agú, Vila Granada e Bela Vista.

* * *

As divisas das terras e os sítios e vizinhos de Antônio Agú eram: Zona Norte - Sítio Mutinga, com duzentos alqueires até 1880 quando foi dividido entre os herdeiros; Sítio Taipas, que mais tarde foi vendido à baronesa de Limeira; Sítio Velho Funchal; Sítio Paiva Ramos e Sítio Barreiro, com área que fazia divisa entre os municípios de Osasco e Carapicuíba.

Todos esses sítios só tiveram ocupação urbana a partir de 1950, até 1960. Zona Sul - Sítio da Campesina, de propriedade de Fortunato de Camargo; Sítio Jaguaribe, pertencente ao médico, político e intelectual Domingos José Jaguaribe Filho, dono também de vasta porção de terras em Campos do Jordão; Fazenda Carapicuíba, que foi comprada de Licínio de Camargo por Delphino Cerqueira por intermédio de empréstimo fornecido pelo banco de Giovanni Briccola, amigo de Antônio Agú.

O coronel Delphino Cerqueira adquiriu esta fazenda dos herdeiros de Licínio de Camargo, que, por sua vez, adquiriu estas mesmas terras de Antônio e Veridiana Prado.

O Sítio Quitaúna, nesse período, era de propriedade de José Mariano Brito e seu inventário terminou em uma grande briga pela demarcação das terras entre os herdeiros. O vizinho das terras do coronel Delphino Cerqueira acabou vendendo a área para o Exército, que construiu o Quartel de Quitaúna. Também eram vizinhos de Antônio Agú: o Sítio Rio Pequeno, que deu origem ao Bairro de Presidente Altino, loteado pela Cerâmica Industrial Osasco em 1920; e o Sítio do doutor Lane, antigo Ernesto Kramer, que ficava mais ao sul, próximo ao atual Jardim D'Abril.

Cada um desses sítios deu origem a mais de um bairro dos tantos que compõem hoje a cidade de Osasco. Os fatores que dificultaram o loteamento destes sítios para fins urbanos não se limitavam apenas à falta de vontade dos proprietários em dividir suas terras, mas também ao pouco interesse imobiliário por elas.

Outro fator relevante para a demora na ocupação urbana dos sessenta e seis quilômetros quadrados de área do atual município está na topografia e na hidrografia desses sítios.

* * *

Pelo Valor utilizado na compra do volume de 7.000.000 m² (sete milhões de metros quadrados), adquiridos com a compra das duas glebas de terra, ficou evidente que Antônio Agú empregou bem os seus vinte e três contos de réis, mas nada disso iria fazer com que nascesse Osasco, não fosse a sua determinação, o seu trabalho, a sua perspicácia empresarial e o seu tino comercial para aproveitar as profundas transformações sociais, políticas e econômicas em que o Brasil passou a viver naquela época.

Fonte: Laura Leal

Moeda Corrente do Século XIX

Quanto ao cultivo das terras em 1890, é muito complicado saber ao certo o que tinha e o que produzia cada propriedade no km 16, até porque as especificações da venda ou hipoteca em cada escritura varia de proprietário para proprietário, uma vez que esses documentos eram escritos por meio do ditado dos interessados.

A legislação não exigia mais que a demarcação clara da localização das terras, ou seja, as pessoas estavam mais preocupadas em especificar as divisas de suas propriedades do que os bens produtivos que tinham.

Para dar um exemplo mais claro, vamos especificar o corpo da escritura de compra e venda que faz Francisco Corrêa Cerpellos a João Pinto Ferreira: "É senhor legal possuidor de um sítio denominado Bussucaba, com porto de campo e matas, no distrito da Freguesia da Consolação, o qual confina do seguinte modo: principia no Ribeirão Bussucaba e desce pelo mesmo até desaguar no Rio Tietê, pelo qual desce até onde deságua o Ribeirão João Alves, e segue por este acima até encontrar um valo, que divide com terras de Balthazar Rodrigues de Borba, a terminar na nascente de um pequeno arroio, e por este abaixo, deságua no ribeirão Bussucaba, e por este abaixo até o ponto de partida".

Antônio Agú plantou em suas terras cinquenta mil videiras e trinta mil pés de frutas, como: pera, maçã, ameixa, laranja, cidra, limão, banana e jabuticaba, entre outras.

Havia também plantação de aspargos, que eram comercializados na cidade de São Paulo, arrozais e cerca de vinte mil pés de amoreiras, dos quais vendia-se as folhas de amora para o comércio de São Paulo.

Para a drenagem da terra, Antônio Agú plantou cinquenta mil pés de *Eucalíptus globulus*, porque era quase tudo pântano, a fim de conseguir saneamento do local.

* * *

Foto: Walter Ramos
Forno da antiga olaria

Foto: Walter Ramos
Antiga olaria do Sítio "Ilha de São João" transformada em Cerâmica

Foto: Maurício Viel

Foto: Maurício Viel
Formas para tijolos produzidos em Osasco

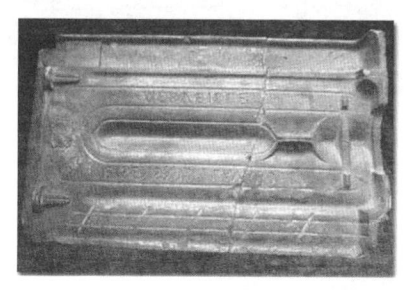

Foto: Maurício Viel

Foto: Maurício Viel
Produtos fabricados pela Indústria, que começou em 1890 em Osasco.

Foto: Maurício Viel
Tubos para encanamentos

Foto: Laura Leal   *Foto: Laura Leal*
Louças para banheiro/ Indústria Hervy S/A (antiga Sensaud de Lavaud).

A Olaria, primeira indústria. Ela foi inspirada na moderníssima indústria cerâmica do cafeicultor Sampaio Peixoto na região de Campinas, uma das mais bem-sucedidas na economia cafeeira.

A cidade de Capivari fica a cinquenta e quatro quilômetros de Campinas, e Antônio Agú, naturalmente como pessoa do ramo conhecia as tecnologias que levariam a tornar sua olaria uma indústria cerâmica. Não são novidade na vida brasileira as crises econômicas. Ontem ou hoje, a questão das crises pelas quais passa ou passou o país, terminam sempre interferindo na vida e nos investimentos privados.

Os "tempos bicudos" para a economia nacional desse período se fizeram entre os investimentos industriais. A crise no setor agrícola, exportações e a renda real da economia a partir de 1896.

Além disso, a política de deflação, implantada pelo governo a partir de fins de 1898, agravou a crise e provocou uma das mais severas depressões da história da economia brasileira.

Em praticamente todos os setores da indústria de transformação, os investimentos foram severamente cortados. Quando a crise econômica chega, a saída é sempre procurar novas ideias e novos produtos.

Assim, mesmo sendo dono de uma fábrica de tijolos e telhas (que eram os produtos mais promissores no mercado consumidor da época), o fundador de Osasco sofria, como todos os outros brasileiros, com a falta de capital de giro. Isso o forçou a buscar alternativas para expandir e diversificar sua produção.

A construção de taipa de pilão cedia lugar rapidamente para a alvenaria, mas isso não pagava as dívidas e os custos para que Antônio Agú mantivesse seus negócios funcionando. Já havia ele vendido alguns lotes de terra no sistema de suaves prestações mensais, o que não era usual na época. Com dificuldade, pagava os empréstimos ao Banco União de São Paulo e à senhora Laura Clementina de Souza Mursa (sua outra credora). Mas a saída definitiva para sua crise econômica particular ainda não havia chegado. Um homem esperto e ágil nos negóci os não poderia se deixar abater por uma crise econômica.

A saída encontrada foi arrendar a sua cerâmica para o engenheiro barão Evaristhe Sensaud de Lavaud.

O barão Evaristhe era um fidalgo francês e a vida de guerras na Europa o tornou cidadão do mundo. Estava sempre disposto a ajudar a quem necessitasse de sua apurada técnica e pesquisa. Esse engenheiro tinha patentes para fazer um tipo especial de calçamento de rua.

As patentes *Duprat* eram extremamente cobiçadas, por qualquer empresário que quisesse investir a médio prazo. Para fabricar esse tipo de calçamento e aumentar a produção já existente, a olaria de Antônio Agú precisava de um forno contínuo.

Arrendar a cerâmica para o barão Evaristhe Sensaud de Lavaud foi a saída que Antônio Agú encontrou para sua crise econômica particular.

Em 1890, Antônio Agú resolveu ampliar a pequena olaria que tinha no sítio e transformá-la em fábrica, pois as terras eram de excelente qualidade, próprias para a fabricação de tijolos e telhas. Para desenvolver a cerâmica, convidou o barão Evaristhe Sensaud de Lavaud para sócio no negócio e passou a produzir telhas, tijolos, pisos e cerâmica refratária com tecnologia francesa. O contrato de arrendamento da cerâmica de nome Sensaud de Lavaud foi lavrado em 20 de abril de 1898. Nessa época, ele possuía dois tipos de fábricas: uma de telhas, imitação das francesas, telhas nacionais e ladrilhos, e outra de tijolos.

O arrendamento compreendia as duas fábricas, formas, galpões, máquinas, utensílios, animais e carros de bois. A construção destas duas fábricas ficava a vinte e cinco metros do eixo da linha férrea. Ligado a esse arrendamento, estava também, uma área de 40.000 m² (quarenta mil metros quadrados) onde se encontrava a escavação para retirada de argila.

Por meio de estudos, supõe-se que este local fique onde hoje está a Praça Oito de Maio, no Jardim da Bela Vista.

O arrendamento foi feito por dez anos, a anunciar-se a 1º de maio de 1898. Ao barão Evaristhe, ficava a obrigação de pagar doze contos de réis por ano ao locador Antônio Agú. O pagamento deveria ser feito por meio de prestações trimestrais de três contos de réis.

Já o locatário ficava com todos os produtos existentes na fábrica, tanto crus como cozidos, sendo que a importância dos produtos seria paga ao arrendatário em noventa dias.

O barão podia (como de fato o fez), mudar os galpões já existentes, mas não podia desfazer-se deles. Ficava também por conta de Evaristhe o pagamento dos impostos.

Outro direito do locador era deixar ou não o doutor José Feliciano de Almeida Rosa passar pelos terrenos arrendados junto à olaria, bem como permitir que o fabricante de vinho Pirre Darriet continuasse com a fábrica de vinho nos terrenos da olaria.

Todas as benfeitorias realizadas pelo arrendador nesses dez anos ficariam pertencendo ao proprietário, terminado o prazo do contrato. No entanto, o locatário poderia dispor de toda a argila e areia encontradas não só para a fabricação dos produtos como também para vender.

Uma das cláusulas desse contrato usada pelo locador foi o valor total da fábrica, bem como a forma de pagamento.

Os juros seriam de 1% ao mês, tendo como garantia os imóveis existentes. Caso o barão fizesse sociedade com outras pessoas o locador, Antônio Agú, comprometia em aumentar o preço da compra para cento e cinquenta contos de réis, sendo que cem contos de réis ficariam para a "formação do capital da sociedade". Dessa forma, a indústria custaria na verdade cinquenta contos de réis. Nesse contrato, o detalhe mais importante era a obrigação do barão Evaristhe Sensaud de Lavaud em construir um forno contínuo. O forno não só era uma tecnologia de ponta para a época como também aumentava em muito a quantidade e a qualidade da produção.

Era necessário um foguista durante vinte e quatro horas para cuidar da queima dos produtos. E o trabalho do foguista era organizar os produtos dentro do forno, colocar lenha e manter o fogo a uma temperatura adequada.

Após a queima, os produtos aguardavam de dez a doze horas para o resfriamento. Depois eram retirados dos fornos. O barão construiu e manteve um forno contínuo por alguns anos.

O sistema do forno chamava-se Sensaud e cada peça recebia a marca "Sensaud". O forno tinha vinte e dois compartimentos para queimar os tijolos e telhas; quarenta e sete metros de comprimento por sete metros de largura e três metros de altura. As dimensões do forno são fornecidas por Francisco Bandeira Júnior em seu livro *A Indústria no Estado de São Paulo em 1901*.

Em cinco anos, a tecnologia do fogo contínuo foi substituída por fornos semicontínuos, tendo o barão que levantar capital para investimento. É na busca desse capital adicional que surge a firma Sensaud de Lavaud & Cia.

O primeiro contrato social dessa firma deu entrada na Junta Comercial de São Paulo em 27 de maio de 1898. A empresa era composta por Sensaud, Joseph Levy Freres, Hermann e Arthur Kalm, todos franceses.

O objetivo da empresa era fabricar o granito artificial para calçadas e também explorar as patentes Duprat de invenção de Sensaud de Lavaud.

O acordo era que todas as patentes de invenção deveriam ser ensinadas ao filho do barão e aos demais sócios.

Toda a parte técnica era de competência do engenheiro, o barão Evaristhe, bem como o gerenciamento da fábrica, que, por sua vez, entrava no negócio com trinta contos de réis.

O barão de Lavaud teria o salário de diretor no valor de quinhentos mil réis, ficando com o direito à lenha para seus serviços domésticos, assim como iluminação.

A empresa Light And Powers é que trouxe energia elétrica para São Paulo a partir de 1900, quando foi inaugurada a Usina Hidrelétrica Edgar de Souza. Antes, a luz era de gerador movido a vapor.

Mediante acordo firmado em caso de morte do barão, quem poderia substituí-lo era o seu filho Dimitri Sensaud de Lavaud.

Caso os sócios quisessem dispersar a presença do filho, deveriam pagar à viúva e ao herdeiro o valor total das patentes trazidas por Lavaud para a sociedade, isto é, cinquenta contos de réis. Outra quantia a ser paga aos herdeiros do barão eram os lucros da empresa no ano de seu falecimento.

Uma figura jurídica interessante instituída por intermédio do primeiro Código Comercial Brasileiro e que também se fazia presente nos contratos comerciais e industriais dessa época era a do "árbitro".

Após ter o barão conseguido fazer a sociedade e, por meio dela, financiamento para as melhorias que julgou necessárias, o arrendatário Antônio Agú fez lavrar um novo contrato de prorrogação do arrendamento.

O documento, escrito em setembro de 1899, exigia a construção de mais um forno contínuo em troca da prorrogação de prazo do arrendamento por mais cinco anos. O segundo forno deveria ter vinte repartições, ser construído em seis meses e, no final do contrato, ficar pertencendo ao locador Antônio Agú sem indenização alguma. Sabe-se que a construção não chegou a ser feita.

Dinheiro vai, dinheiro vem e as coisas para Antônio Agú não saíram tão baratas como apontavam as escrituras anteriores. Ou então, no ano de 1900, quanto aos negócios do fundador, descobriram que tinham mais direitos financeiros do que lhes haviam sido pago ao sócio capitalista. Assim, os primeiros sócios de Antônio Agú (Antônio Vianco, genro e primo de Agú, e Giacomo Fornasari) lavraram uma escritura pública: de destrato comercial.

Esse contrato de sociedade foi lavrado em 1º de agosto de 1894, em escritura particular, e tinha por objetivo: sociedade agrícola e industrial, para o fim de tratar do plantio de videiras, fabricação de tijolos, criação de gado e outros misteres na fazenda denominada "Ilha de São João" sita na Estação de Osasco.

Retiraram-se da sociedade os sócios Antônio Vianco e Giacomo Fornasari, que receberam de Antônio Agú a quantia de dez contos de réis.

Os sócios do barão passaram a ter prêmios de 10% ao ano sobre o capital investido enquanto o juro anterior era de 8%. Seu capital social foi reduzido à metade, isto é, vinte e cinco contos de réis e a patente Duprat passa a ser propriedade exclusiva da sociedade. O nome passa a ser proibido nas cartas de fiança, garantias e endosso estranhas à sociedade, sob pena de nulidade do documento.

Resultado: o barão deixa de ser um sócio confortável de 50% para ter apenas 20% da sociedade. Estava também proibido de associar-se a qualquer outro negócio estranho ao da sociedade. Todas essas restrições só seriam revistas em outro novo contrato em 1904.

Mesmo com todo esse prejuízo, o barão não se intimidou em sua qualidade e produção dos produtos da fábrica de tijolos e telhas no km 16 em Osasco.

Mas, em meados de 1910 e 1912, tendo o sócio principal, Antônio Agú, falecido, sua principal herdeira, Giuseppina Vianco, vendeu a parte da companhia de propriedade de seu avô ao barão Evaristhe Sensaud de Lavaud, que depois vendeu para o industrial Herman Levy, que a associou à produção de manilhas para encanamentos.

Por volta de 1928, fala-se num italiano de nome Constantini Domenico que foi recrutado junto com outros italianos para Osasco. Constantini era artesão e no Brasil não tinha essa técnica (louças sanitárias). O produto tinha que ser importado da Inglaterra e Alemanha. Em 1930, Constantini com "carta-branca" pelo industrial Herman Levy implantou a louça sanitária na fábrica de Osasco, tendo produção de cinco mil peças por ano.

Constantini dedicou vinte e dois anos de sua vida e experiência ao trabalho da fábrica e tomou a decisão de voltar para sua terra natal com esposa e filhos.

De 1970 a 1991, a empresa passou a ser controlada pelo Grupo ASA, com produção de um milhão de peças por ano e, que atendia o mercado interno e externo.

Atualmente, 2009, a companhia encontra-se desativada, restando as últimas peças produzidas no pátio. Mas com muito a ser conferido, lembrando as muitas e muitas construções de hospitais, escolas, instituições, casas, mansões, graças aos tijolos, telhas, manilhas, utensílios para uso nos banheiros das residências e calçamentos nas calçadas das vias públicas de Osasco, do Brasil e até do exterior, do empreendedor Antônio Agú.

* * *

Fonte: www.camaraosasco.sp.gov.br

As Construções e os tijolos da Olaria

Da execução da obra e utilização dos tijolos da olaria de Osasco, Antônio Agú foi o construtor e executor do projeto do astuto italiano, o engenheiro Michelli, na construção do Hospital Humberto I, próximo à Avenida Paulista, na cidade de São Paulo em 1903.

Fonte: Dra. Agnes Agú Cassavia.

Fonte: Inventário de Antônio Agú folha nº 27- Empresa Agú e Vianco

* * *

Antonio Agù

È IL costruttore dell'Ospedale Umberto I — l'intelligente esecutore dell'ottimo progetto dell'ing. Micheli, che in altra parte di questo lavoro abbiamo descritto.

E' un *self made man*. Uomo energico e pronto a lottare, trovò in questo paese — ove venne a svolgere la sua attività, spronata da una volontà instancabile — tutti i cimenti della fortuna; e ad uno ad uno li vinse, perdurando nei suoi sforzi gagliardamente.

Livro Contributo Alla Sua Stória A San Paolo 1904

* * *

SOCI PERPETUI BENEMERITI

DELLA

Società Italiana di Beneficenza per l'Ospedale Umberto I

Agù Antonio
Banco Commerciale Italiano
Briccola cav. Giovanni
Camera Italiana di Commercio ed Arti
Catani Enrico
Cervone Evangelista e Fratello
Cocito Giovanni
Cocito Giuseppe
Cocito d. Angiolina
Cocito d. Irene
Del Favero Marino e Fratello
De Marco Rocco
De Mosso Antonio
Eboli dott. cav. Giovanni
Fratelli Puglisi Carbone e C.
Graig, Martins e C.
Greco Vincenzo
Matarazzo cav. Francesco
Matarazzo Andrea
Matanò, Serricchio e C.
Micheli ing. Giulio
Pepe Antonio e Figlio
Pinotti Gamba d. Maria
Pinotti Gamba Egidio
Pirola Benedetto
Regoli, Crespi e C.
Sarti Lorenzo
Società Italiana di Esportazione Enrico Dell'Acqua
Spera dott. Giulio Carlo
Tomagnini Giuseppe e Fratello

Livro Contributo Alla Sua Stória A San Paolo 1904

* * *

Fonte: Colégio Dante Alighieri

* * *

Antônio Agú teve participação na construção deste estabelecimento de ensino na cidade de São Paulo. Colégio Dante Alighieri, que fica na Alameda Jaú, nº 1061, localizado no Bairro Cerqueira César. Este colégio situado em um bairro nobre da cidade de São Paulo, com certeza, formou grandes profissionais de todas as áreas por este Brasil.

Fonte: Dra. Agnes Agú Cassavia.

* * *

Fonte: Santa Casa de São Paulo

Esta belíssima arquitetura teve a participação do italiano Antônio Agú em sua construção e é o prédio da Santa Casa de Misericórdia de São Paulo, onde muitas famílias, pessoas vindas de todas as localidades do Brasil, receberam e continuam a receber tratamentos de saúde.

Fonte: Dra. Agnes Agú Cassavia.

Foto: José Luis Alves de Oliveira

Foto: Walter Ramos
Casa de Antônio Agú

* * *

A moradia de Antônio Agú era uma bela vivenda, casa assobradada, em estilo colonial na sua chácara que era administrada pela família Nunciante Piccagli, um hábil agricultor que cuidava muito bem das plantações, do vinhedo, dando-lhes o arrendamento por cada ano.

A casa estilo colonial foi construída à altura do número 2.320 da antiga Estrada de Itu, atual Avenida dos Autonomistas, próximo ao prédio do estabelecimento bancário Unibanco. Era uma casa grande composta por dois andares feitos com tijolos aparentes (tijolos à vista). Nela havia um total de quinze compartimentos e comenta-se que era muito bonita. Nos arredores, havia casinhas para trabalhadores braçais e pequenos proprietários para os quais Antônio Agú vendeu pequenas áreas de terra.

Foto: Walter Ramos
Antônio Agú do lado direito para esquerdo, a segunda pessoa da foto.
Ao centro a família Sensaud de Lavaud
A esquerda a família Ferre

Foto: Walter Ramos
Indústria Cartiera

* * *

No ano de 1892, Antônio Agú implantou uma indústria de cartonagem - Cartiera, a primeira fábrica de papelão da América Latina. Para o novo empreendimento, associou-se ao industrial Narciso Sturlini. Antônio Agú forneceu o capital necessário e aproveitou a queda-d'água do riacho Boycicaba.

A fábrica produzia três qualidades de papelão: aparas (papel velho), palha de arroz e madeira. No papel de madeira, era preciso adicionar uma quantia de água para amassar em grandes tanques e girando enormes cilindros de granito. O papel de palha de arroz, antes do amassamento, era macerado por oito dias em tanques com água e cal para evitar mosquitos.

Ao achar-se Narciso Sturlini em condições de prosseguir sozinho com a indústria, Antônio Agú retirou-se da sociedade cedendo-lhe o estabelecimento e uma vasta gleba de terra necessária para o desenvolvimento da indústria, garantindo trabalho aos operários. Enquanto isso, também substituía a força a vapor pela hidráulica, pois aquela não era suficiente. A fábrica criada por Antônio Agú e seu sócio o senhor Narciso Sturlini, passou a ter o nome de "Sturlini Matarazzo e Companhia", porque havia outros membros da família Matarazzo envolvidos na indústria.

Em 4 de abril de 1902, Mariana e Narciso Sturlini compraram um terreno de cento e sessenta mil metros quadrados no km 16 da Estrada de Ferro Sorocabana, tendo como vizinhos de um lado "terrenos do vendedor Antônio Agú e de Guidone & Lippi; e do outro lado do córrego Bussocaba, o doutor Fortunato de Camargo.

Na realidade, antes de a família Sturlini adquirir as terras de Antônio Agú, eles eram possuidores de uma indústria de papel e papelão, entre os anos de 1882 e 1888, na Ladeira de Santa Ifigênia, nº 11, na capital de São Paulo. Os Sturlini, como tantos outros italianos, chegaram em Osasco sem nada e conseguiram amealhar os recursos graças à sua dedicação ao trabalho.

Assim, com muito trabalho, fizeram dessa família mais uma das famílias de empresários que se instalou na Vila Osasco. Os compradores tinham três anos para pagar a dívida de vinte e cinco contos de réis ao vendedor e por força dessa escritura ficavam com direito de utilizar as águas do tanque que servia para os gastos da fábrica de papel pertencentes aos proprietários anteriores, "tendo outrora servido à fábrica que pertenceu a João Pinto Ferreira". Outro direito dos compradores era utilizar-se da estrada que passava pelas terras de Guidonni e que dava acesso à estrada provincial São Paulo-Itu. A única proibição existente nesse contrato era a de alterar o nivelamento das águas naturais do córrego Bussocaba até a estrada provincial, a antiga Estrada de Itu, atual Avenida dos Autonomistas. Essa proibição era mais que justificada, uma vez que a alteração de nivelamento de água causaria alagamento de áreas cultivadas por seus vizinhos.

Na venda a prazo, Antônio Agú ficou com a hipoteca dos maquinários e dos edifícios da fábrica de papel. Sendo assim, nada mais justo que ser consultado juridicamente no momento em que a firma Sturlini Matarazzo precisava de outro empréstimo para a compra de um novo secador de papel.

Esse segundo empréstimo foi feito por Francisco Matarazzo. Um contrato diferente, pois, em vez de dinheiro ao credor, a importância seria paga em mercadoria produzida pela indústria. Isto é, em papel de embrulho que seria comercializado pela Francisco Matarazzo & Cia. Como garantia do negócio eram dados os maquinários e prédios da fábrica de Osasco, que já estavam hipotecados a Antônio Agú, sendo necessário que o primeiro depositário cedesse ao segundo, Francisco Matarazzo, os bens da Sturlini Matarazzo & Cia. No momento da assinatura desse contrato, a fábrica de papel e papelão possuía: casas de tijolos cobertas com telhas, barracão, puchados, casa de máquinas com um sobrado anexo, uma vila operária com diversas casas e um forno para tijolos.

Até a data de assinatura do contrato, Narciso Sturlini não tinha quitado sua dívida, com Antônio Agú, ainda assim, o vendedor autorizou o fechamento do negócio, com os bens que lhe haviam sido hipotecados anteriormente.

Isso quer dizer que, se Narciso Sturlini não conseguisse pagar todas as suas dívidas o resultado da venda da Indústria Sturlini Matarazzo seria dividida em meio a meio entre os credores. A sorte é que as avaliações dos bens da indústria somavam um total de cinquenta contos de réis, que, por sua vez, correspondia ao valor total dos dois empréstimos. Isso porque os juros da compra do terreno correspondiam a 12% ao ano pagáveis a cada dois meses. Os juros do empréstimo a ser pago por Francisco Matarazzo eram de 9 % ao ano e a comissão de intermediação a ser paga ao fornecedor do papel correspondia a 7 % do valor da venda, correspondente a um juro real de apenas 2% a serem pagos a cada dois meses. Assim, graças à boa vontade de Antônio Agú, foi possível o desenvolvimento da Indústria de Papel e Papelão Sturlini Matarazzo & Cia.

* * *

Aspecto sanitário industrial. Fala-se que no fundo da empresa Cartiera - atual Adamas do Brasil, seguia um riacho e suas águas tanto eram usadas para a fábrica como para o consumo dos operários por meio de filtragem com pedregulho e areia. Trabalhavam nessa época cerca de oitenta operários, a maioria mulheres, num turno de oito horas. Havia em torno de trinta casas para abrigar os operários. As adaptações sanitárias eram precárias, constando de três privadas e um mictório, cuja higiene era relativa, pois faltava água. Existia o problema da falta de esgoto no distrito como podemos observar: "Fossa com simples escavação, sobre a qual se instalava um caixão perfurado e assento".

Foto: Walter Ramos - os animais de Antônio Agú

* * *

Em 1894, Antônio Agú construiu um grande estábulo, utilizando uma área de mil metros quadrados para criar uma grande quantidade de bovinos. Esses animais, na verdade, tinham espaços contínuos que chegavam até a cerâmica, já que na época não havia tantas residências, podendo haver a circulação dos animais livremente.

Foto: Walter Ramos - 1ª Estação Osasco

Foto: Walter Ramos - O Trem de Carga

* * *

A construção da primeira estação em 1895. Antônio Agú se propôs a construir uma pequena estação no local e, em troca, pediu à direção da ferrovia para dar o nome de Estação Osasco, nome de sua cidade natal, na Itália. Assim com o próprio capital amortizado, pouco a pouco, ergueu várias casas para os operários na Rua da Estação, antigo núcleo ou Largo de Osasco, como é conhecido.

A partir do final do século XIX, as transformações socioeconômicas do Bairro da Estação começaram a dar seus primeiros sinais de progresso. Aí estava a Estrada de Ferro Sorocabana, um poderoso agente urbanizador que desempenhou papel fundamental. As indústrias e a mão de obra europeia foram igualmente importantes nesse caminho para o desenvolvimento.

Em agosto de 1895, a Superintendência declarou aberta uma estação no km 16 da Estrada de Ferro Sorocabana. Nesse mesmo ano, em setembro, um relatório foi apresentado aos acionistas da Companhia União Sorocabana e Ituana, o qual continha os serviços realizados: "Foram estabelecidos dois desvios: no km 3 da linha Porto Martins – São Manuel de cem metros, outro no km 16 de duzentos e cinquenta metros na Estação Osasco para os trens de carga". Em 1895, a Estação Osasco já era uma realidade.

Contudo, um ano antes em agosto de 1894, na escritura de venda das terras que Antônio Agú e sua esposa fez a Comorati Ciriaco, a localização da área era clara: "Um terreno nesta Comarca, na Estação Osasco, Estrada de Ferro Sorocabana". Portanto, o ano correto da construção física da estação é 1894, mas foi em 1895 que ela se tornou oficialmente doada à Companhia Sorocabana. A partir do ano de 1896, ela foi ampliada por seu construtor Antônio Agú, passando a fazer parte do projeto original uma sala para visitantes. A construção da estação está ligada a uma polêmica história em relação à data da fundação da Vila Osasco. Com base nos documentos mencionados anteriormente e por desconhecimento de outros mais seguros, estabelecemos o ano da doação da estação como o ano da fundação da vila, isto é, o ano de 1895. E a data da escritura de venda e compra do terreno de Comorati Ciriaco foi em 3 de agosto de 1894.

É inegável o progresso econômico que as vias férreas trouxeram para toda a economia brasileira. São Paulo se tornou a "locomotiva brasileira" por meio das associações entre cafezais e vias férreas. Os trens tornaram-se um meio de transporte mais rápido, barato e eficiente para escoar toda a produção agrícola ou industrial dos lugares mais distantes para o Porto de Santos. Já existia no ano de 1887 um pórtico para transportar a produção do km 16 da Ferrovia Sorocabana.

Uma estação de trem determinava um ponto constante de carga e descarga tanto de passageiros como de mercadorias, por isso, tornava-se obrigatória a parada dos trens. Em sua análise anual de necessidades para prosseguir seu desenvolvimento, o departamento de tráfego da Companhia Sorocabana, exigia uma estação intermediária entre São Paulo e Barueri. Essa necessidade foi apontada no Relatório da Superintendência de Tráfego no ano de 1894. Esses relatórios eram apresentados ao presidente, que os levava aos acionistas a cada ano. Porém, os dados e as sugestões apresentadas eram baseados nas atividades e necessidades do ano anterior, isto é, no ano de 1893.

Assim nasceu Osasco, de uma estação ferroviária de alvenaria, construída por um imigrante italiano - cujo nome dado, Osasco, lembra a cidade homônima na Itália -, e posteriormente cedida à Estrada de Ferro Sorocabana.

* * *

Curiosidade da época: "Antes da existência da Estação Osasco, o senhor Antônio Agú, quando precisava ir até a capital do Estado de São Paulo, ia montado em seu burrinho até o km 13, que era a parada de trem mais próxima, deixava lá o burrinho e seguia de trem até a cidade de São Paulo. Ao voltar, o burrinho lá estava a sua espera para conduzir-lhe ao km 16 onde residia".

Foto: Walter Ramos
Vila junto a Estação

Foto: Walter Ramos
Casa antiga da Vila Osasco

*　*　*

A urbanização das moradias da Estação de Osasco iniciou após a construção da estação ferroviária. Todavia, isso não significa que antes dessa construção não houvesse casas de moradores. Como foi descrito anteriormente, no Sítio "Ilha de São João" podia ser observado casas espalhadas nos seus limites.

No entanto, a ocupação urbana pressupõe ordenamento de ruas, moradias organizadas, com infraestrutura, dentro de um determinado espaço, comércio, serviços e indústrias. Somando-se a essas características, temos a principal que foi a compra de pequenos lotes de terra por diversas pessoas. Todas as propriedades do km 16 da Ferrovia Sorocabana eram sítios. O primeiro sítio a tomar rumo em direção à formação urbana foi o Sítio "Ilha de São João" de propriedade do italiano Antônio Agú.

A primeira característica da urbanização do km 16, subúrbio da cidade de São Paulo, foi por meio da formação das vilas operárias. Aliás, Osasco, durante vinte e três anos, foi definido como subúrbio; quarenta e quatro anos como distrito e em 2009, estamos no ano XLVIII como município.

O início da "Vila" e seu respectivo povoamento ocorreu com a instalação de três grandes indústrias. Uma delas, a Fábrica de Tecidos Enrico Dell'Acqua, que se tornou uma multinacional em 1899. E se hoje na cidade temos grandes indústrias como a Metal-Mecânica e as multinacionais de diversos ramos com as diferenças tecnológicas das onze décadas atrás, que separam o início da "Vila" do atual município, o mesmo aconteceu no povoamento inicial quando havia três grandes indústrias.

O objetivo da grande maioria dos pequenos proprietários dos lotes adquiridos do fundador Antônio Agú era ter um espaço para moradia. Outros investiam na instalação de pequenas fábricas, como foi o caso da fábrica de massas dos irmãos Gianetti & Cia. No entanto, para o banqueiro Giovanni Briccola, comprar terras em Osasco significava uma forma de investimento. Giovanni Briccola deixou de ser cidadão italiano em 1888, quando se naturalizou brasileiro. Dentre os bens deixados pelo banqueiro, estavam o sítio e a casa que atualmente abriga o museu.

Uma das características marcantes desse período em relação à nacionalidade dos proprietários dos lotes da Estação de Osasco, é que 99% eram italianos. É claro que isso tem uma série de razões, mas a facilidade do pagamento dos lotes e a proximidade do seu trabalho foram os principais fatores para que as famílias se fixassem no local.

* * *

Foto: Walter Ramos - Cotonifício Beltramo

Implantação da primeira indústria têxtil e fundação da Sociedade Italiana. Antônio Agú, preocupado com o desenvolvimento do lugar, fundou a Sociedade Italiana de Importação e Exportação e, junto a um grande industrial, senhor Enrico Dell'Acqua, do ramo têxtil da cidade de São Roque e que fazia parte da Sociedade Italiana Hospital Humberto I (Primo) da cidade de São Paulo, implantou em Osasco a primeira fábrica de tecidos da região. E, tanto a Sociedade Italiana quanto a fábrica de tecidos, recebeu a mesma denominação: "Enrico Dell'Acqua & Cia.".

Dentre as mais importantes fábricas paulistas do ramo têxtil, estava a de tecidos de algodão Enrico Dell'Acqua & Cia., que iniciou suas atividades com uma loja de tecidos no centro de São Paulo, em 1888, criando um parque fabril nas cidades de São Roque e Osasco.

A principal estava na cidade de São Roque com a denominação de Brasital e tinha 3.600 m² (três mil e seiscentos metros quadrados) de área construída em dois andares.

Havia uma represa de quatro mil metros quadrados de área inundada e uma queda-d'água de trinta metros de altura, que produzia uma força de cento e vinte cavalos para impulsionar os teares no começo do século XIX. A luz era produzida por um dínamo, movido pela turbina de força de vinte e quatro cavalos, para quatro mil velas.

Essa indústria empregava quatrocentas pessoas - a grande maioria delas imigrantes estrangeiros - e produzia brim riscado e toalhas felpudas e simples. Esse local hoje na cidade de São Roque abriga uma escola profissionalizante do Serviço Social da Indústria (SESI).

A produção em Osasco era desenvolvida por cento e trinta operários que teciam xales, cobertores e tapetes. Em outubro de 1890, foi criada a Sociedade Italiana de Exportação Enrico Dell'Acqua, formada em comandita por ações, com sede em Milão, Itália, e filiais no Brasil e na Argentina. Os negócios foram tão prósperos para este industrial italiano que, no ano de 1899, ele aumentou o capital estrangeiro das fábricas e diversificou os serviços. Entre os novos serviços dessa sociedade no Brasil, estava a venda de ouro para operações comerciais.

O objetivo social da empresa estabelecida por lei era a importação de produtos italianos para a América do Sul e a exportação de produtos das indústrias de tecelagem do Brasil para a Argentina.

O capital social em 1899 passou a dez milhões de libras. Nesse ano, o sociofundador Enrico Dell'Acqua passou a viver em Milão, deixando a gerência dos negócios no Brasil para Giacomo Gripa e Cesare Bossi.

No ano de 1912, a fábrica de tecidos passou para as mãos da família Ferre, após ter ficado fechada durante alguns anos, tendo como gerenciador o senhor José Ferre, trazendo sua outra fábrica da cidade de São Roque para Osasco, no km 16 da Ferrovia Sorocabana.

No ano de 1923, foi novamente vendida para o empresário Fiorino Beltramo que a denominou Cotonifício Beltramo.

A partir de 1970, o prédio da indústria têxtil na cidade de São Roque passou a ser o Centro Cultural Educativo e Biblioteca.

Igual sorte não teve o prédio da primeira indústria têxtil de Osasco, que, ao encerrar suas atividades, foi demolido, cedendo seu espaço ao Osasco Plaza Shopping.

* * *

Foto: Walter Ramos - Primeiros moradores de Osasco

Agú Antônio
1887 - 1896

Quando os primeiros moradores chegaram já havia várias propriedades na área da Vila Osasco. Nessa época, São Paulo iniciava a fase de seu grande desenvolvimento com a lavoura do café, começando a marcha para o Oeste do Estado e as estradas de ferro abrindo os sertões brasileiros. As terras eram habitadas por nativos índios guaranis.

Por volta de 1630, chegou a esta região o bandeirante Antônio Raposo Tavares e manteve um sítio onde atualmente situa-se o Complexo de Quartéis de Quitaúna. Em 1796, esse sítio pertenceu ao capitão Pedro Vaz de Barros; mais tarde a Chico Brito; e, por fim, ao seu filho Cândido Mariano de Brito.

Em 1850 – quando São Paulo conheceu certo desenvolvimento urbano com a chegada das grandes famílias cafeeiras, "os barões do café" –, na região da cidade de Osasco, vivia-se o período da intensa imigração europeia, pois o país necessitava de mão de obra assalariada e especializada. Foi aí que um imigrante italiano começou a história de nossa cidade de Osasco. De certo é semelhante à história do Brasil, com desbravamentos de terras, latifúndios e industrialização.

Capítulo II

Fonte: Primeira Hora

Foto: Maurício Viel
Bairro Bonfim - Presidente Altino

* * *

Os primeiros bairros da Vila Osasco constituíram o núcleo da Região Central localizada próximo à estação ferroviária. O Centro foi o primeiro bairro que surgiu quando se iniciou a povoação.

Depois foram surgindo outros núcleos habitacionais, como o Bairro Bussocaba, onde se localizava a Cartiera - Indústria de Cartonagem, atual Empresa Adamas do Brasil, o Jardim Mutinga, o Jardim Piratininga, o Bairro do Maneco, a Vila Nossa Senhora dos Remédios, antiga comunidade de pescadores, além de Presidente Altino, Vila São José, Vila Quitaúna e Km18, cuja povoação começou por volta de 1925.

A Rua André Rovai, o Bairro do Bonfim e o Bairro de Presidente Altino começaram com várias casas de comércio. Depois surgiu a primeira farmácia de Osasco e uma escola isolada. Ali também foi instalada uma cadeia pública, conhecida como Delegacia do Velho Carvalho, uma agência dos Correios e mais tarde um posto telefônico.

O isolamento entre si das várias vilas que se formavam no início do século XIX é explicado em parte pela presença do rio Tietê que atravessa o distrito.

* * *

As terras no km 16 foram loteadas entre 1898 e 1899, sendo realizado o maior número de escrituras de venda e compra no país. Por certo, todos pagaram seus lotes naqueles dois anos. Uma das características dos lotes que a Vila Osasco apresentava em sua divisão urbana central e ainda hoje carrega são as quadras e ruas irregulares.

Isso ocorre porque, naquela época, o centro da Vila Osasco era uma enorme área de alagamentos, fazendo com que os moradores escolhessem os lugares menos encharcados para construir suas casas. Escolhe aqui, afasta dali, e, nesse vaivém, os lotes tornaram-se irregulares em suas formas geométricas.

Foi a partir da catástrofe da febre amarela, assolando a cidade de São Paulo em 1892, que as vilas operárias passaram a ter normas técnicas para as construções.

Após 1895, parte das terras da Vila Osasco integrava o Distrito Paulistano da Consolação, o que era lei para São Paulo também era válido para a Vila Osasco.

Para ilustrar como eram as Vilas Operárias, servimo-nos do Relatório de Theodoro Sampaio que, após ser enviado à Câmara Municipal de São Paulo, foi transformado em lei em 1893, e dizia: "Quanto ao solo: deve ser bem enxuto, fazendo drenagem prévia, regularizando convenientemente. Quanto ao esgoto: deve ser preferido de circulação contínua, o sistema de *tout a l´egout*, fazendo-se, para esse fim, uma rede especial para a vila. Se essa ficar além dos limites da cidade, ou ligando-se à rede urbana existente, se ficar intramuros".

Como foi dito, Vila Osasco era um subúrbio operário, logo, sem acesso a qualquer natureza de esgoto ou tratamento de água, como podemos observar aqui: "Quanto ao abastecimento de água, empregar-se-á sempre água canalizada, utilizando-se sempre de um manancial vizinho, o qual deverá influir muito sobre a escolha do local para a Vila".

Na cidade de São Paulo, as habitações operárias não estavam necessariamente ligadas à determinada indústria, como acontecia em Osasco.

O Centro de Osasco, no período do fundador Antônio Agú, desenvolveu-se a passos largos. O fundador de Osasco possuía os mesmos bens que seus vizinhos: grandes extensões de terras, magras plantações e algumas cabeças de gado. A diferença foi o seu objetivo em tornar o sonho realidade: transformar o sítio num bairro. E, assim, fez tudo o que pode para viabilizar o desenvolvimento do seu espaço. Começou com um armazém para carga e descarga de mercadorias junto ao prédio da estação e foram surgindo os correios, os comércios diversos, as fábricas, as cooperativas de abastecimento, postos de saúde e muitas casas sendo construídas.

Naquela época, não havia projeto de loteamento antes da venda ou da construção de moradia. Primeiro, a casa era construída e somente depois é que ocorria tal medição, por fim, a demarcação do lote.

Um único mapa de uma proposta de loteamento foi feito pelo arquiteto Júlio Saltini, entre o período de 1907 e 1908, mas nunca foi concretizado. Portanto, a falta de planejamento urbano de Osasco atrapalhou a simetria dos lotes, mas não a preocupação de ter calçadas, definir e nomear ruas, avenidas e largos. Naquele tempo as calçadas mediam dois metros de largura.

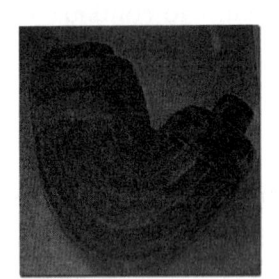

* * *

Fonte: Museu Municipal Dimitri Sensaud de Lavaud - Livro de Helena Pignatari Werne - 1967
Cachimbo de Barro

Por volta de 1898 iniciou-se no km 16 o artesanato de barro. Esse local contava com três olarias, uma delas sendo de propriedade de Delphino Cerqueira, outra de Evaristhe Sensaud de Lavaud e a terceira de Manoel José Rodrigues.

A presença dessas olarias na Vila Osasco levou a um processo específico de industrialização – mesmo antes da chegada dos imigrantes italianos e da implantação de outros tipos de fábricas, que também iriam contribuir sensivelmente – graças à estrutura já existente para o crescimento industrial do local.

Outro empreendimento que faz parte desse período histórico é a fábrica de cachimbos de barro pertencente a Maximiliano Viviani e família. O senhor Maximiliano Viviani veio da cidade de Pisa, também na Itália. Trazia na bagagem a ferramenta de trabalho com a qual sustentaria toda a sua família. Eram moldes de pitos de madeira, além da técnica para a sua fabricação.

Maximiliano e sua esposa, Rosa Del Oeste Viviani, foram residir no Bairro do Maneco, onde os filhos e netos desenvolveram um artesanato que viria a ser conhecido em todo o país. Além de Maximiliano, dedicaram-se a essa produção sua esposa e seus seis filhos: Lanciotto, Éclisio, Gino, Elide,

Amélia e Dosola, todos faziam parte desse trabalho, além de dois jovens amigos: Atílio Fabri e João Recke.

O barro utilizado era retirado da margem do rio Tietê e sovado por Maximiliano durante horas com uma barra de ferro. O produto era moldado com aquele trazido da Itália, e nesse barro era derramado gesso, que por sua vez recebia chumbo derretido e, assim, era preparado o molde definitivo.

A técnica era exclusivamente artesanal. O barro era prensado no chumbo por uma prensa manual e primitiva que ficava presa a uma mesa, onde trabalhavam sentados. O instrumento utilizado para a limpeza desse produto era uma espátula de ferro denominado *lanceta*. Basicamente, esse trabalho era produzido pelas crianças.

A *lanceta* tinha uma extremidade bem afinada para o acabamento do pito que servia para perfurar a saída da fumaça para o cabo. Os pitos eram secados na sombra, em tabuleiros, durante dias. Depois eram expostos ao sol e, finalmente, levados ao forno que ao sair estavam brancos. Recebiam aí um banho com água e terra vermelha e, assim, ficavam vermelhos.

O pito de cor preta era pintado com grafite antes de passar escova e, em seguida, era colocada numa lata de querosene sobre camada de serragem. De camadas em camadas, fechava-se a lata, revestiam com barro e levavam ao forno. Ao finalizar, a lata não era mais aproveitada, mas os pitos saíam brilhantes.

Os pequenos eram chamados de *caipiras*; o *Pé de Galinha*, porque se mantinha em pé apoiado em três garras; o *Perigo Amarelo* era o de máscara mongol; e o *Gabaldi*, por apresentar o rosto de Garibaldi. Os maiores recebiam o nome de *cachimbos*: *Napolitano* os curvos; e *Toscano* os retos.

O produto era vendido para todo o Brasil por intermédio das firmas Irmãos Del Guerra e Casa Ranieri, que detinham a exclusividade no Estado de São Paulo. Com o surto industrial paulista, a fábrica foi superada e abandonada pelos Viviani.

Assim, a partir do final do século passado, as transformações socioeconômicas do Bairro da Estação começaram a dar os seus primeiros sinais de progresso. Como foi mencionado, a Estrada de Ferro Sorocabana, poderoso agente urbanizador, desempenhou papel fundamental. No mesmo patamar, estavam as indústrias e a mão de obra dos europeus que foram igualmente importantes para a passagem neste novo contexto.

As empresas Irmãos Del Guerra e Ranieri, ambas da cidade de São Paulo, detinham o monopólio da venda do produto no Estado, por isso se tornaram compradores de toda a produção de Osasco.

Foto: Walter Ramos
Indústria de Curtume

* * *

Em 1900, para os trabalhos no Curtume, Antônio Agú chamou dois hábeis curtidores de peles e montou uma fábrica a vapor que dava ocupação a outros cinquenta operários.

O comércio atraía diversas pessoas, entre elas o banqueiro Giovanni Briccola que gastou relevante soma para construir na Vila Osasco uma elegante casa de campo.

O Banco Nápoles – tendo como presidente o banqueiro Giovani Briccola – financiou, em parte, a instalação das primeiras indústrias da Vila Osasco e os negócios e pequenas indústrias continuaram a surgir.

* * *

Quanto à agroindústria, nem mesmo o fato de o empreendedor ter comprado terras que não eram nobres, como as terras roxas de Capivari, fizeram-no deixar de plantar.

A quantidade de vinhas e árvores frutíferas que passou a ter em suas terras provou isso. Mas, então, onde eram plantadas essas parreiras e árvores frutíferas?

Para compreender isso, devemos lembrar que o solo da Vila Osasco é composto em sua grande maioria de argila, areia e planícies aluvionais, ou seja, em termos de agricultura, estamos diante de um solo pobre para a cultura de café e cana-de-açúcar. Com isso, é explicado por que a agricultura e a pecuária nunca deram certo em Osasco.

A plantação não podia ser muito longe dali da morada do sítio e, como já vimos, ficava próximo à Rua Particular (atual Rua Dona Primitiva Vianco) com a Estrada de Rodagem São Paulo–Itu (atual Avenida dos Autonomistas).

Assim, as plantações ficavam no atual Jardim Agú, onde as águas do Córrego Bussocaba, durante o período das cheias, molhavam, trazendo seus restos orgânicos para adubar. Em razão dessas plantações, ficou proibido, em contrato, que a fábrica de papel represasse as águas do Córrego Bussocaba abaixo da estrada de rodagem. As plantações não se estendiam por todo o Centro de Osasco que hoje conhecemos, porque boa parte dessa região, na verdade, era um grande brejo. Isto era parte das planícies aluvionais do Rio Tietê que segue em direção à atual Avenida Marechal Rondon. A ocupação urbana foi empurrando o Rio Tietê para o restrito leito que hoje conhecemos.

No período de Antônio Agú, no entanto, essa questão do brejo no Largo e Centro de Osasco, era de fato uma preocupação. Foi então que o fundador resolveu plantar eucalíptos para drenar um pouco a enorme quantidade de água que ali ficava empoçada no período das chuvas. E os eucalíptos foram plantados nas ruas: Dona Primitiva Vianco, Antônio Agú e João Batista.

Assim, parece-nos importante provar que a Vila ou o Distrito de Osasco não apresentavam, em nenhum momento de sua história, condições para a natureza de ocupação do solo que não fosse o urbano comercial e industrial.

Em 1896, o fundador arrendou para Antônio Duquenoy a fábrica de vinhos e licores que havia construído na vizinhança da Cerâmica Industrial. O prédio deveria abrigar os maquinários da fábrica de licores e vinhos, e foi arrendado mesmo sem estar concluído.

Era um terreno de cinco metros de frente por vinte e quatro metros de fundos. Nele estavam sendo construídos quatro cômodos para a moradia de empregados e o restante do espaço foi reservado para a instalação de três tinas cobertas, filtros com seus pertences e uma prensa mecânica para a fabricação de vinho. Foi a quantia de duzentos réis o valor do aluguel cobrado do arrendador pelo seu proprietário-fundador.

Toda produção de uvas foi retirada das parreiras do locador com destino à fábrica de vinhos de Antônio Dueno. O preço das uvas a ser pago pelo arrendador era o do mercado do domingo seguinte, de comum acordo entre o locador e o locatário.

Caso houvesse divergência no valor, o preço seria determinado por dois árbitros vizinhos, também plantadores de uva. O preço da uva seria pago em dinheiro a cada quinze dias. O primeiro contrato vigorou até 1898.

As vinhas das terras da Ilha de São João existiram por muito tempo, ao menos entre plantar parreiras e obter uma produção de vinhos e licores, existindo uma longa distância no processo produtivo.

Em 1906, Antônio Agú arrendou as videiras para Nunciante Piccagli. Nesse segundo momento, o prazo de validade do contrato era de dez anos. O aluguel era para pagamento anual no valor de três contos de réis e não implicava apenas nas vinhas, mas também na cultura de amoras, pereiras e outras árvores frutíferas.

O locador podia tirar as folhas das amoreiras apenas uma vez por ano e negociá-las a preço de mercado de São Paulo. Por causa da proximidade entre a área arrendada e a moradia do locador, ficando registrada no contrato, houve a proibição da realização de jogos de bola nas ruas principais das plantações de árvores frutíferas. Aliás, são as alamedas das plantações de árvores frutíferas, na Chácara Agú (bairro que hoje leva o nome de Jardim

Agú), que dão as simetrias das ruas do bairro.

Outra peculiaridade do contrato que denota a mudança dos tempos, ou pelo menos mudança na forma de negociar do fundador, é a presença do fiador Sixto Rangini.

As indústrias que trabalhavam com produtos cultivados tinham mais simpatia dos congressistas da época do que aquelas de bens de consumo. Isso fez com que a indústria agrícola tivesse subsídios fiscais antes de qualquer outro ramo industrial.

Foto: Walter Ramos
Rua Primitiva Vianco

Foto: Walter Ramos
Rua João Batista

* * *

O Desenvolvimento Econômico Urbano e Social das ruas Dona Primitiva Vianco, Antônio Agú e João Batista já existiam. Começavam no Largo da Estação e seguiam até a Estrada Provincial São Paulo-Itu, o que ainda hoje empresta à cidade a ideia de que no Largo da Estação está o Arco do Triunfo, como em Paris. Contudo, em Osasco o triunfo ficou com os imigrantes que conseguiram se estabelecer, progredir e fincar raízes. Por meio da Lei nº 24, de 1º de fevereiro de 1901, ficou legalmente autorizado o funcionamento do Banco Nápoles, cujo sócio-gerente na época era Giovanni Briccola

A recuperação dos níveis de investimento na economia brasileira foi iniciada em 1902. Nesta fase de expansão dos investimentos, ocorreu apenas uma breve recessão entre os anos de 1908 e 1909, refletindo os efeitos da recessão econômica mundial, mais precisamente, da economia americana de 1907.

O governo brasileiro fez crescentes despesas para a construção de estradas de ferro, equipamentos de portos, melhoramentos urbanos e outros.

Com a maioria das despesas pagas por meio dos recursos externos, um bom exemplo dessa expansão econômica com recursos estrangeiros que chegou às terras de Osasco é o banqueiro Giovanni Briccola.

Ele chegou ao Brasil com o intuito de trabalhar como engenheiro na Estrada de Ferro Paulista e, após o término da obra da ferrovia, comprou, em sociedade, um comércio de secos e molhados, importações e câmbio. O nome era Giovanni Briccola Gatti & Cia., e a sociedade era com Mariano Gatti, Carlos Fenili e João Marques.

* * *

Quanto ao Testamento, feito em 1904, Antônio Agú fazia mensão de doar o terreno à comunidade e teve a preocupação de deixá-lo lavrado de próprio punho. Nesse documento, estabelecia a área, de dois mil metros quadrados, no alto da colina para a construção da igreja. O Testamento fazia de sua neta Giuseppina Vianco, a principal herdeira dos seus bens. Ainda consta do testamento seu genro-primo Antônio Vianco, o qual podia dispor de 1/3 de seus bens pela dedicação e companheirismo, mesmo depois da morte de Primitiva, sua filha, e sócios nos negócios. Também deveria ser pago ao seu sobrinho, João Agú a quantia de dez mil liras italianas.

* * *

Antônio Agú, fundador de Osasco, veio a falecer no dia 25 de janeiro de 1909 na Vila Osasco, fundada por ele. Registrou-se o óbito em 26 de janeiro de 1909. *Causa mortis*: sarcoma cerebral, aos 64 anos de idade, atestado pelo doutor Carlos Comanale.

Foi irreversível a ideia de Bairro Operário conquistado pelos esforços e pelo trabalho dos muitos italianos para a realização do sonho de Antônio Agú. Em reconhecimento aos méritos do idealizador e fundador do bairro, os moradores acompanharam o funeral, que seguiu pela Rua Primitiva Vianco até a Estação Osasco e daí até o Cemitério da Consolação onde foi sepultado.

Coincidência ou não, o fundador Antônio Agú teve seu objetivo realizado no km 16. Sua única filha faleceu dezesseis dias depois de dar à luz, e Antônio Agú e seus familiares, ao falecer foram enterrados na Rua 16, no Cemitério da Consolação, na capital paulista.

Foto: Eudes Donisete - autorizada pela família Agú
Sepultura de Antônio Agú, Primitiva Vianco, Antônio Vianco e Cristina Vianco Fornasari.

O Cemitério da Consolação na cidade de São Paulo

Aqui descansa junto à sua família, o Fundador da Cidade de Osasco - SP

Antônio Agú - O pioneiro, nasceu em 1845, em Osasco Itália.

Faleceu em Osasco SP, em 1909.

Portanto a CEM ANOS

Foto: Eudes Donisete de Souza
Placa oferecida por Laura Leal
Foto autorizada pela família

"O Fundador Antônio Agú saiu de cena, para ficar na História de Osasco."

Fonte: Laura Leal

* * *

A Vila Osasco no ano do falecimento do fundador. O Jornal *O Estado de São Paulo*, no ano de 1909, escreveu sobre a Vila o seguinte: "Um Bairro longínquo da capital, onde estão instaladas as grandes Oficinas de Cerâmica da firma Sensaud de Lavaud & Cia, primeira indústria de Osasco, criada pelo fundador do "Bairro", o italiano Antônio Agú, e que produzia material básico para construção como telhas, tijolos, pisos refratários para calçamento, tubos para encanamento e louças sanitárias para todo o Brasil."

A partir daquele ano, Osasco dava sinais de ser um bairro operário de São Paulo. Nele habitavam mais de trezentas famílias ligadas às atividades industriais e comerciais desenvolvidas por Antônio Agú e demais empresários.

O "Bairro" já contava com restaurante, comércio de gêneros alimentícios, loja de fazendas de tecidos, fábrica de cerveja, de louças, de produtos alimentícios, fábrica de massas, padaria, a Cooperativa de Produtos Alimentícios da Cerâmica Sensaud de Lavaud e a olaria dos Irmãos Rovai. Havia ainda um sapateiro, um funileiro e uma quitanda para suprir as necessidades dos moradores do "Bairro" Osasco.

As primeiras ruas já estavam ocupadas com moradias. As ruas Dona Primitiva Vianco, Enrico Dell'Acqua (atual Antônio Agú), João Bríccola (atual João Batista), o Largo dos Operários (atual Praça Marquês de Herval) e Rua da Estação, entre tantas outras, tiveram seus nomes alterados com o passar dos anos.

Assim principiou a formação de um conglomerado urbano, que viria a transformar-se num grande bairro e alcançaria a emancipação político-administrativa passando depois a município.

O ano de falecimento do fundador de Osasco também era um ano eleitoral para se eleger um presidente da República Federativa do Brasil. Pois bem, os eleitores deveriam escolher o sucessor do presidente Afonso Augusto Moreira Pena (Afonso Pena), que cumpria mandato de 15/11/1906 até 14/6/1909, quando ocorreu o seu falecimento. O Jornal *O Estado de São Paulo* era contrário à candidatura do marechal Hermes da Fonseca, por isso estava apoiando Rui Barbosa na sua Campanha Civilista.

Até os últimos momentos de sua vida, que foi em 1909, ano do seu falecimento, Antônio Agú procurou fazer da Vila um lugar cada vez mais progressista. Atraiu pessoas ligadas às indústrias, conterrâneos e operários para trabalhar nas fábricas, proporcionando a eles condições de habitação e convivência, assim as transformações foram surgindo.

Os imigrantes que habitavam o km 16 no final do século XIX, tinham tradição urbana para desenvolverem técnicas agrícolas. Iniciaram um processo artesanal e a seguir manufatureiro, comercial e de prestação de serviços que favoreceu a fixação de mais e mais pessoas neste ponto central. Foi assim a transformação da atividade manufatureira e industrial e consequentemente houve a necessidade de um maior contingente de trabalhadores também, que contribuíram para caracterizar Osasco como um bairro industrial.

Dessa forma, ao morrer, Antônio Agú sabia que a vocação industrial de sua querida Vila Osasco já se desenhava e que o seu sonho em tornar o nome Osasco conhecido começava a tornar-se realidade.

* * *

Os nomes dos compradores das terras do fundador. Em pesquisa ao Testamento e Inventário de Antônio Agú, podemos conhecer o nome dos seus primeiros compradores de terras e seu respectivo ano. O inventário diz "Compraram terras de Antônio Agú e Genro as seguintes pessoas":

1893 - Ciriaco Comoratti
1896 - Primo Zampieri e irmãos Giannett
1897 - Pietro Michelli e João Bríccola
1898 - E. Zambianchi, João Collino, Cesare, Pancardi, Sacha de Bogda-

noff Sensaud de Lavaud (esposa do barão Sensaud de Lavaud)

1899 - Antônio Franzoi Gemma Franchni, Prestes, Antônio Demossa, João Genta, Ercole Ferre, Domenico Giuntini, Marco di Capri, João Bríccola

1900 - João Batista Cerussi, Pietro Sterza, João Carleto, Sensaud de Lavaud, Sebastião Comandini, Giuseppe Barbieri, Joaquim Giannetti, Viúva Fabri, José Belli, Ercole Ferre, Conrado Sorgenich, Giacomo Giovanni e família, irmãos Gianetti

1902 - Narciso Sturlini, Agustino Marttinelli, Ângelo Est, Domingos Spada

1903 - João Batista Cerussi

1906 - Companhia Sorocabana

1907 - Dr. Victor da Silva Ayrosa

1908 - Felice Bordato

Após aquisição dos terrenos, deram início à construção de casas. E assim começou a formar-se um núcleo habitacional. Essas pessoas desenvolveram em Osasco, sua vida e a capacidade profissional.

Posteriormente adquiriram terras e construíram suas casas. Os primeiros moradores do local são eles: Teófilo Ribeiro, um carpinteiro; Vicente Buscarini, um ferreiro; Bocci, um bananeiro; Maximiliano Viviani, fabricantes de pitos de barro; Domingos Finocchio, José Fiorita, Venâncio Pires, Leonardo Venturini, José Melleiro, Joaquim Jacinto e Manuel Carvalho, negociantes; e ainda Antônio de Sá, Francisco Argolli Nicola Abruzzese e outros. Foram diversas famílias italianas que ali fundaram uma olaria. São elas, as famílias: Pietro Michelli, Leonildo Rovai, André Rovai, Vicente Lenzi e Ascânio Pierini.

As águas do Córrego Boycicaba com nascente em terras da família do doutor Lane umedeciam sítios, chácaras, até alcançar o Rio Tietê junto à balsa de João Collino, dividindo nesse ponto os terrenos do francês Sensaud de Lavaud e de Francisco Caetano de Oliveira.

Mais para o interior, o Boycicaba dividia as terras de Antônio Agú e de José dos Reis, bem como as terras da Fazenda Campesina, propriedade do doutor Fortunato de Camargo e do italiano Narciso Sturlini "Cartiera", porque fabricava carteiras para cigarros. Pouco acima, ficavam as chácaras do doutor Domingos Jaguaribe e de Emilio Kramer, que era célebre pelas frutas estrangeiras ali cultivadas e que foram premiadas em diversas exposições. Próximo dali, encontrava-se a chácara de Antônio Agú, famosa por suas uvas e seus vinhos. Rodeando essa grande várzea estavam as chácaras Franzoi e Bríccola. Do outro lado do Rio Tietê, Manoel Rodrigues formou uma grande chácara com árvores frutíferas, verduras, legumes e também muitos castanheiros. O local que ficou conhecido como Castanhal é, atualmente, o Bairro do Rochdale.

Capítulo III

Foto: Walter Ramos - Dimitri Sensaud de Lavaud e seu avião
Fonte: Museu Municipal de Osasco

* * *

O período pós-Antônio Agú e o primeiro voo em 7 de janeiro de 1910, data da realização do primeiro voo de Dimitri Sensaud de Lavaud com seu aeroplano. No ano de 1909, o engenheiro francês Dimitri Sensaud de Lavaud, filho do barão Sensaud de Lavaud, contagiado pelo feito do brasileiro Alberto Santos Dumont, que, na França, pela primeira vez havia voado num aparelho mais pesado que o ar, dedicou-se a construir um aeroplano com os poucos recursos que poderia encontrar aqui. Dimitri era um grande desportista, pois praticava vários esportes entre eles a esgrima. Nessa época, o francês já era casado e pai de dois filhos.

Ele contava com algumas vantagens. Era filho de um industrial e podia utilizar no desenvolvimento do seu projeto as instalações e ferramentas da indústria da família. Contava ainda com a colaboração e o entusiasmo de vários operários, especialmente dos mais jovens, fascinados pela aviação e pela ideia de construir um avião junto com o filho do patrão. Esses jovens dedicavam todo o seu tempo - os seus domingos, feriados, horas de lazer - à realização do ambicioso projeto. Por outro lado, mais pessoas contagiadas pelo mesmo entusiasmo, foram atraídas para Osasco e com conhecimentos técnicos foram importantes auxiliares de Dimitri. Entre elas, os senhores: Lourenço Pelegatti, Augusto Fonseca e Silvio Curtarello, ajustadores mecânicos; Francisco Kuhn, carpinteiro; Carlos Remedi e outros. O projeto de Dimitri não era o único no Brasil nessa época.

O desafio da conquista do espaço espicaçava os melhores espíritos inventivos e progressistas de nossa terra. Na cidade de São Paulo dezenas de apaixonados pela aviação também procuravam construir um aeroplano, mas em geral limitavam a copiar os modelos franceses. O projeto de Dimitri era mais audacioso: o aeroplano que estava disposto a construir era inteiramente original na sua concepção mecânica. O Jornal *O Estado de São Paulo*, de 3/10/1909, descreveu assim o seu aspecto externo: "Tem a forma de um pássaro, com as asas distendidas, tendo o controle atrás das asas e a direção para movimento destas tem comunicação com a cauda".

O admirável na construção do aparelho foi o fato de Dimitri não aceitar certos princípios e normas estabelecidas na Europa, onde ninguém tinha ainda conseguido construir um motor que pesasse menos de um quilo por cavalo-força. Nomes internacionalmente famosos no campo da aeronáutica não conseguiam fazer um avião com oitenta cavalos-força e eram obrigados a usar um motor de oitenta quilos.

No entanto, Dimitri usaria um motor inventado por ele mesmo com vinte e cinco cavalos-força, o qual pesava apenas vinte quilos. Isso significava uma economia de 20% de peso sobre todos os motores fabricados até então.

Saliente-se ainda que era um aparelho totalmente construído em Osasco, com recursos muito inferiores aos da Europa. O único material empregado que teve que ser importado foi o aço. Entre a audaciosa concepção e a concretização de seu sonho, Dimitri palmilhou um longo caminho, não isento de dificuldades. Durante longos meses, ocupou-se em expor suas ideias, dar explicações sobre o motor e demais partes do projeto, procurar mecânicos competentes, desenhistas capazes, etc. Finalmente, após muito trabalho, vários testes e substituições de peças, o aeroplano estava pronto para a grande experiência. Foi marcado o voo para o dia 7 de janeiro de 1910, tido como o Voo Sensacional.

A família Sensaud de Lavaud havia residido na Rua Dona Primitiva Vianco, em cujo prédio foi instalado o primeiro Grupo Escolar. Na ocasião, residia na casa que havia sido construída por Giovanni Briccola, conhecida hoje por Chalé Briccola, atualmente Museu Dimitri Sensaud de Lavaud. Desta forma, o aparelho foi empurrado para um galpão ao lado dessa casa pelos operários, da Cerâmica. Em frente ao galpão, havia uma rampa, aplanada pelos operários por onde o aparelho deveria descer para ganhar impulso. Apesar do horário que marcava cinco horas e quarenta e cinco minutos, era grande o número de pessoas presentes, entre parentes, amigos e operários. Além dos jornalistas ávidos por comentar o sensacional feito.

Dimitri entrou no aparelho; atenção voltada para o regulador de combustível e a rotação da hélice. Deu sinal de largada. O aeroplano, numa descida vertiginosa, percorreu setenta metros na rampa e depois, qual uma libélula, alçou-se do chão, voando a uma altura de dois a quatro metros em direção ao vale do Rio Tietê, numa extensão de cento e três metros, em seis segundos e dezoito décimos. Um imprevisto! O motor parou de repente e o aparelho caiu bruscamente, amassando as rodas dianteiras. Dimitri nada sofreu.

O aparelho recebeu o nome de São Paulo após o voo em 12 de janeiro de 1910. O aparelho foi exibido para visitação pública, no Teatro Politecama na capital paulista.

Dimitri Sensaud de Lavaud, que deixou para Osasco a glória de ter sido palco do primeiro voo realizado na América do Sul, embarcou para a Europa com sua família terminada a Primeira Guerra Mundial. Após seu feito pioneiro, embora não diminuísse, segundo tudo leva a crer, seu entusiasmo pela aviação, pouco realizou nesse terreno: eram tempos de guerra em sua terra. A França estava envolvida e, assim, naturalmente, suas preocupações encaminhavam para outros terrenos.

* * *

Revisando a história dos herdeiros. A única filha do empreendedor, Primitiva, casou-se com seu primo Antônio Vianco na Itália e vieram para o Brasil em 1887. No Brasil, Primitiva faleceu de febre puerperal em 1889, com 17 anos de idade, ao dar à luz a menina Giuseppina. O atestado de óbito foi dado pelo doutor João Neave e registrado em Cartório de Registros de Pessoas na Freguesia da Consolação. Primitiva Vianco foi sepultada no Cemitério da Consolação na cidade de São Paulo.

Sua filha, Giuseppina Vianco, foi criada e educada na Itália. Depois casou com Cesare Enrico, com o qual teve três filhos: Antônio, Serafina e Vanda. O casal esteve no Brasil por algumas vezes para visitar os familiares como Cristina Vianco Fornasari, tia de Giuseppina.

Deve-se ressaltar o alto espírito patriótico e generoso dos herdeiros do fundador de Osasco ao doarem os terrenos para a Igreja, para o mercado e para o cemitério, fazendo prevalecer a vontade do fundador.

Em 27 de abril de 1910, a senhora Giuseppina Vianco Enrico e seu esposo, Cesare Enrico, estiveram no Brasil e venderam a Cerâmica ao barão Evaristhe Sensand de Lavaud por 110.000$000 (cento e dez mil contos de réis). Antônio Agú fez de sua neta Giuseppina Vianco sua principal herdeira.

Foto: Walter Ramos – Primeira Bomba de Gasolina no Largo de Osasco

* * *

Os tempos do Coronelismo no Brasil. Antes da vitória do marechal Hermes Rodrigues da Fonseca (Hermes da Fonseca) para a Presidência da República Federativa do Brasil para o mandato de 15/11/1910 a 15/11/1914, o Jornal *Estado de São Paulo* chefiou a oposição, publicando em 27 de março de 1910 o manifesto de Rui Barbosa à nação, que denunciava fraudes nas eleições. O Brasil já se caracterizava pelos contrastes da grande modernização, como a construção de estradas de ferro e a ampliação da esquadra da Marinha. Num período de nossa história em que o povo subalterno e omisso ao processo político era dominado pelas elites urbanas (industriais) e rurais (agrárias).

Os grandes fazendeiros do café, os barões do café, na sua maioria, definiriam por meio da violência as eleições em seu sistema de dominação, o Coronelismo.

O coronel Delphino era, sobretudo, uma figura local exercendo influência política, econômica e social nas cidades, vilas e povoados. Nessas localidades, não chegava a autoridade do Estado, as funções públicas de política e Justiça eram exercidas de forma privada pelos coronéis. Agiam assim, mesmo que no município existisse delegado, juiz e prefeito. Portanto, as autoridades ficavam abaixo do poder do "mandonismo local".

Esse poder era resultante da condição de latifundiário, sendo diretamente proporcional à quantidade de terras que possuía. Quanto mais terra, maior era o número de pessoas que dependiam do coronel.

Assim se estabelecia a relação de dominação pessoal do coronel sobre seus dependentes. Quando se perguntava para alguém: "Quem é você?", a resposta era: "Sou gente do coronel fulano".

Na Vila Osasco a vida não era diferente do resto do país. Para ilustrar esse coronelismo local transcrevemos a fala da testemunha do carteiro João Gonçalves Bueno, 36 anos de idade, residente na vila.

Bueno era agente do correio na Estação de Osasco, foi ouvido pelo juiz na disputa de terras do Sítio Paiva Ramos. "O doutor Victor Ayrosa tentou impedir o depoimento do carteiro dizendo que ele e José de Camargo eram amigos de infância".

Já João Gonçalves Bueno dizia ser inimigo capital do autor do delito e que não fora subornado pelo procurador José de Souza Oliveira, da ré Joaquina Francisca de Paiva. Contra-argumentou o doutor Ayrosa que o carteiro, no desempenho de suas funções, foi contratado pelo procurador da ré para contatar outras testemunhas.

Diz ainda que o carteiro, que na ocasião esteve na casa de Joaquim Antônio Leonel, para empenhar-se que este viesse depor em benefício da ré, procurou Simas Pimenta, mostrando-se vivamente interessado pela ré. A testemunha era pessoa dependente e protegida do coronel Júlio Esteves que também tinha interesse pessoal naquela causa, pois pretendia ser dono do Rincão da Clara que fazia parte do sítio no litígio Z.A. **Inconstitucionalidade da República dos Coronéis**, em 27 de abril de 1913, Júlio Mesquita, editor-chefe do Jornal *O Estado de São Paulo*, publicou editorial denunciando a inconstitucionalidade do fechamento do Congresso.

Acompanhando o desenvolvimento célere de São Paulo, Osasco recebe por meio da Resolução Municipal nº 50, de 22 de agosto de 1914, a autorização para construir um matadouro a fim de fornecer carne para a capital. O proprietário dessa concessão municipal era o coronel Delphino Cerqueira, também proprietário da Fazenda Carapicuíba e de outra fazenda da cidade de Monte Mor, no município de Capivari, região de Campinas. Foi o coronel Delphino Cerqueira quem construiu o matadouro do km 21.

No mesmo ano de 1914, por meio do Requerimento nº 952, a Companhia Light and Power recebe uma faixa de terreno de seis mil e quinhentos metros de extensão e vinte de largura para a construção de uma linha distribuidora de energia entre os distritos da Freguesia do Ó e Vila Osasco, o que certamente não deve ser entendido como a chegada da luz nos lotes da Vila Osasco.

No momento da sucessão do presidente da República Hermes Rodrigues da Fonseca (marechal Hermes da Fonseca) em 1914, mais uma vez o Jornal *O Estado de São Paulo* apoiou a candidatura de Rui Barbosa, que foi derrotado por Wenceslau Brás. Durante esse período, o jornal atravessou nova crise, provocada pelo apoio de Júlio de Mesquita aos aliados da Primeira Guerra Mundial.

A maioria dos anunciantes do jornal era constituída de alemães, que gradualmente retiraram sua publicidade. O balanço financeiro de 1914 acusou uma grande queda nos lucros do jornal.

* * *

O crescimento populacional cultural e político não acontecem da noite para o dia e, em Osasco - Subúrbio da capital de São Paulo, havia as mesmas dificuldades que haviam Brasil. Porém, algumas mudanças começaram a acontecer; foi o caso do número de habitantes que começa a década com 15258 (quinze mil, duzentos e cinquenta e oito) e termina com 41328 (quarenta e um mil, trezentos e vinte e oito). Em uma década, a população quase que triplica.

Por volta de 1914, surgem no país mulheres sufragistas, que viriam a ser lideradas por uma mulher, paradoxalmente identificada como a fina flor da elite econômica e intelectual da época, a bióloga Bertha Lutz.

Ela representa um "feminismo bem comportado": Bertha frequentava os círculos do poder dominado por barões e coronéis, não perdia as festas repletas de "coquetes e melindrosas" no Automóvel Clube do Rio de Janeiro e desfrutava de prestígio dentro e fora do país.

Ela foi decisiva na luta pelo voto feminino, uma cientista que conseguiu juntar as mulheres para pressionar deputados pelo direito de votar. A intimidade com o poder facilitou o trabalho de mobilização das mulheres de cima para baixo.

Bertha foi a primeira mulher a entrar no serviço público por concurso, não aceitava competidores, estava preocupada com o voto feminino enquanto as anarquistas defendiam o amor livre.

Fonte: Ana Lucia Rodrigues da Luz - Prédio dos Vidreiros

* * *

A Cooperativa de Vidreiros teve como fundador e conselheiro o senhor Antônio Prado, um brasileiro de família rica, proprietário de cafezais, casa de exportação, estrada de ferro, e político. Antônio Prado resolveu aplicar seus capitais e desenvolver o vidro no Brasil. Era um produto que ainda não existia aqui e que precisou de técnicos europeus. Esses técnicos vieram para trabalhar no Brasil porque não existia aqui mão de obra operária e especializada.

Com sua experiência adquirida na Europa, os técnicos europeus eram habilidosos e espertos muito mais que os brasileiros. A Constituição do Brasil só trazia poucos itens quando tratava questões sobre Ação de Trabalho, Garantias Trabalhistas.

Por sua vez, os europeus acostumados com garantias em seu país de origem, sabedores do trabalho no Brasil, exigiram o Contrato de Trabalho melhor dizendo, um contrato de acordo com a lei francesa. Muito bem, os operários franceses e italianos da Vidraria Santa Marina da Europa viriam, sim, mas com a Garantia do Contrato de Trabalho. Era casa para morar e professor para seus filhos estrangeiros.

Uma grande e total diferença em relação ao oferecido aqui aos trabalhadores brasileiros. Vejam, que para conservar seus empregos, os trabalhadores acabavam colocando seus filhos menores de 9 a 12 anos de idade para empurrar os carrinhos com as garrafas para depois passar a receber meio salário.

Havia uma classificação, os técnicos estrangeiros ganhavam mais que um mesmo técnico brasileiro; suas esposas, a metade do salário do marido; e filhos de 13 a 15 anos, a metade do salário que recebia a mãe. Mas, graças à educação, exigências dos operários vidreiros, essas diferenças foram sendo vencidas. Consta que o professor Edmondo Rossoni, encontrou no Distrito um grupo de anarquistas e sindicalistas que trabalhavam juntos naquela época.

O professor Rossoni era adepto das ideias de Ferre; anarquista, acreditava que a escola deveria ser de classes mistas (alunos e alunas na mesma sala; naquela época, havia salas distintas para meninos e meninas) e os professores deveriam conversar com os alunos e não mandar neles, dar-lhes liberdade de fazer perguntas, de demonstrarem sua preferência por uma matéria em detrimento de outra. Nessa época, essa ideia se transformou em algo escandaloso, anarquista. Esse professor conversava com os alunos estrangeiros sobre a diferença de tratamento entre eles e os filhos de brasileiros que trabalhavam na fábrica. Com essa atitude conseguiu aproximar os estudantes europeus e brasileiros.

Em 1909, houve um movimento grevista, inclusive com a participação dos europeus também, que, ao paralisarem os trabalhos, foram todos dispensados pela Companhia Santa Marina. Foi então que o professor Rossoni teve uma brilhante ideia: pediu ajuda ao Sindicato dos Vidreiros e acreditou na possibilidade de montar uma cooperativa, dirigida pelos próprios operários.

Aí está, patrões de si mesmos. O professor sabia da existência de um núcleo italiano no Distrito, próximo à Estrada de Ferro Sorocabana, e pediu guarida, isto é, hospedagem aos conterrâneos.

Os demais grevistas seguiram a pé pela linha férrea e foram hospedados pelos mesmos conterrâneos. O professor Rossoni providenciou um terreno, o mesmo da Cobrasma, que foi utilizado em parte para construir a cooperativa.

Com a construção quase pronta, a cooperativa sendo criada por funcionários vidreiros, como donos-patrões, e com a areia do Rio Tietê como matéria-prima para a fabricação do vidro, naquele momento, com o prédio semipronto, despertou-se o interesse de outros empresários que quiseram fazer parte da cooperativa. Foram eles o senhor Pugliese e a Família Matarazzo, mas entraram para quebrar o monopólio de Antônio Prado, que havia fundado a indústria Santa Marina na cidade de São Paulo.

Quando estava já no ponto de colocar os telhados, era hora de providenciar os fornos, foi aí que mandaram o técnico Sergio Gallafrio à Itália.

Quanto aos operários vidreiros que vieram de São Paulo após a greve na indústria de vidros Santa Marina, na época de propriedade do conselheiro Antônio Prado, não tiveram muita sorte ao tentarem erguer em forma de Cooperativa de ex-funcionários, uma indústria de vidros na Vila Osasco. Não puderam prosseguir com o sonho de serem operários – patrão, gerenciadores de seu próprio negócio, gerando assim, uma grande frustração em 1910.

Na ausência do técnico responsável, teve de ser contratado um advogado para cuidar das finanças da fábrica, o doutor Morroni, e foi a pior decisão a ser tomada. O advogado desapareceu levando todo o projeto, documentos da fábrica e o dinheiro arrecadado. Diante dos fatos, os operários entenderam que foi uma manobra do Conselheiro Antônio Prado.

Porém ficou o exemplo, com certeza, do empenho e luta do Professor Rossoni em relação ao tratamento e igualdade entre estrangeiros e brasileiros em uma nação de paz e de respeito a todos os seres humanos.

Infelizmente, em consequência do movimento grevista da Indústria Cobrasma S/A em 1968, resolveram demolir o prédio da Cooperativa de Vidreiros de Osasco ainda inacabada, alegando que era um monumento que lembrava lutas grevistas de 1909, ocorridas na cidade de São Paulo.

Fonte: Ana Lucia Rodrigues da Luz (UNIFIEO).

Fonte: www.camaraosasco.sp.gv.br
Frigorífico Continental

Fonte: www.camaraosasco.sp.gv.br
Trabalhadores do Frigorífico

Em 1915, instalou-se a Indústria Frigorífica Companhia de Produtos Continental, que iniciou suas operações ao lado da linha ferroviária em Osasco, no bairro Presidente Altino. A partir de 1934, passou para Frigorífico Wilson do Brasil e depois recebeu a denominação COMABRA. A indústria iniciou suas atividades depois que a Estrada de Ferro Sorocabana foi arrendada para o empresário norte-americano senhor Percival Farquhar, e várias fábricas de carnes enlatadas foram atraídas para a cidade de São Paulo. Uma delas foi a Companhia de Produtos Continental. Descrição: "A matança era feita por meio de macetas, indo muitas vezes as reses pela sangria". A água era de poço sendo conduzida por meio de bomba para a uma caixa bem no alto do edifício do matadouro. Já a água usada para o matadouro para lavar a carne era do Rio Pinheiros, que também era conduzida por uma bomba, sendo os esgotos descartados no Rio Tietê.

A construção do matadouro trouxe outros investimentos à Vila. É o caso do contrato comercial celebrado entre o coronel João Antônio Netto e Agostinho Cretelli, capitalista, Oscar Brizola e Pedro de Souza Neto.

Esses senhores associaram-se com o intuito de explorar a venda e a compra de gado em geral na Praça de São Paulo. Para tanto, o coronel João Antônio Netto entrava com trinta contos de réis dos cinquenta do capital social da empresa, "que realizou imediatamente depósito da quantia no Banco do Comércio e Indústria de São Paulo e os vinte contos de réis do sócio Agostinho Cretelli que se comprometeu a depositar a quantia em dez dias no mesmo Banco".

A razão social da empresa era Cretelli & Netto. Ao sócio Agostinho Cretelli cabia o dever da gestão da venda de gado no matadouro da capital que a esta altura já eram três, e do açougue da firma.

Ao sócio coronel João Antônio Netto cabia os negócios relativos à compra de gado e porcos na mesma capital ou no interior para consumo do açougue e venda aos matadouros. A caixa social ficaria inteiramente a cargo do sócio coronel João Antônio Neto. O sócio Agostinho Cretelli entregou à sociedade estabelecimento denominado Açougue Abranches, situado na Rua doutor Abranches nº 21-A no Centro de São Paulo, dois carrinhos com os competentes arreios e animais, bem como todos os móveis e utensílios existentes no açougue, sem remuneração. Não é preciso dizer que essa foi uma sociedade que durou apenas os seus dois anos de contrato.

Fonte: www.camaraosasco.sp.gv.br
Clube Atlético Floresta

Foto: www.camaraosasco.sp.gv.br
Prova Hípica

* * *

A Associação Atlética Floresta faz parte da Chácara Agú. Por força de convênio verbal, o Clube Atlético Osasco, a fim de reforçar o quadro para disputar as partidas, solicitava como empréstimo jogadores do BOHEMIOS. Houve então o interesse em trazer o esporte para o centro de Osasco e por influência de Attilio Fornasari, dona Giuseppina Vianco Enrico, herdeira de Antônio Agú, concordou-se em ceder por um aluguel de 1$000 (um mil réis) mensais o terreno na Rua Primitiva Vianco, onde se abrigava uma floresta de eucaliptos, daí o nome de Associação Atlética Floresta.

O estádio de futebol, como também para corridas de cavalos e bocha tem o nome de Giuseppina Vianco Enrico (Estádio Giuseppina Vianco Enrico) em homenagem à neta de Antônio Agú.

Foto: Walter Ramos - Cinema Osasco

* * *

Em 1916, foi construído o primeiro cinema na Rua da Estação, na região central da antiga Vila. Essa construção significou um grande desenvolvimento.

Com o Cinema Osasco o comércio diversificou-se, tornando o local próspero. Era constituído por armazém do senhor Romualdo Ginatti; de padaria e açougue dos senhores João Collino e Pedro Marchettti; do açougue do senhor Alberto Melli; e loja e armazém do senhor Manoel Dias. No setor de prestação de serviços, destacavam-se o sapateiro Francisco Gerussi, o barbeiro senhor Domingos Odália e o ferreiro senhor Quintiglio Del Corso. Por tudo isso, a Rua da Estação foi fundamental para o desenvolvimento da "Vila" e sua história.

O Cinema Osasco foi inaugurado com oitenta lugares, e o preço da entrada variava entre oitocentos a mil e duzentos réis.

O referido cinema recebeu a iluminação por meio de gerador a querosene. Naquela época não havia energia elétrica. Quando o gerador era acionado, estremecia toda a vila com seu barulho ao funcionar. Os filmes eram exibidos em preto e branco, sem a sonoridade (era o período do cinema mudo). As projeções eram manuais, e, nos intervalos dos filmes, entrava o conjunto musical Jazz Band Galo Preto. Mais tarde, foram substituídos por uma vitrola de discos de vinil. Com a chegada da eletricidade, o cinema pode ser ampliado e permaneceu ativo até o ano de 1950. Giovanni Collino, que, ao ser naturalizado brasileiro, recebeu o nome de João Collino, foi homenageado juntamente com Pedro Pignatari por ter fundado o primeiro cinema da Vila, o Cinema Osasco, sitiado à Rua da Estação, que funcionou entre os anos de 1916 a 1950.

Com a invenção da fotografia no século XIX pelos franceses Joseph-Nicéphore Niépce e Louis-Jacques Daguerre abriu-se o caminho para o espetáculo do cinema, que também deve sua existência às pesquisas do inglês Peter Mark Roget e ao belga Joseph-Antoine Plateau, sobre a persistência da imagem na retina após ter sido vista.

Em 1833, o britânico W. G. Horner idealizou o zootrópio; jogo baseado na sucessão circular de imagens.

Em 1877, o francês Émile Reynaud criou o teatro óptico; combinação de lanterna mágica e espelhos para projetar filmes de desenhos numa tela.

Já Eadweard Muybridge nos Estados Unidos experimentava o copioaxinoscópio, decompondo em fotogramas as corridas de cavalos.

Outro americano, o inventor Thomas Edson, desenvolvia com o auxílio do escocês William Kennedy Dickson, o filme de celuloide e um aparelho para a visão individual de filmes chamado cinestoscópio.

Os irmãos Louis e Auguste Lumière, franceses, conseguiram projetar imagens ampliadas numa tela, graças ao cinematógrafo; invento esse equipado com um mecanismo de arrasto para a película.

Na apresentação pública de 28 de dezembro de 1895, no Grande Café do Boulevard de Capucine em Paris, o público viu pela primeira vez o filme *A saída dos operários da Fábrica Lumière*. Todos ficaram encantados com o tamanho da locomotiva que aparecia no filme.

Não menos encantados deveriam ficar os moradores da Vila Osasco com Pedro Micheli e Antônio Pignatari. Em outubro de 1922, arrendaram ao comerciante Ismael Niari um barracão com quinhentas cadeiras na Rua da Estação, um projetor, uma competente lanterna e resistência para cinema, um dínamo movido à gasolina com capacidade de doze cavalos, um piano e enfeites. Era o nascimento do Cinema Osasco, inaugurado ainda na época do cinema mudo.

Osasco já tinha a novidade, enquanto outras vilas e distritos do país levariam anos para conhecer. Após as sessões do cinema, os jovens se concentravam em frente para paquerar.

A cidade de São Paulo dos anos 1920 era uma "ambiguidade" social: aristocracia cafeeira, burgueses, operários, imigrantes, caboclos ex-escravos. Automóveis, bondes elétricos, luzes, apitos de fábricas. A velocidade do mundo urbano se instalava sem pedir passagem. Havia também a riqueza do café que financiou o processo industrial e os primeiros arranha-céus que vieram para ficar. Em meio a toda essa convulsão, em 1925, São Paulo recebe a sua primeira emissora de rádio e com isso se agita e pulsa sem parar.

No entanto, a arte paulista era a poesia parnasiana, com as formas rígidas e tradicionais: a métrica e a rima.

As companhias de teatro francês e as óperas italianas só se apresentavam no Teatro Municipal de São Paulo. A arte paulista era muito bem comportada até 1922. Os jovens intelectuais e artistas brasileiros traziam das suas "excursões" culturais europeias; informações sobre o Futurismo italiano de Marinette, trazidas por Oswald de Andrade; O Expressionismo alemão e mais tarde sobre o Cubismo, implantado no país por Anita Malfat. Era o Futurismo, Cubismo, Expressionismo, Fauvismo, Dadaísmo, Surrealismo que desembarcavam nas malas dos acadêmicos das artes das terras tropicais. O paulistano via a era da efervescência cultural do Modernismo, que juntava as insatisfações estéticas e extrapolava as novas concepções artísticas.

Com toda essa movimentação, Osasco não podia ficar de fora. Sendo assim era natural que em uma escritura pública datada de setembro de 1924, que tratava da venda de um estabelecimento comercial de Romualdo Gianetti a

João Coelho de Castro, no nº 44 da Rua da Estação, no mesmo prédio do armazém e da padaria, também funcionasse um teatro de Romualdo Gianetti com plateia e palco.

* * *

O primeiro conjunto musical de Osasco foi o Jazz Band Galo Preto. O conjunto musical surgiu em 1928. Seus fundadores foram: Umberto de Lúcia, saxofone; Chiquinho pavão, banjo; Libertário Gallafrio, violino; e Antonio Sustene e Artur Pizzardi, eram os famosos animadores das festas de Osasco.

* * *

O primeiro agente dos Correios em Osasco foi o senhor João Collino que também cuidava de registrar os recém-nascidos na Vila em cartórios da capital, porque Osasco não possuía cartório na época.

* * *

A primeira Agência dos Correios funcionava na Rua da Estação, em uma salinha pertencente ao senhor João Collino, que ficava ao lado de sua residência.

* * *

O primeiro barbeiro da Vila foi o senhor Domingos Odállia Filho. Ele nasceu em 1891, em Marselha, na França, e chegou em Osasco com a família. Seu pai, como era especialista em vidros, veio para trabalhar na Vidraria Santa Marina, na cidade de São Paulo, como tantos outros.

O senhor Domingos sempre foi um homem bonito e gostava de diversão. Ele e seus amigos permaneciam a tarde inteira no Restaurante Coutinho, no Largo de Osasco, jogando Jogo de Mora, um jogo de mãos. Seus melhores amigos eram Tício Gallafrio, Etaçani, Alberto Melli, Irma Melli, Millani e Antônio Pignatari.

Existiam os bailes da Associação Floresta, e certa vez o barbeiro recebeu um prêmio de "uma libra esterlina em ouro" pela dança. O presidente nessa época era Jacó Fornasari e foi ele quem o premiou.

O povo de Osasco naquela época já era politizado e o dia 1º de maio era muito festejado. Tinha também o pessoal integralista, seguidores de Mussolini, na época de Plínio Salgado. Eles faziam passeatas na Rua da Estação com uniformes, camisa verde e gravata preta, com um distintivo em que estava escrito *Anauê*. Era uma saudação indígena que significava algo semelhante à saudação que Hitler usava. Esses fatos se referem aos anos de 1933 a 1937, havendo muitos adeptos no Distrito porque a colônia italiana era muito grande e Plínio Salgado lançou o Integralismo, que seguia aproximadamente a linha do fascismo.

O senhor Domingos montou o salão de barbearia na Rua da Estação, o primeiro era único barbeiro naquela época. Atendeu várias vezes Antônio Agú e Dimitri Sensaud de Lavaud e lembra que eram orgulhosos e retraídos, poucas vezes saíam de casa.

Foto: Walter Ramos - Rua Antônio Agú

Rua Antônio Agú – com o decorrer dos tempos, as denominações das ruas sofreram alterações e a principal recebeu o nome do fundador.

A Rua Antônio Agú descrita em versos

Antes era aleijada.
Quer dizer, bem no meio quebrada, saindo de um largo onde, ponto saliente, reclina humildemente chamado de estação.
Seguia orgulhosa até o muro de uma tecelagem em que trabalhavam rapagões e meninas melindrosas.
E em seguida, se perdia em trilhas paralelas, margeando por altiva simetria, das valetas profundas que se escondiam as águas perdidas das chuvas.
A chegar, impávida a Matriz, de onde Santo Antônio tudo olhava essa placidez é do ano mil novecentos e cinquenta e hoje ninguém aguenta a nova Rua Antônio Agú.
A cada passo, no proibido espaço.
Do automóvel ou caminhão, leva-se sempre um trompaço, no denominado calçadão.
Um povo, desconhecido de roupas coloridas e corre-corre sensual, não há tempo para um aceno, ou um bom dia cordial.
Nas vitrines, roupas, móveis, novidades, lojas de som, rock 'n' roll estridente e em seu leito, apregoam os camelôs, imponentes, quadros coloridos, bijuterias e brinquedos inocentes.
Sem falar os bilhetes de loteria. Perdeu a rua a face bucólica do passado somente agora relembrado.
Papéis expositivos, históricos gerais, mostrando a esse povo novo desconhecido, uns tempos que não voltam mais. De J. G. da Silva.

A Rua Antônio Agú foi e continua sendo, uma das mais importantes ruas de Osasco. No ponto mais alto dessa rua está localizada a Igreja

Matriz de Santo Antônio. Já descendo faz a ligação com a Praça Antônio Menck, antes chamada de Rua Enrico Dell'Acqua.

* * *

A mudança de Vila para Distrito aconteceu em 31 de dezembro de 1918 por meio da Lei Municipal nº 1634. A antiga Vila passou a ser o 16º Subdistrito da capital de São Paulo, com a seguinte divisa: "Iníciava no alto do Morro do Jaguaré à direita e Carapicuíba e Bussocaba à esquerda, até encontrar a cabeceira principal do Córrego Continental, pelo qual descia até o Rio Tietê; subindo por até a barra do Córrego do Cintra, continuando por este até a estrada velha do Mutinga e por essa até o Ribeirão Vermelho, cujo curso seguia até ao Ribeirão da Olaria subindo por esse até a sua cabeceira ocidental entre os morros Jaraguá e Doce, daí pelo divisor das águas entre os rios Juquerí à direita e Tietê à esquerda, até encontrar as divisas entre o município da capital, o de Parnaíba e depois o de Cotia e por esse até o Morro do Jaguaré, onde começava". Somente no período de Distrito, isto é, após 1918, é que Delphino Cerqueira construiu uma vila operária bem no centro do Distrito, onde, está a Galeria Fuad Auada.

Por meio de Lei Municipal, a antiga Vila tornou-se Distrito e por isso passa a ter um cartório de notas, um juiz de paz e um distrito policial que só foi instalado quando ocorreu o segundo movimento pela emancipação. O cartório com a tabeliã Eloísa da Silva Prado à frente começou a funcionar em agosto de 1919. A primeira escritura lavrada foi de venda de um terreno na Rua André Rovai. O comprador era Angélico Vallin, um comerciante do Distrito. O terreno adquirido media sessenta e sete metros de frente por vinte e sete metros da frente aos fundos, com a mesma largura da frente. Fundos com a Estrada de Ferro Sorocabana. O vendedor foi o primeiro a comprar as terras de João Pinto Ferreira quando seu sítio ainda era chamado de Ilha de São João.

As escrituras públicas lavradas em cartório de Osasco mostram com quem estava o poder financeiro. coronel Delphino Cerqueira era outro capitalista que contratava os serviços de José Francisco dos Santos, empreiteiro de obras. Pelo contrato celebrado entre os dois, o segundo deveria construir para o primeiro um prédio de sobrado no terreno na Rua João Bríccola, atual Rua João Batista.

* * *

O primeiro farmacêutico foi o senhor Pedro Fioretti, que nasceu em 1885 em Macerata, na Península da Itália. Trabalhou desde os 12 anos de idade em farmácia como auxiliar; primeiro foi para Buenos Aires, depois veio para o Brasil.

Na cidade de São Paulo, casou-se, depois veio para Osasco onde montou sua farmácia. Formado pela Faculdade de Farmácia em Pindamonhangaba passou a responder pela farmácia na Rua André Rovai. Em 1925 passou a ser Juiz de Cartório e ficou até 1938.

* * *

A primeira parteira foi a senhora Anunciata de Lúcia e em sua homenagem foi denominado uma (UBS) Unidade Básica de Saúde – O Posto de Saúde Anunciata de Lúcia, localizada na Rua São Jorge, na Vila Pestana, Osasco, São Paulo.

* * *

O primeiro dentista foi o doutor Reinaldo de Oliveira, que também foi um dos Patronos da Emancipação de Osasco. Outros dentistas foram: Mário Milani, José Bonifácio de Oliveira, irmão de Reinaldo de Oliveira.

* * *

A princípio, a imprensa informativa só podia ser obtida mediante jornais e revistas na cidade de São Paulo e os primeiros moradores só adquiriam jornais quando iam à capital. O primeiro jornaleiro que se instalou em Osasco adquiria os exemplares na cidade de São Paulo de trem e depois, com uma charrete vendia os jornais nas ruas de Osasco.

Um dos distribuidores de jornais de Osasco foi o senhor Carmine Fiorita, ele era encarregado de distribuir o Jornal *Correio Paulistano*.

A primeira banca de jornal em Osasco foi montada pelo jornaleiro Lázaro Suave, na garagem da casa do chefe da estação, que residia no Largo de Osasco, defronte à Estação da Estrada de Ferro Sorocabana.

O primeiro jornal regional de que temos notícia é do ano de 1919 e chamava-se Districto. Era um órgão político que tratava assuntos de interesses locais do Distrito. Editado na cidade de São Paulo, conforme informação do doutor Reinaldo de Oliveira, esse jornal era editado pelo senhor Julio de Andrade e Silva e seus correligionários políticos, que além do noticiário local, era usado também para fins políticos, isto é para ataque aos adversários. Em 1919, ano da primeira eleição para juiz de paz, fora acirrada a luta política entre os dois chefes políticos locais, senhor Julio de Andradde e Silva e o coronel Delphino Cerqueira.

* * *

A realização de eleição para juiz de paz em Osasco ficou marcada por um crime de morte com estreita ligação ao interesse de domínio político do então Subdistrito da capital que já na época representava peso considerável como reduto eleitoral do Distrito do Butantã de São Paulo.

Foi no tempo do domínio do Partido Republicano Paulista que, nesta Zona Distrital, tendo como chefe político o fazendeiro coronel Delphino, Cerqueira não queria perder o poder de mando junto à cúpula do partido na esfera estadual. Por isso, a primeira eleição que seria realizada no subdistrito, para a escolha do juiz de paz tinha um caráter de grande importância, principalmente para dois chefes políticos locais. Pelo Partido Republicano estava o coronel Delphino Cerqueira e pelo Partido Democrático, o senhor Julio de Andrade Silva.

Pouco antes, Osasco era considerada apenas subúrbio da capital pertencente ao Distrito do Butantã.

Com o desenvolvimento daquele local, diversos proprietários, tendo à frente o industrial Julio de Andrade e Silva, decidiram ter chegado o momento de cuidar da elevação de Osasco a Distrito.

O industrial empenhou-se nessa tarefa procurando políticos influentes, pagando do seu próprio bolso os gastos com a elaboração da Planta Topográfica da localidade. Além do trabalho de elevação de subúrbio a distrito, o industrial Julio de Andrade e Silva conseguiu vários outros melhoramentos para Osasco, por esse motivo a população voltou-se maciçamente para seu lado.

O maior adversário do industrial contra-atacou. Era o coronel Delphino Cerqueira, que durante muito tempo lutou contra elevação a Distrito, alegando ser o lugar muito pobre e não ter condições para tal mudança. Marcada a eleição e iniciada a qualificação dos eleitores, Delphino mostrou-se disposto a vencer de qualquer maneira. Passou então a proferir ameaças de morte contra aqueles que eram contrários aos propósitos.

As eleições foram marcadas para 30 de outubro de 1919, mas não se realizaram, porque as pessoas que deveriam formar as mesas e que faziam parte do grupo do coronel Delphino não compareceram. Finalmente, no dia 14 de dezembro de 1919, as eleições foram efetuadas, dando vitória à chapa apoiada pelo industrial. O resultado foi seguinte: o doutor Arthur Vasconcelos obteve trezentos e setenta votos; senhor Arnaldo Serpa Nunes, trezentos e quinze; e o senhor Luciano Castilho obteve duzentos e setenta e oito votos. Os indicados pelo coronel tiveram bem menos votos.

No entanto, ao ser realizada a apuração dos votos no Fórum Cível, percebeu-se que as atas estavam falsificadas dando a maioria aos vencidos.

A Junta Apuradora proclamou eleitos os que estavam nas atas e com a falsificação acabaram contados os derrotados. Antes das eleições, o coronel Delphino ameaçou de morte os seus adversários e chegou a colocar um de seus comparsas de tocaia nas proximidades da casa do doutor Arthur Vasconcelos, que acabou sendo eleito como primeiro Juiz de Paz do Distrito. O referido comparsa foi preso antes que pudesse agir.

Passado os cinco dias da eleição, o industrial e os filhos João Batista e Diogo preparavam-se para embarcar para a capital. Na estação de Osasco surgiu uma discussão entre João Batista e um partidário de Delphino Cerqueira.

O incidente encontrava-se praticamente encerrado quando o negociante de toucinho José Maia, aliado ao Zé do Sebo, aproximou-se e disparou contra Julio e seus filhos: João e Diogo. Atingido na nuca, o filho João faleceu no local. Julio e Diogo, gravemente feridos, foram levados às pressas para a Santa Casa da capital onde foram operados.

Consumado o crime, o assassino saiu correndo mas foi detido a mil metros adiante no local denominado "Cartiera" pelo delegado local Acácio Nogueira e dois "praças".

Consta que, consumado o crime, Maia exclamou dirigindo-se aos cerqueristas: "O serviço está feito, agora vocês cuidem de mim".

De acordo com relatos da imprensa da época, o crime deixou profundamente revoltada a população de Osasco, em virtude do prestígio que desfrutava o industrial Julio de Andrade e Silva, autêntico líder local que muito lutou pelo progresso desta região da capital.

Em homenagem ao jovem barbaramente assassinado, a Rua João Batista Bríccola passou alguns tempos depois para Avenida João Batista e é hoje uma das principais ruas do centro de Osasco. Colocamos aqui uma ressalva; que não ficou provado que o mandante do crime foi o coronel Delphino Cerqueira.

***

O primeiro médico foi o doutor Arthur Vasconcelos, que era um naturalista, passando depois a Juiz de Paz de Osasco. Esse senhor não era formado em Medicina e, sobre pressão da população, teve que desistir de clinicar e então foi eleito o primeiro Juiz de Paz de Osasco.

Foto: Walter Ramos
Rua João Batista

Foto: Walter Ramos - 2º Cinema de Osasco
Cine Glamour
Rua João Batista

Histórias das primeiras ruas

A Rua João Batista – A partir de 1920 começa a ganhar vida, intensa e continua ladeada de árvores. A Rua João Batista era a comunicação entre a Vila Osasco, próxima da Estação no km 16 e a Estrada de Itu. Recebeu essa denominação em homenagem ao estudante João Batista de Andrade e Silva assassinado em 1920 no Largo de Osasco em virtude de sua participação nas lutas partidárias entre o coronel Delphino Cerqueira e seu pai Julio de Andrade e Silva.

Fonte: www.camaraosasco.sp.gv.br
Rua André Rovai - a *primeira* Farmácia em frente da Kombi

* * *

Rua André Rovai – No início do século XX, foi escolhida por várias pessoas para construírem suas casas, seus comércios e foi sendo povoada. A localização era favorecida pela proximidade da estação, que facilitava a comunicação com a cidade de São Paulo, onde o desenvolvimento era maior naquela época.

A Rua André Rovai, Centro de Osasco tem como início a Praça Paul Heymann e término na Avenida das Nações Unidas. Era conhecida como Via Mutinga porque fazia a ligação do núcleo central com o Jardim Mutinga, sendo o mais antigo núcleo habitacional de Osasco. Está localizada no Bairro Bonfim, nome herdado graças à Igreja Bom Jesus do Bonfim, um local considerado o berço de Osasco. Foi nessa rua que se instalaram os primeiros imigrantes constituídos na maioria por italianos e portugueses nas últimas décadas do século XIX.

Também beneficiada pela proximidade do então limpo Canal do Tietê, era um local de veraneio e se impôs como o primeiro centro do insipiente comércio de Osasco. Como informou Manoel Fiorita, presidente da Ordem dos Emancipadores de Osasco na época, "foi na André Rovai que seu avô montou um armazém de secos e molhados, um dos primeiros estabelecimentos comerciais da cidade". Segundo ele "primeira rua osasquense a receber tal melhoramento", o que prova seu prestígio na época.

Anteriormente, era conhecido por Bairro do Maneco. A "Rua do Maneco" por causa de Manoel Rodrigues, antigo morador. Nela havia alguns comércios; a primeira farmácia de Osasco, uma escola isolada, a cadeia pública e Delegacia do Carvalho, agência dos correios e mais tarde um posto telefônico.

O primeiro Centro Telefônico de Osasco foi instalado na Rua André Rovai, no ano 1920, sendo o responsável pelo funcionamento a família Valentim que trabalharam como telefonistas as senhoritas Ilda Grossi e Diva Giacolli.

O senhor André Rovai nasceu na província de Luca, na Itália, no ano de 1827. Veio para Osasco aos 27 anos de idade e passou a morar com seu irmão Leonildo Rovai no local onde hoje é a Rua André Rovai. André e seu irmão Leonildo constituíram sociedade na fábrica Olaria Rovai e Della Nina no Jardim Piratininga. Foi a primeira fábrica de tijolos da região e ficava no km 16, onde hoje é o final da Rua André Rovai. Com essa fábrica, André Rovai e o irmão forneceram tijolos para as fábricas de cerâmica de Osasco e Tecidos Ferre. Também fez doação de tijolos para o término da construção da Igreja Nossa Senhora do Bonfim, obra que se encontrava paralisada. Tendo voltado para a Itália, em 1927, foi vítima de epidemia da gripe e morreu aos 60 anos de idade. Curiosamente, pela Rua André Rovai era feito a trânsito de bois e porcos que eram levados até o frigorífico e onde ficava o "chiqueirão", uma feira de suínos, a sede do Clube Atlético Osasco, a Casa de Jogos com o jogo do bicho de Francisco de Carvalho Melo, filho do criador de porcos conhecido como Chico Branco; a Indústria Fox Drumond, que depois alterou o nome e os donos passaram para Indústria Soma de propriedade de Mariano J.M.Ferraz; Cerâmica São João e a Fábrica de Sabão. Para exemplificar o que aconteceu nos bairros paulistanos da Lapa e Barra Funda a partir dos anos cinquenta, o comércio osasquense saltou a linha ferroviária indo desenvolver-se pela Rua Antônio Agú, "abandonando" a Rua André Rovai.

Foto: Walter Ramos - Rua Primitiva Vianco

Em homenagem a Primitiva Vianco, filha de Antônio Agú, a primeira via de acesso à estrada de rodagem São Paulo-Itu, recebeu seu nome. Uma das características dessa rua até 1950 foi ser ladeada por eucaliptos. Por isso, o clube que ali se instalou por volta de 1916, recebeu o nome de Associação Floresta (floresta de eucaliptos).

Fonte: www.camaraosasco.sp.gv.br
Rua Erasmo Braga - lado esquerdo construção da Igreja Nossa Senhora do Bonfm

A Rua Erasmo Braga antes era Rua Manoel Rodrigues, conhecida como Rua da Balsa, pois ligava o Centro de Osasco com o local onde eram utilizados os serviços da balsa sentido Zona Norte.

Quanto ao nome do Bairro de Presidente Altino, ele foi criado sob o pretexto do loteamento das terras próximo à Cerâmica Hervy. Denominação em homenagem a Altino Arantes Marques, que tinha sido presidente do Estado de São Paulo, denominação do cargo de governador na época. Ele nasceu em 1876, na cidade de Batatais, interior de São Paulo. Aos 31 anos foi eleito deputado federal e combateu ferrenhamente um projeto que visava suprir a representação diplomática brasileira junto ao Vaticano.

* * *

Gênese da ocupação da terra – narrativa de PETRONE. "Segundo abstração feita de velhas propriedades de caráter exclusivamente rural, a efetiva ocupação da região de Osasco somente teve início em fins do século passado, época em que um cidadão italiano, Antônio Agú, se instalou em uma fazenda no lugar denominado Cartiera, não longe do Rio Tietê. A ele se atribui uma série de iniciativas que vieram a culminar com a formação do Bairro da Estação, junto aos trilhos da Estação de Ferro Sorocabana".

O rumo das atividades econômicas se definiria com os empreendimentos de Antônio Agú considerado o fundador da Vila Osasco.

Foto: Walter Ramos - Escola Isolada Cartiera

Foto: Rômulo Fosanaro Escola Bittencourt

Foto: Walter Ramos
Escola Duque de Caxias

* * *

Primeiras escolas eram formadas por núcleos de imigrantes e, por iniciativa dos empresários donos de fábricas, contratavam também professores para os filhos de estrangeiros.

Em alguns lugares, havia escolas isoladas como no Mutinga, de propriedade da família Camargo. Ia lecionar uma professora enviada pela Escola Americana, a atual Mackenzie. Das três escolas e um grupo escolar existentes, duas ficavam na Vila Osasco e uma em Presidente Altino. Para elas, as mais simples regras de higiene foram: as salas mediam quatro metros por seis metros e meio. O gabinete do diretor era uma pequena divisão de madeira no canto de uma das salas. Todas de avental branco, descalçadas, somavam um total de seiscentas e cinquenta e uma das crianças matriculadas. A caixa de água deveria ligar-se ao poço por bomba manual, no entanto não era mais que um foco de mosquitos.

As adaptações sanitárias eram bastante precárias constando apenas de três privadas e um mictório. Por consequência, a higiene era muito baixa, pois faltava a água potável. Em Osasco-Vila existia perto de mil crianças que necessitavam de instrução primária.

As escolas públicas em número reduzido funcionavam em prédios doados ou emprestados por entidades governamentais ou moradores da cidade. A primeira escola estadual de Osasco ficava na Rua Primitiva Vianco e foi construída pelo barão Sensaud de Lavaud, sócio do fundador na Cerâmica Industrial Osasco, que ali morou por vários anos. Pela deficiência apresentada, resolveram juntar as escolas num só prédio que recebeu o nome de Escolas Reunidas, depois passou para Grupo Escolar Escola de Osasco.

Mais tarde passou para Grupo Escolar de Osasco e atualmente Grupo Escolar Marechal Bittencourt. Os professores lembrados dessa época foram: José Maria Rodrigues Leite e dona Anna Eugênia de Moraes, professora na escola isolada da Rua da Cartiera Grupo Escolar da Cartiera. Conforme a necessidade de vagas foi criada uma nova escola no Bairro Campesina, a qual passou à denominação de Grupo Escolar José Maria Rodrigues Leite.

Sempre é bom recordar, uma das exigências dos técnicos estrangeiros que vinham trabalhar aqui no Brasil, contratados pelas indústrias da época, era que contratassem professores para ensinar seus filhos o que acabou beneficiando os filhos dos operários brasileiros também.

Nas escolas isoladas havia separação por sexo – para meninas e outra para meninos. A escola da Rua André Rovai era destinada às meninas. E a escola da Rua da Balsa, atualmente Rua Manoel Rodrigues e a escola da Rua Antônio Agú eram destinadas aos meninos.

Por meio de depoimento, soube-se que o proprietário do prédio Escola Reunidas era o coronel Delphino Cerqueira, quem cedeu para ao Governo do Estado de São Paulo. Em consulta com moradores antigos da cidade foi dito que o senhor Ferre era contrário à separação de sexos. Propunha a coexistência nas classes para que pudessem aprender a conviver em sociedade.

* * *

Normas para a construção. O construtor do prédio obedeceria rigorosamente à planta aprovada pela prefeitura da capital. A construção teria no andar térreo uma sala na entrada, fachada ladrilhada com mosaicos, uma sala de visita e uma varanda, todas assoalhadas. Isso tudo, conforme o memorial descritivo da obra que foi arquivado na Prefeitura de São Paulo.

O prédio possuiria oito metros de frente, por doze metros da frente aos fundos, contendo oito cômodos no pavimento térreo e cinco no piso superior que são: um salão, um gabinete, três dormitórios, todos forrados e assoalhados, cujas paredes internas e externas seriam pintadas à cal, bem como as portas e os forros. As janelas teriam de ser pintados a óleo. Na obra, só poderia ser usado material de boa qualidade. O coronel Delphino entregou ao contratado uma bomba para puxar água, em bom estado, a qual serviu para levar a água do poço ao pavimento superior do prédio, ficando o empreiteiro responsável pela colocação e bom funcionamento do aparelho. A obra deveria ser iniciada em 20 de setembro de 1919 e terminar no prazo de sete meses. O coronel Delphino obrigava-se a pagar vinte contos de réis ao empreiteiro pela construção, sendo cinco contos de réis no ato da lavratura do contrato e dois contos de réis depois que o prédio recebesse o primeiro vigamento. Outros cinco contos de réis por ocasião da cobertura, e o restante, oito contos de réis, quando da entrega do prédio.

Delphino emprestava dinheiro a juros a quem tivesse garantia ou fosse seu amigo. Por isso, em outubro de 1919, Joaquim das Neves e esposa Maria de Jesus lhe pediram um empréstimo de quatro contos e quinhentos réis pelo prazo de quatro anos. Os juros eram de 18% ao ano e seriam pagos ao credor até o dia dez de cada mês. Como garantia da dívida, Joaquim e Maria deram ao coronel uma chácara com quatro casas, plantações e outras benfeitorias que possuíam livre de qualquer ônus.

A chácara era formada pelos lotes dezessete e dezoito, na fazenda Rio Pequeno, posterior Cerâmica e hoje Presidente Altino. Media de vinte e dois metros de frente por quarenta e dois metros de fundos; pela frente com a mangueira, vai à porteira da entrada da Cia. Continental de Produtos, de um lado pelos fundos com a mesma Companhia. Outro empréstimo neste mesmo ano, para o mesmo bairro foi feito ao Antônio

Francisco, um português. O valor combinado era dois contos de réis, por quatro anos, a juros no percentual de 18% ao ano, a serem pagos ao credor anualmente.

Veja que o que modificava era a forma de pagamento entre um empréstimo e outro, porém os juros eram os mesmos. Para garantia e segurança do valor emprestado, o credor receberia em hipoteca os terrenos dos lotes dezenove e vinte da Fazenda Rio Pequeno, medindo vinte metros de frente por quarenta metros de fundo pela frente, com a Rua que servia de porteira para estrada da Cia. Continental de Produtos. Limitando-se de um lado com Joaquim das Mercês e de outro com uma Rua Projetada. O terreno possuía duas casas medindo ambas, cento e seis metros de frente por oito metros da frente aos fundos.

Naquele ano, o Distrito de Osasco tinha apenas o Centro e o futuro Bairro do Bonfim como áreas precariamente urbanizadas. É interessante notar que os juros correspondem a 1/3 dos valores anteriores, bem como corresponde a pelo menos cinco vezes a mais do valor emprestado naquele ano. Como garantia do empréstimo foi dado um terreno medindo vinte metros de frente por cinquenta metros da frente aos fundos, inclusive duas casas de construção moderna na Rua André Rovai, tendo uma porta e duas janelas cada. Confinavam de um lado com o terreno de Ferdinando Benze, de outro com José Nurches e pelos fundos com Manoel José Rodrigues. Mesmo se considerarmos que a Rua André Rovai nesse tempo tinha um desenvolvimento urbano parecido ao do centro da Vila, ainda assim o valor, as garantias e os juros desse empréstimo, que foi rigorosamente pago pelo credor, mereceram investigações.

É certo também que naquele ano o armazém do Largo de Osasco de propriedade de Ângelo Bartolomasi muda de dono e passa a ser de Janaris Christi. A casa onde estava instalado o armazém era de propriedade de Cesare Enrico, esposo da neta do fundador do Distrito, senhor Antônio Agú. Essa casa tinha um salão à frente com armazém, varanda, dois quartos, um local coberto e com os respectivos serviços de latrina e um quintal.

Fonte: Primeira Hora
Igrejinha Católica - provisória na Rua Primitiva Vianco
Para ser construída a Igreja de Santo Antônio

* * *

Na **Igrejinha na Rua Dona Primitiva Vianco** consta que a imagem do Santo Antônio, uma réplica da imagem verdadeira do santo da Itália, foi feita no Brasil por um escultor da época e colocada na igrejinha. Lá permaneceu até a Matriz de Santo Antônio ficar pronta, passando a ser o padroeiro da Osasco. A igrejinha foi depois demolida.

Foto: Walter - Primeira construção

A primeira igreja de Santo Antônio. Terreno doado pelos herdeiros de Antônio Agú. Construção através do Decreto da Cúria Metropolitana de São Paulo em 14/7/1930, pelo Arcebispo de São Paulo Dom Leopoldo Duarte e Silva, que nomeou o Primeiro Vigário Padre Damaso de S.S. Rosário – Passionistas em 11/8/1930. Essa igreja seguia o estilo romano, tendo sido projetada pelo engenheiro Ernest Bewing, também construtor da Igreja da Consolação na cidade de São Paulo.

Foto: Walter Ramos - procissão de Santo Antônio

Para ilustrar, observamos a procissão pela Rua Antônio Agú até chegar à Igreja de Santo Antônio em 1930 e os sentimentos de fé cristã. Osasco permanece fiel aos princípios religiosos e até hoje (ano 2009) realiza a procissão em louvor a Santo Antônio no dia consagrado ao padroeiro, dia 13 de junho.

Foto: Walter Ramos
Catedral de Santo Antônio Primeira construção, aumentada e com a torre.

Foto: Walter Ramos - 2ª construção

Segunda Construção. Houve alteração no projeto de construção em 21 de abril de 1967. A inauguração deu-se em 13 de junho de 1976 com uma missa na nave central.

Como essa construção não tinha terminado, em 31 de dezembro foi criada uma "Comissão pró-término da obra da nova Matriz", que teve como presidente doutor Walter Negrelli e, com ajuda do povo osasquense, prosseguiram-se as obras da igreja que passou à Catedral em 1989, através do Cardeal-Arcebispo de São Paulo Dom Evaristo Arns, que deu a posse ao primeiro Bispo Dom Francisco Manoel Vieira.

Fonte: www.camaraosasco.sp.gv.br
Festa do Padroeiro de Osasco - Santo Antônio - 13/06 e a Réplica da Catedral

Nos festejos, participam em geral o povo da cidade, os políticos, como os senhores prefeito, vice-prefeito, presidente da Câmara Municipal de Osasco e vereadores do Legislativo Municipal. É comum permanecerem no altar enquanto o padre e os assistentes da catedral pregam a palavra de Deus.

O festejo sempre é iniciado às quinze horas com uma missa e, ao término, segue uma procissão pela Avenida Santo Antônio, Rua Salem Bechara e Rua Dona Primitiva Vianco. Ainda na Primitiva Vianco, em frente à Associação Floresta, é feita a grande queima de fogos de artifício, um evento proporcionado pela união de comerciantes da cidade. Terminada a bateria de fogos, segue procissão até a Catedral de Santo Antônio, que recebe o andor de Santo Antônio e o público, com uma grande queima de fogos, no encerramento dos festejos do padroeiro da cidade de Osasco.

Capítulo IV

Era uma época de eleições para presidente do Brasil, deputado federal e senador em todo o Brasil e Osasco também teve participação em 19 de fevereiro de 1921. Na República Velha, sobrevivia o coronelismo e por isso as eleições eram de total desapreço por parte dos eleitores. Naquele tempo o voto feminino era proibido, o que formava um palanque a parte para as mulheres. O descrédito do voto do eleitor era de tal modo, que a eleição para ser válida exigia a presença de tabelião durante a votação e lavratura de uma Ata de Relato da Eleição.

O Jornal *Diário da Noite*, de 18 de fevereiro de 1921, trazia a seguinte notícia: "Realizam-se amanhã, em todo o território da República, as eleições dos representantes dos Estados ao Congresso Nacional".

Para a representação de São Paulo, a Comissão Diretora do Partido Republicano Paulista apresentou à reeleição os congressistas da última legislatura. São eles: para senador federal o doutor Adolpho Affonso da Silva Gordo; para deputados federais, pelo Primeiro Distrito os senhores: doutor Antônio Carlos de Salles Júnior, doutor Carlos Augusto Garcia Ferreira, Cr. Cincinato Braga, doutor Francisco Ferreira Braga, doutor José Roberto Leite Penteado e o doutor Raul Renato Cardoso de Mello. Pelo Segundo Distrito, o doutor Alberto Sarmento, doutor César Lacerda de Vergueiro, doutor Eloy de Miranda Chaves, doutor Joaquim Augusto de Barros Penteado, coronel Marcolino Lopes Barreto e doutor Prudente de Moraes Filho. Pelo Terceiro Distrito, os doutores Arthur Palmeira Ripper, João de Faria, João Pedro da Veiga Miranda, José Manuel Lobo e Raphael de Abreu Sampaio Vidal. Pelo 4º Distrito, os senhores: Arnolpho Rodrigues de Azevedo, Carlos de Campos, Francisco de Paula Rodrigues Alves Filho, Manuel Pedro Villaboim e Pedro Luiz de Oliveira Costa. Apresentaram-se candidatos chapa-extra para senador o senhor doutor Nicolau Soares do Couto Esher e deputados pelo Primeiro Distrito os doutores: Rubião Meira e Amaral Carvalho. Em Osasco, a eleição foi relatada em escritura: "Ata da eleição para deputado federal e senador no triênio de 1921-1923".

Primeira e única seção eleitoral do Distrito de Paz de Osasco no edifício da Primeira escola feminina, previamente designada para preparar eleições, constituição da Câmara dos deputados federais no triênio 1921-1923 e renovação de 1/3 do Senado Federal, em continuação dos trabalhos da reunião e instalação das mesas, estando o recinto separado do público por um gradil, mas de modo a ser facilitado para fiscalização, compareceu Abel de Rezende Villares, presidente; Francisco Licínio de Camargo e o doutor Alcides Prestes, mesários designados.

O texto do documento "o presidente abriu a urna", que se achava sobre a mesa, mostrou aos presentes, que acharam-na vazia, e a fecharam, anunciando em seguida que para evitar fraudes, iam chamar apenas os eleitores constantes da lista enunciada pelo juiz de direito mais antigo da Comarca, guardando uma das chaves e entregando a outra a mim, secretário, e designado para fazer a chamada.

O mesário é Francisco Licínio de Camargo, seguindo: Alfredo Moraes, Ambecário de Oliveira, Doutor Athaíde de Vasconcelos, Blaska da Silva, Ângelo Teixeira Medeiros, Aristides Collino, Carlos Grusso, José de Freitas e Silva, José Antônio Rodrigues, Antônio Rolim de Oliveira Gouvêa, Francisco Argone, Ceslando Primi, Belarmino Izidoro da Silva, Atílio Angelino, Defino Cerqueira, Clóvis Augusto Rodrigues, Alceu de Rezende Villares e Alcides Prestes.

Os eleitores acima assinados, em número de cento e treze, ao exibirem seus títulos tiveram os mesmos datados e rubricados pelo presidente da mesa eleitoral, apresentando suas cédulas em invólucros fechados sem distintivo algum, uma para deputados e outro para senador a serem introduzidas na urna.

Tendo se apresentado para votar Ângelo Biandi, Augusto Camargo Guimarães, Licínio Castilho e o doutor Pedro de Alcântara, os três primeiros munidos dos respectivos títulos e carteiras de identidade e o último com título do município de São Manuel, seus nomes não constaram na lista dos eleitores. doutor Juiz de Direito mais antigo da Comarca verificou e a mesa resolveu unanimemente tomar todos os votos em separado, tendo como os três primeiros para deputados federais os seguintes nomes: doutor Raul Renato Cardoso de Mello, advogado, residente na capital; doutor Antônio Carlos Salles Júnior, advogado, residente na capital, e doutor Cincinato César da Silva Braga, advogado, residente na capital.

Os eleitores elegeram para o senado o doutor Adolpho Affonso da Silva Gordo, advogado residente na capital. Desses candidatos, quatro foram separados, sendo apreendido o título de cada um e a respectiva caderneta, rubricando-os: Carlos Braga Júnior, Lázaro Silva Junqueira, José Nuceino, Mário Biancacai, presidente, com as cédulas e títulos referidos para oportunamente enviar à junta apuradora. Deixaram de comparecer trezentos e vinte e quatro eleitores, cujos nomes ficaram na referida lista de chamada. Em seguida, o presidente e o secretário abriram as urnas na presença do eleitorado, tirando inicialmente chaves que cada um tinha em seu poder.

Tiraram as cédulas e as reuniram em maço de cinquenta e depois separaram as que se referiam a cada uma das eleições de deputados e senador, conferiram o número total das cédulas com as dos eleitores que compareceram e anunciaram serem cento e nove para deputados e igual número para senador e lançaram-nas imediatamente na urna. Em seguida declararam que seria procedida a apuração das cédulas pela seguinte ordem: deputados e senadores, distribuindo o trabalho entre os mesários.

Tirando as cédulas da urna, uma a uma, primeiro lia-se em voz alta, em seguida passava aos mesários para a verificação dos nomes lidos e assim sucediam cada uma separadamente, escrevendo em uma relação os nomes dos votados e o número de votos, publicando-as também em voz alta. Apurados assim sucessivamente as cédulas de todas as eleições e, depois de formada uma lista geral com os nomes de todos os votados, o presidente anunciou em voz alta: "Para deputado os doutores Francisco Ferreira Braga, engenheiro residente na capital Federal, que obteve cento e trinta e dois votos e três em separados; Raul Renato Cardoso de Mello, advogado, residente na capital, obteve cento e dois votos e três em separado; para senador, o doutor Adolpho Affonso da Silva Gordo obteve cento e seis votos e quatro separadamente. Logo depois, foi afixado, à frente do edifício, edital assinado por todos os mesários com o resultado. Concluídos os trabalhos, a mesa ordenou que fossem os livros remetidos ao presidente da junta apuradora do Estado, com ofício pelo correio sob registro. "Eu, Edmundo José de Lima, secretário, lavrei a presente ata em duplicata que assino com o presidente e mesários".

As feministas deixaram cair o seguinte apelo à imprensa, em 20 de março de 1921, no Jornal *Correio da Manhã*, de circulação no Rio de Janeiro: "A Federação Brasileira pelo Progresso Feminino, órgão do movimento feminista no Brasil, faz um apelo à imprensa carioca, sempre generosa na defesa das causas nobres, solicitando que desse o seu apoio à campanha em prol dos direitos políticos da mulher".

* * *

As primeiras inspeções sanitárias foram realizadas em 1922 e 1939, pela Faculdade de Medicina e Cirurgia de São Paulo e apontava as condições sanitárias do Distrito "As fossas sanitárias ficam nas imediações dos poços e muitas fezes apegadas às fossas. Estando em local mais alto que o poço, o que mais se justifica o alto índice de mortalidade infantil por diarreia".

"A Companhia Cerâmica Industrial Osasco tem poço artesiano de quarenta e nove metros, com rendimento de doze mil litros por hora. A extração é feita por bomba que recolhe a água em uma caixa de quarenta e cinco mil litros por hora. Desta água, a população se serve em uma torneira instalada na frente do prédio. A fábrica de tecidos Fiorino Beltramo & Cia. tem um poço com setenta metros, com capacidade de quatorze mil litros por hora, e a caixa central com sessenta mil litros por hora. Nesta fábrica, também há uma torneira no lado de fora para uso da população.

A Cia. Continental utiliza para lavagens, esgotos e limpeza geral a água retirada do Rio Pinheiros. Para o uso industrial a companhia dispõe de poço artesiano. A fábrica de papelão usa água do Córrego Boycicaba e tem também um poço de pouca profundidade. A água da Vila Militar do Quitaúna é do córrego Carapicuíba e Ibimirim.

Como a água do primeiro é melhor, foi represada e passa por uma filtragem grossa.

* * *

Problemas com a falta de esgoto no Distrito. "Fossas por simples escavação, com um caixote perfurado e assento". Os esgotos ali são depositados e a parte líquida é absorvida pelo solo. O resíduo muito pequeno vai servir de pasto aos insetos. Assim, também pela infiltração há o contágio das águas dos poços. De algumas fossas sai uma vala que se dirige às plantações, por isso é melhor chamá-las de "coletor de esterco". Em outra fossa, o seu estado deplorável não surpreende. Porém, seu esgoto atravessa uma vala aberta, uma ponte e cruza a avenida. Atraídos pelo odor, encontra-se grande quantidade de galinhas bicando os dejetos.

Com exceção da Cia. Cerâmica Industrial Osasco, todas as demais têm serviço de esgoto encanado. O esgoto da Cia. Continental deságua no Rio Pinheiros, na parte mais distante do terreno da empresa. Na Vila Militar de Quitaúna, o esgoto vai para o Rio Tietê. O esgoto da fábrica de papelão vai para o córrego "Boycicaba e daí para o Rio Tietê. Porém, atravessa o terreno da fábrica a céu aberto".

* * *

Problemas do lixo. "Presentemente, atirado ao terreno mais próximo, onde as galinhas se incumbem de espalhá-los."

Foto: Walter Ramos
Área doada por Antônio Agú - Cemitério Bela Vista -fundado em 1922

O primeiro cemitério. No período que antecede o ano de 1924, Osasco não possuía o seu próprio cemitério. Os habitantes que faleciam eram transladados para serem enterrados nos cemitérios da capital paulista, o da Consolação ou do Araçá.

No primeiro Livro de Registro de Óbitos do Cemitério de Osasco, consta que os primeiros enterros em Osasco foram realizados no dia 25 de abril de 1924, e se tratava de duas crianças; uma delas constava o nome de Walkiria, filha de José Genta e Maria de Mello Genta, tendo como causa a morte natural. Outra criança falecida era um menino de nome Romeu, tinha dois meses de idade, filho de José Barronic e Filomena, também por morte natural, atestado pelo farmacêutico Pedro Fioretti.

As famílias que tinham um poder econômico mais elevado transportavam o parente falecido para São Paulo por meio de trem.

Assim, a administração da estrada de ferro era avisada e o último vagão do trem era reservado para o caixão do "de cujus". A família seguia de trem até a Estação Sorocabana na cidade de São Paulo e de lá o caixão seguia em uma carruagem previamente alugada até o Cemitério da Consolação.

O habitante mais humilde alugava uma carroça, colocavam o caixão fúnebre e o carroceiro o levava até o Cemitério do Araçá através da Estrada de Rodagem Pinheiros-Osasco. Como a estrada era de terra, isso levava horas. Os familiares iam com outras carroças alugadas, a cavalo ou até mesmo a pé. Alguns preferiam ir de trem até a Estação Sorocabana e de lá seguiam até o Cemitério do Araçá para aguardar o funeral.

Caso a família fosse extremamente pobre e não pudesse pagar o enterro, a polícia era acionada a fim de providenciar o transporte do corpo até a capital paulista. Há de se ressaltar também que Osasco não tinha caixões prontos para enterrar seus cidadãos, os quais eram solicitados aos marceneiros João Collino ou João Carleto, que, ao confeccioná-los, só cobravam o valor da madeira utilizada no trabalho.

* * *

A energia elétrica chegou ao Distrito de Osasco em 1923, e apenas no Centro.

* * *

Arrendamento. O investimento no setor de animais serem enviados ao matadouro trazia riqueza para a cidade. Foi o caso do arrendamento feito pelo proprietário Manoel Rodrigues à Kent Buscola & Cia. O proprietário arrendou um terreno, medindo quarenta metros de frente por quarenta metros da frente aos fundos, situado no final da Rua André Rovai. Nela deveriam ser implantadas mangueiras para se colocar os animais. Pelo prazo de dois anos o aluguel foi de quarenta mil réis, que seria pago mensalmente, todo dia dez. Os locatários já se achando de posse do referido terreno poderiam alugar ou transferir o contrato a quem lhes conviesse. Os impostos estaduais e municipais seriam pagos pelo outorgante Kent Buscola.

Outro arrendamento feito na Rua André Rovai foi do açougue que passou de Angélico Vallim para João Peres, casado, espanhol, e Carmello Felício, solteiro, italiano, ambos comerciantes. O açougue ficava em um prédio com duas portas. Tinha uma casa com dois quartos e quintal.

Por meio desses arrendamentos, podemos concluir que o comércio da vila estava no Largo da Estação e na Rua André Rovai. Percebe-se que, para passar de um lado a outro, não era preciso esforço algum, afinal não havia muro nem passarela naquela linha férrea.

O outro lado do Rio Tietê também progredia com a venda de terrenos, mais baratos. Era a Vila dos Remédios. É na rua onde ancorava a balsa do barqueiro José Feliciano que José Jorge Antônio da Silva comprou um terreno de duzentos e cinquenta metros quadrados, situado aos fundos das terras pertencentes a Joaquim de Camargo, com quem dividia a frente e Amaro Branco, com quem dividia os fundos.

* * *

Sorteio. Prêmio de um terreno – Houve também quem ganhasse o seu pedacinho de chão num sorteio do Jornal *O Fanfulla*. É o caso do senhor Antônio Duva que ganhou um terreno com frente para a Rua da Estação. Esse terreno media dez metros de frente e cinquenta metros de fundos, tendo Pedro e José Micheli como vizinhos de um lado e Antônio Agú do outro.

A baixa densidade populacional da Estação de Osasco em seus anos de fundação deu margem para um espaço maior de terras por proprietário.

Isso não quer dizer que todos os lotes tivessem quinhentos metros quadrados de área. Pelo contrário, a grande maioria dos habitantes moravam nas vilas operárias construídas pelas fábricas onde trabalhavam. Adquirir um terreno e construir uma casa para moradia, mesmo naquele tempo, significava uma conquista social.

Zona Sul – O Sítio Campesina era de propriedade do senhor Fortunato de Camargo; Sítio Jaguaribe, pertencente ao médico, político e intelectual Domingos José Jaguaribe Filho, que era proprietário também da vasta porção de terras em Campos do Jordão; Fazenda Carapicuíba, que foi comprada de Licínio de Camargo por Delphino Cerqueira por meio de empréstimo fornecido pelo banco onde Giovanni Briccola foi diretor, presidente e amigo do fundador.

Delphino adquiriu essa fazenda dos herdeiros de Licínio de Camargo, que, por sua vez, adquiriu essas mesmas terras de Antônio e Veridiana Prado.

O Sítio Quitaúna nesse período era de propriedade de José Mariano Brito e seu inventário terminou em uma grande briga pela demarcação das terras entre os herdeiros.

O vizinho coronel Delphino Cerqueira terminou vendendo a área para o Exército, que construiu o Quartel de Quitaúna. Também eram vizinhos do fundador o Sítio Rio Pequeno que deu origem ao Bairro de Presidente Altino, loteado pela Cerâmica Industrial Osasco em 1920 e o Sítio do doutor Lane, antigo Ernesto Kramer, que ficava mais ao sul próximo ao atual Jardim D'Abril.

Cada um desses sítios deu origem a mais de um bairro dos tantos que compõem hoje a cidade de Osasco. Os fatores que dificultaram o loteamento desses sítios para fins urbanos não se limitam à falta de vontade dos proprietários em dividir suas terras, mas também ao pouco interesse imobiliário por elas.

A população da Vila Osasco atravessou a década de 1940 com 15.258 (quinze mil, duzentos e cinquenta e oito) habitantes. Na década seguinte, saltou para 43.473 (quarenta e três mil, quatrocentos e setenta e três) habitantes, e foi nessa explosão demográfica que desencadeou o processo de loteamento dos sítios vizinhos do fundador da antiga Vila Osasco.

Outro fator relevante para a demora na ocupação urbana foi a topografia e a hidrografia desses sítios.

Foto: Walter Ramos - O Quartel de Quitaúna sendo construído

Foto: Walter Ramos - os Praças

O Exército Brasileiro. O Quartel de Quitaúna levou apenas seis meses para ser construído, pois fazia parte da pressa que o Governo tinha para alojar o desdobramento do 4º Regimento de Infantaria, que originalmente havia se formado no Paraná. Assim, em agosto de 1922, o quartel ficou pronto e foi inaugurado.

Quem passa pelo Km 18, km 20 e km 21, com toda a certeza, lembra-se

Foto: Walter Ramos
Capela Nossa Senhora do Rosário - 4º RI - Quartel de Quitaúna

de reduzir a velocidade na Praça Antonio Raposo Tavares. Aos poucos vão conhecer que naquele lugar, há mais de trezentos anos, morava o famoso bandeirante do Brasil, Antonio Raposo Tavares e sua família. Poucos se remetem ao passado, e ali aconteceram fatos que estão intimamente ligados à história do país, desde a década de 1920. Foi em 28 de agosto de 1921, que o Presidente da República Epitácio Pessoa esteve em Osasco e lançou a pedra fundamental do Regimento de Infantaria que seria instalado após dois anos, pouco antes da Revolução de 1924 e do surgimento da Coluna Prestes em 1926. O novo regimento surgiu como um desdobramento do Corpo de Artilharia de Santa Catarina, importante corporação do Exército brasileiro desde 1819 e do Batalhão de Infantaria que se tornou famoso, na Guerra do Paraguai e na Guerra dos Farrapos (a Revolução Farroupilha) como "Barriga-Verde", em virtude do uniforme do nosso Exército.

O Distrito de Osasco, escolhido para ser a sede do 4º Regimento de Infantaria era vizinha da antiga Estrada de Ferro Sorocabana atual Companhia Paulista de Trens Metropolitanos (CPTM) e do Rio Tietê, capaz de proteger São Paulo o bastante, numa região mais distante do centro da capital, pois em 1920 não havia praticamente nada entre Quitaúna e o espigão da Avenida Paulista.

Ainda na década de 1940, quando começavam o surgimento das primeiras indústrias no centro do Distrito, ainda éramos uma zona praticamente rural. Como recorda dona Maria Pereira, a dona Lila, há quase cinquenta anos moradora do Km 18: "Na década de 1940, o bairro dependia do Quartel de Quitaúna e a missa na igreja só era possível de ser assistida na capela de lá. A única escola que existia era financiada pelos militares e eles tocavam em nossos bailinhos". Entretanto, antes de ouvir a banda do 4º RI do Quartel de Quitaúna, dona Lila já vivenciara um momento decisivo na história de São Paulo: o fim da Revolução Constitucionalista contra Getúlio Vargas, visando em última instância o desligamento do Estado de São Paulo do restante da Federação.

De acordo com a coleção "Nosso Século, Editora Abril Cultural", no dia

10 de julho de 1932, Quitaúna, o único Quartel da região a esboçar certa resistência, acaba por abrir seus portões e, assim, sem disparar um só tiro, os rebeldes passaram a controlar o Estado.

É o começo da Revolução Constitucionalista de 1932. No mesmo dia, tropas do 4º RI marcharam para a região de Pindamonhangaba, voltando a Quitaúna no dia 16 de setembro para logo seguirem ao sul do Estado, região de Itapetininga, retornando derrotadas em 29 de setembro.

Durante a Segunda Guerra Mundial, a Força Expedicionária Brasileira (FEB), que participou dos combates na Itália contra o Estado fascista de Benito Mussolini e o nazismo de Adolf Hitler, contaria com "pracinhas" de Osasco, formados no 4º RI.

Nas conspirações que culminaram com o Golpe Militar de 31 de março de 1964, os comandantes da Guarnição de Quitaúna, a mais importante do 2º exército, também envolveram os comandantes dos quartéis sediados; além do 4º RI, o importante Segundo Grupo de Canhões 90 mm Antiaéreos (atual Segundo Grupo de Artilharia Antiaérea). Pelos quartéis da região, em diversos momentos de sua carreira, passaram importantes chefes militares, como os irmãos Ernesto e Orlando Geisel, Dalle Coutinho e o coronel Lepiani.

* * *

A cobiça e o meio ambiente. As terras do Sítio Mutinga na época eram descritas como o barreiro que margeia o Rio Tietê. Por isso, não podemos estranhar que, no mês de setembro de 1924, a locadora Maria Bassi, viúva, alugasse para os italianos Basílio Vibiani e Herminindo Bortolossi, o Sítio do Mutinga, com vinte e cinco alqueires, constituídos de casa para moradia, alambique, pomar com árvores frutíferas e vinhas, ainda que não fossem essas terras dadas como agricultáveis pelo inspetor sanitário no ano de 1920.

Em 1920, as margens do Rio Tietê eram usadas para barreiro, retirada de areia, pedregulho e transporte de mercadorias e passageiros. Havia também aqueles que aproveitavam as margens para lazer, caçada ou pescaria.

Para o coronel Delphino Cerqueira, as margens do rio eram um meio de multiplicar sua riqueza, por isso, em 1925, ele alugou, para Osvaldo Serpa Nunes, vinte metros de linha férrea na Estrada de Ferro Sorocabana no Km 18, para a exploração e comércio de pedregulho. Esse local era a Lagoa de Carapicuíba.

Não há região, pela respectiva ação do homem, onde o meio ambiente tenha sido tão modificado que as retiradas de barro e areia daquele local. Em virtude dessas atividades, no local do extremo norte da cidade que é o Jardim Três Montanhas, existem três lagos. O lago do Parque Chico Mendes também é resultante da extração de barro. Por isso, era a atividade com maior número de estabelecimentos, logo uma das mais rentáveis e que mais empregava. As olarias por vários anos representaram atividades que mais arrecadaram dinheiro.

Por isso, o locador José Júlio, português, lavrador, não teve problemas ao alugar de Domingos Fontana a chácara no bairro da Cartiera, Chácara Jaguaribe para explorar a fabricação de telhas e tijolos dentro da referida chácara. Para isso, o locador se comprometia a usar a olaria montada com todos os seus pertences, inclusive o barracão e a lenha necessária. Em troca, o locatário daria ao locador os tijolos prontos e empilhados na boca do forno. Nas mesmas condições, o locador deveria fornecer as telhas.

Em cada cem milheiros de tijolos fabricados, o locatário daria pronto ao locador quinze milheiros de telhas do tipo comum do comércio. As carroças e os animais indispensáveis e necessários para o perfeito e contínuo trabalho da olaria eram responsabilidade dos locatários.

Outro negócio feito nos mesmos termos no km 21 foi entre o locador Francisco Guzzo e o locatário Ferdinando Riccki: a Chácara no km 21 da Estrada de Ferro Sorocabana, com setenta mil metros quadrados: frente para a estrada que vai para Barueri, hoje Avenida dos Autonomistas, de um lado com terrenos pertencentes a Henrique Bianccki e do outro a Cia Wistein; pelos fundos com o Rio Carapicuíba e o arrendamento por dez anos.

Ferdinando Riccki, por força do contrato celebrado com Francisco Guzzo, ficava obrigado a fabricar tijolos com o barro retirado do imóvel e entregar ao locador. No caso dessa olaria do km 21, a "lenha para a queima dos tijolos era cortada na mata do imóvel descrito e o transporte feito pelo locador, bem como a manutenção dos animais para transporte".

* * *

O Clube Atlético e seu financista. O coronel Delphino Cerqueira, em 1925, emprestou ao presidente do Clube Atlético, o senhor Dante de Lúcia, a quantia de doze contos de réis, o que era muito dinheiro na época. O dinheiro era destinado à construção da sede do clube na antiga Rua André Rovai e a sanar as dívidas com o empreiteiro José Rodrigues. O clube passaria a ter outras dependências no mesmo loteamento na Rua O, esquina com Rua Q.

Esse terreno media dez metros por cinquenta da frente aos fundos, mas algo saiu errado e o clube devolveu o dinheiro com quase dez anos de atraso para a viúva do coronel Delphino.

Assim podemos concluir que nada do que foi vivido pelos munícipes da capital deixou de ter seu "eco" no Distrito de Osasco e o desenvolvimento econômico, a vanguarda cultural e a ocupação urbana também aconteceram de forma normal. Com esse desenvolvimento, o Distrito de Osasco sai dos seus quatro mil habitantes em 1920 e passa para dez mil em 1930. Ao iniciar a nova década em 1931, o Distrito e a capital já aparecem com a população triplicada.

Capítulo V

Foto: Walter Ramos
Instalações da 1ª farmácia, em 1930 - propriedade de Pedro Fioretti

* * *

Primeira Farmácia. O imigrante italiano Pedro Fioretti foi o primeiro farmacêutico do Distrito de Osasco, e como não existia médico a farmácia se era a única alternativa.

Situada na Rua André Rovai junto a outros demais estabelecimentos, Pedro Fioretti prestou atendimento a muitas pessoas com a sua assistência e profissionalismo.

Fonte: Acervo Museu Demitri Sensaud de Lavaud - 1930
O Coreto de Madeira

* * *

Em depoimento, moradores mais antigos do local disseram que a área do Largo da Estação Osasco, ou Largo de Osasco, foi cedida por Antônio Agú, o fundador da Vila, e que ali existiu um coreto de madeira.

Sobre o coreto, o senhor Américo Viviani, tendo em 2009 a idade de 91 anos, declarou: "Eu e meus colegas inconformados com o abandono do local, que devia ser utilizado para fins culturais e mais parecia um abrigo de animais, sendo utilizado por algumas pessoas sem noção de cuidados e preservação, onde faziam ali suas necessidades fisiológicas, numa noite de quinta-feira junto a outros jovens, usando ferramentas da própria Prefeitura do município de São Paulo, que fazia ali o calçamento de paralelepípedos, na atitude de inconformismo, juntos, uns derrubaram e outros atearam fogo no coreto de madeira, fato que resultou em prisão dos envolvidos na época".

Fonte: Biblioteca Municipal Monteiro Lobato - Foto: Walter Ramos
1930 - Fábrica de Fósforo Granada/Alves Reis (louças)

* * *

A Fábrica de Fósforos Granada de propriedade da Companhia Fiat Lux tinha como diretores os senhores Adrião Henrique dos Reis, Otto Paulo Keller e o Visconde de Nova Granada. Ao mudar de ramo para fábrica de louças em 1956, passou a chamar Alves Reis S/A e teve a participação com incansável trabalho dos senhores: José de Alves Barreto, Dante Battiston e outros. Nessa época, o Visconde de Nova Granada já havia falecido e foi graças à Fábrica de Fósforos Granada que o bairro ficou conhecido como Jardim Granada.

Fonte: Naipha Franzoni

* * *

Depoimento da senhora Naipha Franzoni Gonçalves da Silva: "Meu pai, senhor Athos Franzoni, imigrante italiano nascido em Mantova em 04/8/1895, veio no navio *Anita Garibaldi*, em dezembro de 1895, com 4 meses de idade. Aqui no Brasil, conheceu minha mãe, senhora Maria Rionibo, de origem italiana e também com descendência brasileira. Casaram-se e tiveram quatro filhos: Diva, Armando, Viluna, e eu, Naipha, todos nascidos no Brasil. Meu pai, como era construtor, foi chamado para a construção da fábrica de louças Alves Reis, de propriedade do senhor Romeu Ranzini em 1946. Essa construção exigia muitos detalhes. Deveria ter encanamento da fumaça dos fornos até chegar à grande chaminé que foi feita com doze metros de alicerce, muitas cintas de ferro, tijolos de boa qualidade. Esse serviço exigia um auxiliar e meu pai recebeu a colaboração de um jovem, que na época tinha 20 de idade e hoje, 2009, está com 83 anos de idade. É o senhor Dejaniro Martins, nascido no Paraná e que habita Osasco desde 1944. No chão, próximo ao pé da chaminé, foi colocado um para-raio de três pirâmides de ouro. Meu pai sofria muito e mesmo trabalhando na construção havia um grande problema. Por ser de origem estrangeira, e em tempos de guerra, não podia morar perto de Quartel e nem possuir rádio. Quando utilizava ônibus ou trem, alguns fiscais o faziam descer, e assim seguia a pé para casa. E mesmo com tudo isso ainda assim amava o Brasil. A construção foi feita com muita dedicação e toda a segurança que é requerido de um construtor. Na época, os doze metros de alicerces (profundidade) mais os trinta e seis metros para cima e a Chaminé ficou tão benfeita que resistiu ao passar dos tempos e está aí até hoje (ano 2009)".

Fonte: Naipha Franzoni

Senhor Athos Franzoni - Fonte: Naipha Franzoni
Construtor da Chaminé da Fábrica Romeu Ranzini (louças) - antigo prédio da Granada e Grupo Irka.

* * *

Osasco em 1934, recenseamento estadual registrou uma população de 12.091 (doze mil, noventa e um) habitantes, três vezes mais que em 1920, quando o Distrito de Osasco contava com 4.118 (quatro mil, cento e dezoito) habitantes.

Fonte: Biblioteca Municipal Monteiro Lobato - Foto: Walter Ramos - A SOMA

* * *

A Indústria SOMA. Oficina de Trens da Estrada de Ferro Sorocabana – Cia. de Material Ferroviário. De propriedade de Mariano J. M. Ferraz, na Rua Estação junto à Cobrasma. Anteriormente o nome era Indústria Fox Dumond. A Indústria SOMA (oficina de trens) teve como telefonista a jovem senhorita Maria Aparecida Momenso, a qual trabalhou nessa insdústria por um longo período.

Fonte: Lar Bussocaba

* * *

A arte de viver a terceira idade.

Composição inicial dos diretores administrativos da Assistência Vicentina Lar Bussocaba.

Diretor
Vice-diretor
Tesoureiro
Membros ativos no Conselho Fiscal

Fonte: Lar Bussocaba

Centro de Assistência ao Idoso de Osasco

O Lar Bussocaba foi fundado em 1935 e inciou atividades como uma colônia agrícola onde os recolhidos das ruas tinham atendimento médico, hospitalar, assistência religiosa, além do calor humano. Conta também com a possibilidade de se profissionalizar nas oficinas ou de desenvolvimento cultural, por meio do acervo de doze mil volumes existentes na biblioteca local. O compromisso maior é com a qualidade e a afetividade e sentido humanístico para garantir a saúde física, psicológica e social de seus pacientes.

A instituição filantrópica Assistência Vicentina de São Paulo – Lar Bussocaba é uma entidade sem fins lucrativos e está a setenta e quatro anos na Avenida Padre Vicente Mellilo na cidade de Osasco. A assistência atende pessoas com necessitadas em permanecer na instituição, a partir de cinquenta e cinco anos, a chamada terceira idade.

Fonte: Lar Bussocaba

Foto: www.camaraosasco.sp.gv.br
Região Central

Foto: www.camaraosasco.sp.gv.br
Região Central

* * *

Na área central de Osasco em 1939 aproximadamente a metade dos habitantes do Distrito era constituída por estrangeiros. O processo de ocupação da terra transformou a Avenida dos Autonomistas num polo de concentração de caráter sub-regional da Grande São Paulo.

A expansão horizontal no centro comercial sentido oeste efetivou-se nos anos 1980 e 1990 com a instalação de grandes empreendimentos comerciais na Avenida dos Autonomistas. Ainda na área central tradicional, foi construído espaço especial para comércio em que circulam apenas pedestres, denominado "o calçadão", situado na própria Rua Antônio Agú onde existem comércios diversificados.

Dado o processo de formação do núcleo de Osasco, a partir da Estação Ferroviária e vias radiais a ela convergentes, o centro tem a estação ferroviária como vértice, a Avenida Maria Campos e a Rua João Batista como lados e a Avenida dos Autonomistas como base. Próximo ao centro também se encontra a cidade de Deus, sede do complexo bancário do Banco Bradesco e o setor militar de Quitaúna, base de importantes unidades do II Exército.

Dada a características básicas do processo histórico de ocupação do solo, acompanhado os vetores dos espigões do relevo, verifica-se a existência de uma coroa envolvendo a área central, onde a ocupação é mais antiga. Esta coroa mais na parte sul guarda uma relativa homogeneidade no padrão urbanístico, dada a existência de bons níveis de infraestrutura urbana. De função predominantemente residencial, caracterizada por habitações unifamiliares de médio e alto padrão construtivo.

Capítulo VI

* * *

A hipsometria do município, numa visão geral do sítio, encontra-se uma extensão de áreas mais planas, abaixo dos setecentos e vinte metros a setecentos e cinquenta metros de altitude, especialmente nas proximidades do Rio Tietê, que atravessa o município de leste a oeste, e às margens de seus principais afluentes que se dirigem para a porção central, separando assim, as porções mais elevadas ao sul, com no máximo oitocentos e cinquenta metros de altitude e, em geral, baixa declividade do terreno; e, ao norte, com altitude de até, aproximadamente mil metros e declividade mais acentuada no extremo norte-noroeste.

Como consequência da urbanização que se estendeu inclusive às altas vertentes, estes compartimentos se apresentam quase que a totalidade desprovida de matas naturais que, no passado eram do tipo subarbustiva nas várzeas com formações campestres nas colinas e modestas capoeiras ou minúsculas manchas de capoeirões, sobretudo nas proximidades de pequenos afluentes do Rio Tietê.

* * *

O Rio Tietê na sua hidrografia foi muito importante como caminho utilizado pelos índios, bandeirantes e pessoas interessadas em tomar rumo ao Paraná, Mato Grosso e Paraguai (século XVII) e também para os serviços de balsa, utilizados para o transporte de materiais de construção para capital paulista no ano de 1940. Existiu também uma ponte de tambores que fazia a travessia para a Vila São José.

O Rio Tietê atravessa todo o Estado de São Paulo e corta Osasco de leste a oeste, formando um vale. Esse rio apresentava, originalmente, uma série de meandros em seu curso sobre a planície aluvial, no sentido leste-oeste da Região Metropolitana de São Paulo. Porém, a maior parte desses meandros foi retificada pelo homem, tornando suas várzeas práticas, enxutas, modificando o próprio regime deste rio.

Antes, o Rio Tietê com suas águas limpas, era fonte de alimento para os moradores de Osasco e meio de sobrevivência para os pescadores da Vila dos Remédios.

Existiam os barqueiros, que percorriam o leito do rio, transportando materiais de construção para São Paulo. Osasco teve o leito do Rio Tietê desviado em 1940 com a abertura de um canal, com curvas, tornando-o exuberante. Essas curvas cortavam os bairros Rochdale, anteriormente chamado Castanhal, Piratininga e as cidades de Carapicuíba, Barueri, Santana de Parnaíba e Pirapora do Bom Jesus. Suas curvas formavam lindos recantos, onde, aos domingos, passeavam famílias e casais de namorados.

Ele nasce na Serra do Mar, em Salesópolis, a noventa e seis quilômetros da capital paulista e percorre mil e cem quilômetros até desaguar no Rio Paraná. A água de sua nascente é limpa e pura, o lençol freático aflora na terra.

Quando o Rio Tietê banha a cidade de Mogi das Cruzes, ainda tem oxigênio que permite vida aquática. Mas, a seguir, recebe grande carga de detritos e se transforma em um dos rios mais poluídos do mundo.

Rio Tietê
Fonte: Museu Dimitri Sensaud de Lavaud

Rio Tietê
Foto: Mário Torres Jr.

* * *

Sobre o Rio Tietê e o transporte. Moradores mais antigos de Osasco ainda se lembram de quando pescavam, nadavam, andavam de barco em suas águas e atravessavam de balsa da Zona Norte para a Zona Sul.

A população da Vila Osasco atravessou a década de 1940 com 15.258 (quinze mil, duzentos e cinquenta e oito) habitantes. Na década seguinte, passou a ter 43.473 (quarenta e três mil, quatrocentos e setenta e três) habitantes, e foi esse estouro populacional que desencadeou o processo de loteamento dos sítios vizinhos ao do fundador da Vila.

Rio Tietê
Foto: Walter Ramos

A Balsa que fazia a travessia do Rio Tietê.
Foto: Walter Ramos

Fonte: Museu Municipal Dimitri Sensaud de Lavaud
Rio Tietê - Ponde de Tambor

Foto: Walter Ramos - Rio Tietê
Ponte, passagem de Osasco para a Vila São José

Rio Tietê
Foto: Walter Ramos

* * *

Assim sendo, Osasco está situado na Região Oeste da capital paulista, em área primariamente favorecido pelo relevo e pela hidrografia, o que levou seus primeiros habitantes a se dedicarem à horticultura ao longo de suas várzeas.

Todavia, a pobreza do solo local levou ao fracasso de tais atividades e o sítio escolhido era desfavorável, sobretudo num tempo em que as inundações castigavam o principal Rio Tietê e sua várzea.

Atualmente, a marcha urbana ocupa grande parte da planície aluvial do Rio Tietê, bem como as margens de seus afluentes. Existem também outros córregos que banham o município e por motivo ainda educacional, há lixos e esgotos clandestinos sendo lançados nessas águas. A população que habita as áreas mais críticas é, geralmente, de baixa renda, o que evidencia a precariedade na ocupação do solo, tornando o problema ainda maior.

Vários córregos situados em áreas de elevada densidade demográfica de população carente, conhecidas como áreas livres, foram canalizados para amenizar as condições de higiene e saúde, principalmente das crianças. Contudo as condições ideais ainda não foram alcançadas.

As primeiras Jardineiras
Fonte: Museu Municipal Dimitri Sensaud de Lavaud

* * *

A população naquela época era servida de poucos meios de transporte, apenas uma linha de ônibus, a qual não apresentava nenhuma condição de comodidade e segurança. Eram as duas famosas "jardineiras", de

Emilio Guerra, que foi adquirida do senhor Antônio Mazzoni, que faziam a linha Estrada Pinheiros-Osasco.

A Estrada Pinheiros-São Paulo, depois Estrada de Itu, tinha o seu leito carroçável feito de terra batida.

Consta que mercadorias que saíam da cidade de São Paulo com destino a Osasco eram examinadas e vistoriadas ao passar pela barreira de fiscalização situada na Avenida Vital Brasil.

Exemplo: sal, açúcar, farinha e qualquer que fosse a mercadoria naquele local deveria apresentar a nota fiscal correspondente, para depois ser liberada sua passagem.

Fonte: Museu Municipal Dimitri Sensaud de Lavaud - Ford Bigode1939
Primeiro Taxi

* * *

Primeiro táxi. Era um veículo da marca Ford (um Ford Bigode), importado e raro, um dos primeiros que circulou no Distrito de Osasco. Teve como proprietário os senhores Aurélio Fabri, Comandini, João "Barbeiro", Onofre, Paschoal Marchetti (Serelepe), Savério e família.

O primeiro brasileiro que imaginou e fez o primeiro automóvel a sua maneira foi o Pai da Aviação, Alberto Santos Dumont, e não fez um automóvel pensando no carro propriamente dito. Ele imaginou, depois criou e modificou. Realizou pensando em criar um avião que, apesar de ser mais pesado que o ar, um dia voaria.

Alberto Santos Dumont criou um motor à explosão movido por combustão à gasolina, que o impressionara vivamente desde a sua primeira viagem a Paris. Quando surgiram os primeiros triciclos no Brasil, encantou-se com eles: "Sempre adorei a simplicidade do motor do triciclo, chegando à alta perfeição", dizia.

Em entrevista ao Jornal *Correio Paulistano*, no mês de janeiro de 1906, depois de sua primeira experiência com o seu modelo Demosele, comentou o seguinte: "Foi leveza apresentada e a simplicidade do pequeno motor do triciclo de 1897 a que devo todas as minhas experiências".

O que Alberto Santos Dumont imaginou e fez depois de muito meditar, foi o desenho de um modelo de motor, da mesma forma que no Distrito de Osasco Dimitri Sensaud de Lavaud fez quando idealizou e calculou o motor de seu aeroplano *São Paulo*. Após, foi à oficina de M. R. Abreu, que ficava no bairro do Bom Retiro, perto de sua casa. Neste ponto, como Dimitri, foi dando forma ao seu projeto, com o auxílio dos operários da oficina.

Um motor diferente, na verdade era a superposição de dois motores de triciclos em um só Carter, de modo que apenas um só eixo de manivela o colocava em movimento.

O movimento seria refrigerado por um único carburador. Para diminuir o peso do motor, eliminou várias peças que julgou dispensáveis, tudo sem prejuízo de sua solidez. Depois montou esse "motor alto" na carroceria de um triciclo comum e conseguiu um automóvel original para a época: leve, resistente, rápido e com três cavalos e meio de força.

E o mais importante: com o possante motor pesando trinta quilos. Isso, para ano de 1897, era um grande feito, pois não se conseguia até o momento fazer uma máquina motriz com peso inferior a dez quilos por HP.

Já em Osasco, o primeiro automóvel importado foi de propriedade do coronel Delphino Cerqueira, que o vendeu a João Marchetti em março de 1924.

*Fonte: Livro Osasco Cidade- Trabalho
De Geraldo Francisco de Sales e Marlene Ordonez
Avenida dos Autonomistas*

* * *

Em 1940, instalou-se a empresa Eternit do Brasil Cimento e Amianto S/A. A empresa por muitos anos fabricou produtos como telhas, caixas para água e artefatos de amianto.

A história da Eternit é marcada pelo pioneirismo e com a fabricação de chapas lisas, telhas e caixas para água de fibrocimento, a empresa foi uma das primeiras a se instalar na região, em 1940, quando o local ainda era apenas um distrito da cidade de São Paulo.

Começa então um relacionamento muito próximo à comunidade, sempre contribuindo de maneira decisiva para o socioeconômico que, anos mais tarde, viria a culminar na emancipação do município.

Sempre envolvidos com as grandes questões relacionadas à comunidade, os funcionários da Eternit tiveram papel decisivo nas duas campanhas que levaram à emancipação política de Osasco. Foram quase dez anos de luta, desde a primeira entre os cidadãos favoráveis à separação de São Paulo, realizada em 21 de agosto de 1952. A mobilização, contudo, acabou frustrada com a derrota da proposta no plebiscito realizado em dezembro do ano seguinte.

Tendo encerrado suas atividades, deu lugar ao Supermercado Carrefour.

Fonte: www.camaraosasco.sp.gv.br
Cebolão

Local Praça Dalle Coutinho

Antigo Cebolão (atual Viaduto Metálico)

A Praça foi homenagem a Vicente de Paula Coutinho, general do Excército brasileiro e ministro do Excército durante os primeiros meses do governo Ernesto Geisel. Faleceu no exercício do cargo e foi sucedido pelo general Sylvio Frota.

Fonte: www.camaraosasco.sp.gv.br
Local: Prefeitura

O Bulevar Ulisses Dante Battiston

Dante Battiston nasceu em Taglio dí pó, Província de Rovigo, Itália, em 8 de março de 1879. Veio para o Brasil aos 20 de idade com seus pais e irmãos e se instalou primeiramente em Araras, no interior de São Paulo, e depois veio para Osasco.

* * *

O papel da mulher no Distrito de Osasco e no Brasil. Por volta de 1914, surgem no país mulheres sufragistas, que viriam a ser lideradas por uma mulher, paradoxalmente identificada com a fina flor da elite econômica e intelectual da época, a bióloga Bertha Luts. Ela representa o "feminismo bem-comportado": Bertha frequentava os círculos do poder dominado por barões e coronéis, não perdia as festas repletas de "coquetes e melindrosas" no Automóvel Clube do Rio de Janeiro e desfrutava de prestígio dentro e fora do país. Ela foi decisiva para pressionar os deputados pelo direito a voto.

A conquista do direito feminino de votar no Brasil aconteceu em 1932. Entre os duzentos e cinquenta e quatro constituintes eleitos para formular a constituição de 1934, foi eleita, pela primeira vez no Brasil uma mulher, a médica paulista Carlota Pereira de Queirós, que intensificou a luta pela participação política feminina.

Consta que nessa época o pai João Alves Pereira, solteiro, pedreiro, era residente na Rua Teixeira Leite, número 39, em Osasco, sendo a mãe Mariana Maia. A filha, ao nascer em 10 de maio de 1938, recebeu o nome de Marlene Maia e o registro feito no Bairro Bela Vista na cidade de São Paulo, no 19º Subdistrito da capital paulista.

Nos anos seguintes, outros pais passaram a reconhecer seus filhos.

A mulher deixou de "levar os desaforos para casa" e as escrituras de reconhecimento do filho legítimo passaram a aparecer. Isso começou em Osasco a partir de 1940.

A primeira escritura que está registrada no Distrito de Osasco data de 16 de agosto de 1946.

Outra escritura que deixa claro, pois a mulher não aceitava mais o jugo masculino e caminhava para a emancipação econômica, é a autorização para comerciar, que data de 11 de maio de 1948, onde Sandoval dos Reis, maior, brasileiro, militar do Exército, domiciliado e residente na Rua Um, nº 44, Bela Vista, deste Subdistrito, casado com dona Alice Balderama dos Reis, brasileira 21 anos, domiciliada e residente na Rua Um, nº 44, Bela Vista, deste Subdistrito, casamento realizado em Marília, aos 21 dias do mês de setembro de 1946, autoriza a sua esposa que exerça pessoalmente o comércio.

Havia também mulheres que já eram empresárias e por isso podiam arrendar seus negócios. É o caso das irmãs Beltran, residentes na Rua Josepphina, nº 29, e vinte uma delas autorizadas por seus respectivos esposos, em 19 de fevereiro de 1941 a arrendar para Joaquim das Neves, residente em Carapicuíba, os componentes da firma Irmãs Beltran - Comércio de Retalhos, desta praça, situada na Rua da Estação, nº 5, por cinco anos. Mulheres empresárias faziam parte de outra vanguarda no país que para a vida do Distrito, seria cada vez costumeiro.

Fonte: www.camaraosasco.sp.gv.br

* * *

A Indústria Cobrasma S/A.

Instalou-se em 1944 para fabricar material ferroviário.

A Empresa Cobrasma S/A foi fundada pelo senhor Gastão Vidigal. A propositura na época foi aprovada, considerando-se o desgaste do material rodante durante a Segunda Guerra Mundial. Juntando ao aumento do tráfego e a não reposição do material que, na prática, era totalmente importado.

Já existia a indústria de rodas coquelhadas, bem como a de montagem de vagões. Mas era necessário que se fabricassem truques com engates, aparelhos de choque e tração, eixos e outros. A Companhia Siderúrgica Nacional já fornecia chapas perfilados de fabricação 100% nacionalizada e por consequência, em 1º de setembro de 1944, fundou-se a Companhia Brasileira de Material Ferroviário e, ao mesmo tempo foram aprovados os estudos com o capital inicial de NCR$ 40.000,00 (quarenta mil cruzeiros novos). A atividade inicial previa produção de no mínimo duzentos e cinquenta vagões ao mês, com eixos comuns e excêntricos, cilindros forjados para laminadores, blocos para estampagens, recipientes forjados para pressão interna, flanges e várias peças.

A Cobrasma em menos de um ano apresentava a fundição de aço e começava a fabricar partes para vagões ferroviários e peças para o mercado ávido de material de qualidade. Nessa primeira fase, as peças fundidas e os componentes dos vagões ferroviários produzidos pela empresa eram fabricados segundo a técnica fornecida pela American Steel Foundires de Chicago (Estados Unidos). O plano estudado, além da fundição de aço incluía a produção de sinter, aciaria, laminação forjada, tratamento técnico e fabricação de aços-liga. Posteriormente, o plano foi concretizado excluindo-se a produção de sinter e a laminação.

As primeiras realizações foram os contratos com grandes firmas norte-americanas para representação e também uso de suas patentes para fabricação de produtos ferroviários.

Da América Steel Foundires eram os truques, engates, aparelhos de choque e tração. General Railway Signal Company era a sinalização automática para as estradas de ferro. A Cobrasma tornou-se a principal acionista da empresa Forjas Nacional S.A. Fornasa e assume o controle, reestrutura a empresa, desenvolve a produção de tubos pretos e galvanizados, entre outros, como tubos para permutadores de calor, caldeiras e a indústria automobilística.

A indústria encerrou suas atividades em 1994 e reabriu em 2003 por alguns funcionários da indústria da época em que estava em atividade, a exemplo do senhor Carlos Seiscentos, um dos mentores da ideia da volta da Cobrasma.

Empresários, como Carlos Roberto Seiscentos em geral acreditam na recuperação dos espaços que, trabalhando com qualidade, produtividade, fariam com que a Cobrasma fosse reconhecida novamente.

Em 2009, a antiga Cobrasma S/A abriga várias empresas como a Amisted Maxion/ Kingstone/Maxi Trate/Flanaço/Flanel/Flafer e outras.

* * *

Ao ser aprovada, a Constituição em 1946 trouxe uma série de vantagens aos municípios, entre elas a posse tributária sobre licenças, impostos prediais e territoriais, sobre indústria e profissões a critério das necessidades municipais, além da criação do fundo de Participação dos municípios. Assim, muitas obras planejadas para o município e por um motivo não executadas tornaram-se viáveis.

A União, por sua vez, passou a ter o poder de criar e decretar outros impostos, mas a arrecadação advinda era para dividir entre estados e municípios.

Com todas essas novidades para a arrecadação municipal, foram marcadas as eleições para as prefeituras municipais em 1947 e, pela primeira vez, por intermédio de voto secreto e universal para todos os cidadãos maiores de 18 anos.

As instalações daquelas indústrias comandaram o incessante processo de atração de imigrantes e consequentemente de povoamento, não só do Distrito como de toda a região.

Além das grandes indústrias, o comércio se mantinha estável, pois as grandes indústrias mantinham suas cooperativas de abastecimento.

Nos bairros em formação, no entanto, este comércio era feito por comerciantes. É o caso da Casa Rosa, que ficava no loteamento da Vila Yolanda na Avenida Delphino Cerqueira.

Havia loteamentos que prosperavam na sua venda, construção e ocupação. É o caso do Centro, a área mais cara do Distrito do Butantã; Presidente Altino o mais densamente povoado; Km 18 que estava começando a ser povoado; Jardim Santo Antônio, que era o loteamento mais barato por ser considerado fora do perímetro urbano, ou seja, uma área rural; Vila Quitaúna, que era um dos mais antigos, porém depois da construção da Estação que leva o mesmo nome, em 1925 havia se tornado habitável e as Vilas Osasco e Bussocaba, que eram as mais recentes da Zona Sul.

Na Zona Norte, o mais antigo loteamento é o da Vila dos Remédios. Logo após, veio o Bairro do Piratininga, Helena Maria e Jardim Rochdale. Porém, estes dois últimos só chegaram a conquistar arruamento na década de 1950, ainda que em 1940 acontecesse a demarcação das terras para viabilizar o futuro arruamento.

É o caso das terras de Patrício Camargo e sua esposa Antonia de Oliveira Camargo, Vicente Sirol, Antônio Sirol, Virgílio Sirol e o russo Nicolau Maievsky.

Todos foram proprietários de sítios no bairro do Mutinga, limitando-se com propriedade do primeiro, Patrício Camargo, de um lado com uma estrada particular que servia a Vila Idalécia, transcrita pelo agrimensor Emiliano Martins.

No ano seguinte, esse mesmo agrimensor consegue demarcar o outro lado da atual Avenida Mutinga e deixa a demarcação registrada em escritura pública no cartório: "Benedita de Camargo, divisa de um lado com a família Rovai, de outro com Ernesto de Camargo e na frente, com estrada que vai para Parnaíba".

A região da Grande São Paulo contava em 1940 com apenas dez municípios. São eles: São Paulo, Juquerí, Guarulhos, Santa Isabel, Mogi das Cruzes, Cotia, Santo André, Itapecerica, Paranaíba e Jundiaí.

Graças à chegada de nossos ventos soprados pela Constituição de 1946, houve início a pulverização de municípios. Muitos dos núcleos suburbanos tiveram crescimento populacional, como Osasco que triplicou seu número de habitantes, e buscaram a emancipação.

Para alcançar a emancipação, os distritos concentravam seus esforços para satisfazer pré-requisitos da Lei Quinquenal, que deveria ser encaminhada para a Assembleia Legislativa do Estado de São Paulo.

De particular à pública, as estradas foram abrindo espaço para efetivar loteamentos. Já no centro do distrito, o investimento era destinado à construção de moradias, como consta na escritura de empreitada que data de 18 de outubro de 1946, onde o doutor Caetano Juvele, médico, brasileiro, casado, residente na Rua da Estação, nº 59, contrata a construção de sete prédios de acordo com a planta a serem construídos por José Fernandes Gonçalves, industrial, brasileiro, residente na Rua André Rovai, nº 13. O doutor Caetano era dono de seiscentos e vinte e sete metros quadrados de área na Rua Dona Primitiva Vianco. As casas em construção destinam-se à venda. À medida que as casas fiquem prontas, serão vendidas e o lucro dividido em partes iguais.

Há também quem deixou seu negócio para os filhos para que fizessem a escritura pública para assegurar o negócio. É o caso do casal Vitório Vanice e Iracci Vanucci, que doaram para Otávio e Antônio Vannucci a oficina mecânica com maquinários e ferramentas, situada na Rua Dona Primitiva Vianco, nº 9.

Outro fator que trouxe desenvolvimento urbano e social para a região distrital foram linhas de ônibus, que ligavam Carapicuíba e Osasco a São

Paulo. Através dessas linhas começaram a demanda da ocupação urbana dos subúrbios já formados, como Carapicuíba e Barueri.

Fonte: www.camaraosasco.sp.gv.br
Primeiro Restaurante do Largo da Estação - 1946

* * *

Havia alguns comércios, como armazéns de secos e molhados, restaurantes, botequins e poucas lojas.

O Bairro Osasco contava com um restaurante, de propriedade de Emílio Barbiani; comércio de gêneros alimentícios de José Lisboa; loja de fazendas de tecidos de Giuseppe Miguel; fábrica de cerveja de Gioni & Miguel; louças e produtos alimentícios dos Irmãos Gianetti, que era uma fábrica de massas e padaria, localizada no Largo da Estação, atualmente onde estão as lojas Marisa.

Existia a Cooperativa de Produtos Alimentícios da Cerâmica Sensaud de Lavaud na Rua da Estação e as olarias dos Irmãos Rovai, onde anteriormente era a olaria de José Manuel Rodrigues ou São João. Havia ainda os seguintes comércios: de José Carletto, de César Mischer, todos de gêneros alimentícios; do sapateiro João Tonto, do funileiro Cheso Baptiste e quitanda, de Alierie Giovanni.

Foto: Laura Leal
Avenida Marechal Rondon, 1215

* * *

A Indústria CIMAF instalou-se em 1946, no Distrito de Osasco. A Companhia Industrial e Mercantil de Artefatos de Ferro tem contribuído muito dentro desse ramo de materiais.

O primeiro cabo de aço fabricado no Brasil há mais de cinquenta anos foi por uma iniciativa da CIMAF, subsidiária da Siderúrgica Belgo-Mineira.

Desde então, os produtos CIMAF se tornaram sinônimo de qualidade e respeitabilidade.

Com esforço e dedicação a empresa se consolidou como o maior fabricante de cabos de aço da América Latina, com produtos exportados para diversos países.

* * *

O ideal emancipacionista a partir da Constituição de 1946 para os núcleos urbanos emergentes passou a ter conotativo político e, com isso, os Distritos que se articularam politicamente se emanciparam naquela década. Um bom exemplo disso é Barueri, que elegeu o deputado Diógenes Ribeiro de Lima, que residia no Distrito e que trabalhou na nomeação do deputado Cunha Bueno para presidir a Comissão de Emancipação da Assembleia.

Enquanto isso, a Sociedade Amigos do Distrito de Osasco – SADO – discutia se seria ou não aceito o convite feito ao então eleito governador Adhemar de Barros para vir ao distrito conhecer as necessidades de seus moradores.

Segundo as atas da sociedade de maio de 1947, o membro Antônio Quadros condena o movimento "político" por parte dos membros do diretório e termina a frase assim: "devemos agir e executar, independentemente de qualquer ação partidária".

A ausência de movimentação partidária, perfeitamente compreensível pela repressão ao PCB e ao movimento sindical durante todo o governo Dutra, se reflete nas opiniões dos membros da Sociedade Amigos do Distrito de Osasco (SADO).

De todo o desenvolvimento urbano experimentado pelo centro de São Paulo pouco chegou ao Subdistrito Osasco. Assim, ao distrito não restou outra saída a não ser chamar a atenção do administrador municipal sobre suas necessidades: água encanada, luz na rua e em casa, calçamento, transporte, educação e esgoto.

Para dar visibilidade a seus reclamos, os moradores resolveram se reunir em torno da Sociedade Amigos do Distrito de Osasco (SADO) em 1947.

Em março, iniciam-se os trabalhos da sociedade com a primeira reunião acontecendo na Rua André Rovai, nº 47. O objetivo da sociedade era: "manifestar-se pela imprensa e jornais as necessidades de Osasco. Os ideais do grupo eram sem política ou religião". Ideais extremamente românticos que terminariam levando a iniciativa de busca da emancipação do distrito para lugar algum.

Além da Sociedade Amigos do Distrito de Osasco (SADO), outros órgãos representativos como a União dos Estudantes de Osasco, Sociedade Amigos do Jardim Santo Antônio, Helena Maria, Novo Osasco, a Cooperativa de Consumo de Osasco, jornais e sindicatos participaram da luta pela emancipação.

Fonte: Biblioteca Monteiro Lobato - Foto: Walter Ramos
Hospital das Damas

* * *

O primeiro hospital, das DAMAS, foi fundado em 1948.

O primeiro hospital de Osasco foi criado graças ao empenho do doutor Newton Ferreira da Silva, aliado à valiosa cooperação de um grupo de senhoras católicas e das freiras do Colégio Misericórdia que, inconformadas com a carência do serviço médico do bairro, arregaçaram as mangas e foram à luta.

O grupo de senhoras continuou arrecadando fundos até a instalação do hospital. Faziam reuniões, festas, shows, pediam ajuda financeira aos comerciantes e industriários da região para angariar recursos destinados à compra de roupas de cama, banho e equipamentos hospitalares.

O doutor Newton era o responsável na época pelo primeiro hospital da região e iniciou o atendimento médico em Osasco por volta do ano de

1948, recém formado, a fim de assumir a direção de um ambulatório médico. Ele nunca tinha ouvido falar de Osasco, o então subúrbio da capital de São Paulo. Na época não tinha asfalto nem iluminação e os telefones eram muito raros. Além do doutor Newton, outros dois médicos residentes no local, serviam à população: Edmundo Burjato e João Correa.

A primeira cirurgia de emergência foi realizada pelo médico doutor Newton e era uma gravidez extrauterina rota, que, se não fosse realizado com rapidez poderia custar à vida da paciente.

O hospital recebeu este nome DAMAS em homenagem às fundadoras grandiosas e valorosas, mulheres do grupo formado pelas senhoras Ignez Collino, Líbera Izatti, Paulina Melli e Adelaide Dias, aliada às freiras do Colégio Misericórdia.

Capítulo VII

O Diário Oficial da cidade de São Paulo, em março de 1950, assim descrevia: "Osasco começa a falar de seus problemas urbanos". Segundo as reclamações dos moradores para com os vereadores Valério Giuli e Guilhermino Lopes Gianni: "Há necessidade urgente de entendimentos com a CMTC, no sentido de ser estabelecida uma linha de ônibus entre São Paulo e Osasco, podendo aproveitar a atual linha Lapa-Presidente Altino e outra linha direta que faria o percurso por Pinheiros". Essa reclamação era a que mais pesava no bolso do munícipe do Distrito, pois saía quase três vezes mais caro o valor cobrado pela Companhia Municipal de Transportes Coletivos - CMTC, no mesmo trajeto, o que cobravam as linhas particulares que faziam o trajeto sugerido à companhia.

Nesse ano, Osasco contribuía com vinte e cinco milhões de cruzeiros aos cofres da cidade de São Paulo e em troca tinha recebido do governo do Estado apenas um parque infantil. E a grande reclamação continuava sendo a falta de água na torneira das casas, rede de esgoto, iluminação na rua que tivesse um nome oficial. No entanto, o caos urbano reinava no Distrito de Osasco e a população não podia escolher quem administraria essa situação.

Fonte: www.camaraosasco.sp.gv.br - Santista
Avenida dos Autonomistas

***

A Fábrica de Tecidos Tatuapé S/A. O Moinho Santista foi instalado em 1950. A indústria de tecidos de algodão instalada em Osasco por muitos anos abasteceu o mercado têxtil e deu muito emprego aos osasquenses e também a muitos profissionais da área técnica que foram contratados para efetuar os trabalhos na indústria. Quando encerrou as atividades em Osasco deu lugar ao Carrefour.

Foto: E.N.F.A -- Fonte: Museu Dimitri Sensaud de Lavaud
Rilsan Km18
Avenida dos Autonomistas

Em 1951 a **Indústria Rilsan** foi instalada no Km 18, depois Hoechst/Farwai e em 2009 a Ledervin.

Por ser provido da "paradinha" da Estrada de Ferro Sorocabana, após a instalação de empresas grandes como a Cobrasma, Soma e a Cimaf ao centro de Osasco, outras vieram se juntar à "Granada" que foi fundada nos anos 1930; como a Osram, a Rilsan, a Hazafer e a Fábrica de Molhos Jimi no Km 18.

Somente as instalações de indústrias, entretanto, não foram suficientes para que melhorasse a infraestrutura da região. "O desenvolvimento das indústrias no Km 18 levou o farmacêutico Luciano Saraiva, a instalar-se na Avenida Dezenove de Fevereiro, no Bairro Alto do Farol, no ano de 1954, cqual "não existia energia elétrica e nem água encanada" e precisou, junto a um vizinho, puxar através de fios, a energia elétrica por conta própria, do último poste que localiza na Avenida Nossa Senhora da Conceição. Anos depois se observa: "O Km 18 é um dos bairros da cidade que possui mais de uma agência bancária".

A partir da década de 1960, com a interrupção do desenvolvimento industrial de Osasco como um todo, o Km 18 passou a vivenciar processo semelhante ao do Centro; a expansão do comércio. Em menos de vinte anos, o Km 18 se expandiu tanto que os comerciantes locais acreditam que será capaz de funcionar como alternativa ao centro da cidade.

Depoimento de João Batista de Souza: "Trabalhei durante dez anos na empresa Hoeschst e foram os tempos melhores que vivi no trabalho. O contato com os colegas de setores, de vários seguimentos. Nessa época aconteciam muitas festas de confraternização no final dos ano e sempre eram regadas com animação e presentes para os filhos de funcionários. Confesso sentir muita saudade desses belos tempos vividos na Indústria Hoeschst".

Em 15 de janeiro de 1951, foi instalada na cidade a **Indústria Lonaflex**

Fonte: www.camaraosasco.sp.gv.br
Avenida dos Autonomistas

S/A. Mais tarde, em 11/11/1980, foi vendida para a Empresa Fras-le S/A, com sede na Rua Sargento Leite, nº 488, no Bairro Cristo Redentor, no Rio Grande do Sul. O nome Lonaflex já diz respeito do material produzido pela empresa, lonas de freios para automóveis.

A indústria permaneceu por muito tempo em Osasco, na Avenida dos Autonomistas. Após as suas atividades encerradas, ocuparam o local o Fantasy Shopping e a Telha Norte, comércio de materiais para construção.

A Indústria Benzenex S/A. Em 1952, instalou-se a Indústria Benze-

Avenida dos Autonomistas - Benzenex

nex – Companhia de Inseticidas e, a seguir, Induselete/Materiais Elétricos S/A – Charlerói deu lugar a UNIBAN – Universidade Bandeirante.

***

A Sociedade Amigos do Distrito de Osasco (SADO), em busca da emancipação, em maio de 1952, é notícia no Jornal *Folha da Tarde* em setembro daquele ano "O movimento autonomista está se reunindo no Cine Osasco".

Estiveram presentes nessa reunião de setembro o deputado federal Cunha Bueno e os deputados estaduais Felipe de Paula, Eumene Machado, Gilberto Chaves, Jânio da Silva quadros, Castro Neves, Scalamndré Sobrinho, Porfírio da Paz, Hilário Torloni e o vereador Altimar Hilário de Lima representando o deputado federal Diógenes Ribeiro de Lima.

O deputado Cunha Bueno veio a Osasco para falar sobre as vantagens da emancipação, afirmando que a descentralização da administração pública só poderia trazer benefícios ao distrito e ao Estado de São Paulo. As explicações políticas e administrativas de Cunha Bueno motivaram o grupo dos autonomistas a lutar pela emancipação. O movimento pró-autonomia começava a ganhar as conversas de calçada e a participação popular aumentava.

A consulta aos moradores de Osasco pelo "Sim" ou "Não" e a emancipação deveria acontecer em dezembro de 1953 e os emancipadores - autonomistas, tinham pouco tempo para mobilizar a população que na sua maioria vivia dispersa e distante do centro, onde o movimento estava mais organizado. Naquele período, para os moradores da Zona Norte era mais fácil ir para a Lapa, por conta da dificuldade de transporte urbano, do que vir para o centro de Osasco. Começava então uma grande luta para juntar as pessoas com idade de votar para o plebiscito, importante passo a ser dado, em relação à autonomia de Osasco e, assim, o fizeram procurando ajudar as pessoas para que pudessem chegar ao local da votação.

***

A imprensa escrita. Jornal *Folha do Povo* fez circular, com as notícias da região, no Distrito em outubro de 1948 como o primeiro da edição, sendo o responsável pelo mesmo o doutor Mário Buratti. Os jornais *Folha do Povo* e *O Emancipador* tiveram curta duração no Distrito de Osasco. Mais tarde foram substituídos pelo que vinha ser o 1º Jornal Oficial do Distrito de Osasco, o Jornal *A Vanguarda*.

Fonte: O Jornal A Vanguarda - Diretora Santina Dadato de Freitas

O primeiro Jornal de Osasco, *A Vanguarda*, surgiu no ano de 1953 e tinha como proprietários o senhor Nelson Soares de Freitas e a senhora Santina Dadato de Freitas.

A senhora Santina Dadato de Freitas é considerada a primeira tipógrafa que se tem notícia. Naquela época, não havia uma faculdade de jornalismo, por isso as pessoas interessadas buscavam a sua forma de estudar somente nos cursos. A empresária, senhora Santina Dadato de Freitas, editava seu jornal que, hoje em 2009, é dirigido à população da cidade de Ibiúna, São Paulo. É uma das mais ativas emancipadoras da cidade de Osasco. Fez parte do Departamento Feminino da Ordem dos Emancipadores e continua trabalhando a todo vapor, estando à frente de seu Jornal *A Vanguarda*, que foi fundado por o inesquecível esposo Nelson Soares de Freitas (in memorian).

Osasco, novembro de 2009.

Fonte: O Diário de Osasco, 3 de maio de 1994.

Fonte: José Luiz Alves de Oliveira

Fonte: www.camaraosasco.sp.gv.br

Foto: Rômulo Fasanaro

Foto: Rômulo Fasanaro

Foto: Rômulo Fasanaro

Foto: Rômulo Fasanaro

Fonte: Santina Dadato de Freitas - Jornal A Vanguarda

Fase inicial do Movimento Emancipacionista

O primeiro plebiscito. Para formular o pedido de plebiscito era preciso um grande número de pessoas que fossem eleitores registrados no subdistrito, que deveriam assinar o pedido e enviá-lo à Assembleia Legislativa de São Paulo.

Na época, a Lei Quinquenal estabelecia o desmembramento pelo final do número do ano. Por exemplo: 194**3** ou 194**8** que terminassem em 3 ou 8. O ano era 1948, e não havia tempo suficiente para colher assinaturas e formular o pedido do plebiscito. Portanto ocorreu o lapso temporal.

Outro problema enfrentado foi a Lei nº 1634, de 31 de dezembro de 1918, na qual estabelecia: um bairro para ser emancipado deveria ser Distrito antes e Osasco era subdistrito em 1918. Mas os emancipadores conseguiram uma brecha (adendo) nessa lei que permitiu que o subdistrito também pudesse se emancipar.

Aí começaram os intensos trabalhos pelos emancipadores, pois havia a exigência da Lei Orgânica. O território (espaço de terra), ao ser desmembrado deveria dar continuidade aos serviços públicos, como a distribuição de água, esgoto, luz, guias e sarjetas, asfalto, enfim todas as condições de manutenção que um município necessita.

***

Sociedade Amigos do Distrito de Osasco (SADO). O Distrito entrou com o pedido de plebiscito para emancipação na Assembleia Legislativa de São Paulo e a autorização veio por intermédio do Tribunal Regional Eleitoral, fixando a data de 13 de dezembro de 1953 para a consulta pública, isto é, para o povo votar pelo "sim" ou "não".

Havia muitos opositores que diziam que Osasco, ao se tornar município, passaria a ser igual aos municípios do interior e as propriedades perderiam o valor de mercado.

Não bastasse opositores do local, ainda existia a resistência pelo prefeito de São Paulo, Jânio da Silva Quadros. Motivo pelo qual São Paulo não iria ter os impostos do Subdistrito Osasco.

Foi necessário um grande trabalho de convencimento por parte dos emancipadores com a população a respeito dos benefícios do desmembramento, separação de São Paulo, pois havia os opositores, a chamada "Turma do Cartório", ou "Turma do Não", que era encabeçada por Lacydes Prado, e com isso causava muita tensão.

A família Prado era literalmente contra – Lacydes Prado fez movimento pelo "não". Muita tensão envolvia o povo do Subdistrito e a família Prado foi considerada "inimigo número 1 da Autonomia de Osasco". Também fizeram parte do "Não" à emancipação o tenente Camargo, Maria Genta, Delphino Cerqueira, Bruna Mazunaite, família Bechara, Coutinho e o campeão de todos foram os funcionários do cartório, que organizaram uma entidade chamada "Liga em Defesa de Osasco", contra os autonomistas. A família Prado, proprietária do único cartório do Subdistrito de Osasco, localizado na Rua João Batista, temia perder o monopólio cartorário. Nessa luta infelizmente, o "Sim" perdeu por uma diferença de cento e quarenta votos. As urnas foram mal manuseadas e guardadas, e houve fraude nas eleições. Os emancipadores se decepcionaram se entristeceram e encerraram o movimento, que ressurgiu em 1957.

No segundo plebiscito em 1958, Jânio da Silva Quadros era o governador do Estado de São Paulo.

Antônio Menck foi uma das pessoas mais influentes do bairro, era janista. Em 1958, seguindo posição assumida por seu líder político, Jânio Quadros passou a defender a autonomia de Osasco. Também houve quem trocasse de posição naquele ano. Um deles foi Alcino dos Santos, Juiz de Paz e Casamentos em Osasco, de defensor para o lado "Turma do Não".

***

Depoimento do senhor José Marques de Resende em relação ao primeiro plebiscito, uma das mentiras vinculadas pelos adeptos do "não" era que o "Sim" ganhasse. O que se pregava era que os cigarros custariam dez centavos mais caros. E que o salário mínimo ia diminuir porque no interior o valor era menor. Isso também era uma mentira, pois tudo seria igual a todos os municípios desmembrados.

***

Depoimento do doutor Valter Liberatti: "O interesse econômico que o "Sim" perdesse era muito grande. O que se dizia é que se ganhássemos e Osasco se tornasse município, os comerciantes teriam que pagar imposto sem atraso.

Havia um projeto para se criar outros cartórios; de Protesto, de Registro de Documentos, de Registro de Imóveis, como de fato aconteceu. Alguns grandes proprietários sentiam medo de que Osasco passasse a ser "interior" e com isso suas terras desvalorizassem."

Fonte: Eurípedes Brandão

Fonte: www.camaraosasco.sp.gv.br
O conjunto de casas serviu para abrigar funcionários do banco

O Banco Bradesco

Um Banco
Uma cidade dentro da cidade
Matriz Bradesco - Cidade de Deus
Em 1953, começou a funcionar a instituição bancária.

Fonte: Eurípedes Brandão

Fonte: Eurípedes Brandão

Fonte: Eurípedes Brandão

Fonte: Eurípedes Brandão

Bradesco - Banco Brasileiro De Descontos

Matriz Cidade De Deus. O Bradesco é um banco completo. Sua primeira agência foi inaugurada no ano de 1943 na cidade de Marília SP. Tem como fundador o senhor Amador Aguiar, que nasceu na cidade de Riberão Preto, SP, no dia 11 de fevereiro de 1904 e faleceu em 24 de janeiro de 1991. Era um humilde lavrador na cidade de Sertãozinho SP, e iniciou seu patrimônio com "dez contos de réis", por isso, passando a empresário, o banqueiro e diretor-presidente do Banco Bradesco de Descontos (dez contos). Após o período do senhor Amador Aguiar, a presidência dessa instituição bancária foi assumida pelo doutor Lázaro de Melo Brandão que depois passou a ocupar o cargo de diretor-presidente do Conselho Administrativo, o qual apresenta uma administração digna de excelência, mantendo e ampliando suas estruturas organizacionais calcadas no desenvolvimento sustentável.

A matriz do Bradesco está localizada no município de Osasco e é uma verdadeira cidade. São diversos prédios, com muitos pavimentos que abrigam os departamentos e as suas diretorias. Envolto por uma grande área verde, oferecer, diversos cursos à população osasquense.

A matriz do Bradesco é uma verdadeira cidade. Trata-se de um complexo bancário localizado na Cidade de Deus, município de Osasco. Está situado no Bairro da Campesina e seu corpo diretor foi quem organizou e colocou em operação a Companhia Telefônica Suburbana Paulista - Cotespa, na cidade de Osasco. Na época a nova companhia, inicialmente, promoveu o novo município com três mil terminais telefônicos que utilizava com o prefixo 48. A COTESPA foi incorporada à Telesp no ano de 1974. A área do município de Osasco foi gradativamente subdividida em novos centros telefônicos, como o Rochdale, Santo Antônio, Quitaúna e Vila Menck, além da área central. Abriga também o Museu Bradesco e respectiva história.

A Fundação Bradesco foi criada com intuito de levar ensino de qualidade às crianças, aos jovens e adultos carentes. Tendo a Formação de Adultos, por meio do Telecurso Bradesco – Fundação Roberto Marinho, a qual eu, Laura Conceição de Souza Leal, retomei as aulas aos 45 anos de idade e me orgulho por ter concluído e recebido o Certificado de Conclusão Bradesco, do Primeiro e Segundo Grau do Ensino Médio, aos 49 anos de idade.

Outro conjunto de benefícios que a Fundação Bradesco proporcionou aos habitantes da cidade de Osasco é na área de saúde, com a edificação do Hospital Municipal e Maternidade Amador Aguiar da Zona Norte. Por intermédio da Lei nº 3.075, de 16 de dezembro de 1994, de que trata da doação. A Fundação Bradesco construiu essa entidade hospitalar com aproximadamente 9 mil m² (nove mil metros quadrados) em área de 18.758,36 m² (dezoito mil, setecentos e cinquenta e oito, trinta e seis metros quadrados) no terreno de propriedade da Prefeitura do município de Osasco e sito na Avenida Getúlio Vargas, nº 1260, com a Avenida Bandeirantes, e doou ao município o prédio pronto para ser utilizado. A edificação foi concluída e inaugurada e lei estabelece o critério: como encargo pela doação fica a Prefeitura do município de Osasco obrigada a utilizar a edificação exclusivamente para atendimento hospitalar mantido pela prefeitura visando beneficiar, principalmente, pessoas carentes de recursos. No Hospital e

Maternidade Amador Aguiar são feitos em média 500 (quinhentos) partos por mês e atendimentos de pré-natal cerca de 1300 (um mil e trezentos) entre as gestantes de Osasco e municípios vizinhos.

***

Depoimento do senhor Antonio Antunes de Souza: "Entrei para trabalhar no Banco Bradesco em 1976, aos 16 anos de idade, no Setor de Crédito Imobiliário, no qual permaneci até o ano de 1981 como escriturário. Reconheço que foram épocas muito boas, a administração do Banco Bradesco trata muito bem os seus funcionários, e saí porque tive uma proposta de trabalho que na época eu achei interessante. Se tivesse permanecido, talvez meus filhos estudassem na Fundação Bradesco, que possui um dos melhores ensinos da região e por que não dizer, gostaria de vê-los trabalhando nesse local que um dia eu trabalhei e fui feliz".

Osasco, novembro de 2009.

***

O Mercado Municipal de Osasco está localizado na Rua Virgínia Aurora Rodrigues, em terreno doado por Antônio Agú, por meio de seus herdeiros. O Mercado Municipal oferece cereais, frutas, legumes, verduras,

Fonte: www.camaraosasco.sp.gv.br
Fundado em 1953 - Mercado Municipal

açougues, peixaria, sementes de todos os tipos, inclusive com área de alimentação.

O Mercado Municipal de Osasco foi inaugurado no ano de 1953, tornando-se o único centro de abastecimento do emergente distrito paulistano. Nessa época não existia supermercados, por isso, aquele que queria fugir dos típicos armazéns das vilas buscava variedade dos produtos oferecidos pelo mercado.

Atualmente, 2009, após cinco décadas da fundação, essa variedade ainda é ponto forte. Nos seis corredores que se entrecruzam internamente, é possível encontrar todo tipo de alimentos básicos como arroz, feijão, carnes e outros. Há produtos de alumínio, artigos religiosos, alimentos de animais, utensílios para plantas e o tradicional fumo de corda.

Mesmo tendo uma variedade de produtos a preço de mercado, o "Mercadão", como é conhecido, perdeu o seu *status* de Centro Comercial para a concorrente "Calçadão" da Rua Antônio Agú. Isso aconteceu também em relação aos hipermercados, perdeu o título de "Centro de Abatecimento".

Estimativas dão conta que, em média, cerca de mil pessoas cruzam as portas do "Mercadão" em dias normais; frequência esta que pode triplicar nos finais de semana, quando considerado bom movimento. Na opinião dos comerciantes do local, esse número poderia ser maior, conforme declaram – "muitos municípios não conhecem o Mercado. Falta a divulgação tanto de nossa parte, como da parte da Prefeitura do município. Para ir ao Mercado da Lapa existem placas indicativas para quem se utiliza da Marginal do Tietê, o que não ocorre neste local. Aqui, faltam as placas indicativas do Mercadão de Osasco". Entretanto, há vários motivos que ainda hoje levam as pessoas a frequentá-lo.

Uma delas é a tabacaria do senhor Paulo Contim, quem diz "de início foi montado pelo meu pai e é o único *box* que se manteve até hoje sem a mudança do ramo". Assim, é um dos únicos locais da região onde se pode encontrar fumo de corda. O senhor Paulo Contim afirmou ter fregueses fiéis a mais de vinte anos.

E citou o exemplo de um cliente aparentando ser atuante, com residência na cidade de Socorro, distante a cento e dezesseis quilômetros da cidade de São Paulo, e ao menos uma vez por mês esse senhor chega em sua loja, claro em outras também, para assegurar a porção de fumo de corda.

Nem é preciso citar os méritos dos hipermercados como o Carrefour e Wal-Mart, que são fortes concorrentes e atraem clientes das mais variadas regiões.

A Corporação Musical Santo Antônio

Fonte: Valderez Cezar

Fonte: Valderez Cezar

Em 25 de janeiro de 1954, foi criada a Corporação Musical de Santo Antônio. O acontecimento tornou-se realidade dentro da própria Igreja Santo Antonio, e fazia parte um grupo de trinta e seis músicos.

Desde a sua criação, exerceram o cargo de presidente da Corporação os senhores Antônio Menck, Walter Negrelli, João Correa Leite, tenente Lazinho, Hirant Sanazar, José Carreira (Zelito), Edson de Souza Moura, Líbero Carnicelli, Jairo de Andrade, Dirceu Silva, Domingos Mirlin, Sebastião Peorrout, Albertino Souza Oliva, Leonardo de Carlo, Artur Boyadijian, Heliodoro de Vicenzo, Floriano Neves e Mário Torres.

A Corporação Santo Antônio continua a existir, com projetos de música para ensinar os jovens no Centro de Eventos Pedro Bortolosso sito à Avenida Visconde de Nova Granada, próximo ao Km 18, em Osasco, com a regência do senhor Clóvis Gomes.

Fonte: Valderez Cezar

***

Depoimento da senhora Valderez Cezar. "Sou filha de um dedicado músico, senhor Gaspar Cezar, que entre os anos de 1954 a 1967 fez parte da Corporação Musical Santo Antônio pertencente a nossa cidade. Meu pai tinha prazer em tocar o instrumento musical chamado trompete. Assim, participava de qualquer evento realizado ao longo de sua vida relacionado ao Distrito, na época e era de carteirinha assinada".

Osasco, novembro de 2009.

***

Foto: Walter Ramos - Indústria Osram - Avenida dos Autonomistas

A Indústria Osram do Brasil - Companhia de Lâmpadas Elétricas foi fundada no dia 7 de maio de 1955. Pensando em dar materiabilidade à ideia de fabricar lâmpadas no Brasil, um grupo de empresários comprou as instalações da antiga Ranzini localizada no subúrbio do Distrito. O terreno media cerca de 33 mil m² (trinta e três mil metros quadrados), e assim os trabalhos foram iniciados. Cerca de cinco homens trabalharam um ano sobre a supervisão do senhor Pink, mais tarde substituído pelo senhor Dommes que se tornou o primeiro diretor técnico da Osram do Brasil.

Após longa viagem de navio, as primeiras máquinas do projeto de lâmpadas incandescentes chegaram ao Rio de Janeiro, e em 30 de abril de 1955 chegaram à fábrica do Distrito. As primeiras lâmpadas foram fabricadas pelos senhores Klose e Burckhart que operavam as máquinas alternadamente. A Indústria Osram, fundada em 1955, em Osasco, permanece até hoje em pleno funcionamento.

Sendo uma das pioneiras nesse mercado, a fabricante de lâmpadas teve como funcionário comum desde 1961, e depois diretor de Recursos Humanos por muitos anos, o senhor José Barbosa Coelho, que se afastou em 1995 para assumir um cargo eletivo de vereador na Câmara Municipal de Osasco, onde permaneceu até 2008.

Vale lembrar que indústrias como Osram, Brown Boveri, Cimento Santa Rita e Charlerói abasteciam o mercado nacional, direcionando, nos anos 1960, em torno de 54% da produção para São Paulo e Rio de Janeiro; 16% para Minas Gerais e 9,4% para a Região Sul (Paraná, Santa Catarina e Rio Grande do Sul).

Foto: Laura Leal
Avenida dos Autonomistas, 1022 - Liquigás

Em 1954, ao se instalar em Osasco, a **Indústria Liquigás do Brasil** tornou-se uma das pioneiras no mercado, fornecendo gás de cozinha e também industrial, atendendo à demanda. Sua trajetória teve início na Itália, pouco antes da Segunda Guerra Mundial, e foi uma das pioneiras na exploração comercial do Gás Liquefeito de Petróleo (GLP) para uso doméstico. Após o sucesso na Europa, a Indústria Liquigás passou a exportar seus produtos para o mercado exterior. O Brasil foi um dos primeiros países a adotar o gás doméstico e, pouco a pouco, em menos de uma década, conquistou o mercado norte-americano.

A Liquigás, quando chegou ao Brasil, encontrou população de 36 milhões (trinta e seis milhões) de habitantes, o que gerou um mercado muito promissor. A princípio, a ideia da Liquigás era a criação de companhias regionais com a participação de sócios brasileiros.

A indústria fez isso e deu certo. A Liquigás permanece em Osasco e com muitas filiais espalhadas por toda a cidade criando assim muitos empregos.

Fonte: www.camaraosasco.sp.gv.br
Avenida João Batista, esquina com Rua Marechal Rondon

No ano de 1957, instalou-se no Distrito, a Empresa **Braseixos/Rockwell**. Após encerrar suas atividades, cedeu o espaço para a atual Arvin Meritor.

Nesse mesmo ano, a Braseixos, com notável desenvolvimento no setor das atividades industriais da Cobrasma, com todas as suas seções em franca ascensão produtiva e em conjunto com a Rockwell Spring and (atualmente, North America Rockwell Corporation), constitui uma nova companhia, a Cobrasma Rockwell Eixos S.A., sendo uma das quatro empresas do grupo Cobrasma.

Sua primeira atividade era a indústria, metalúrgica e de construção mecânica, especialmente de peças para a indústria automobilística, como: eixos frontais para automóveis e caminhões, inclusive conjunto diferencial.

Mas a produção se reduziu por falta de encomenda, e a Cobrasma então inicia as obras de expansão de sua aciaria para suprimentos de matéria-prima para a Forjaria de Pás.

Mesmo assim, não pode prosseguir e a Rockwell encerrou suas atividades, cedendo o espaço para a Indústria Arvin Meritor.

***

Depoimento do senhor Rubens Lemos da Conceição Júnior: "Trabalhei na Braseixos do ano de 1976 a 1990 no setor de manutenção de máquinas como técnico em manutenção, tendo como chefe o senhor José Odilon Klefens. Era muito boa essa empresa. Proporcionava festas de confraternização, prêmios, presentes para os filhos de funcionários, enfim, era tudo que aguardava. Saí de Osasco com a família, fomos para a cidade de Tatuí, a cidade de origem. Lá permaneci por vários anos. Hoje, estou trabalhando no mesmo prédio da empresa anterior e na mesma função, porém é uma empresa com outro nome, Arvin Meritor, na qual tenho dedicado os meus conhecimentos na área de metalurgia".

Osasco, novembro de 2009.

***

Fonte: Livro Osasco Cidade- Trabalho de Geraldo Francisco de Sales e Marlene Ordonez
Avenida dos Autonomistas - Brown Boveri

Em 1957, instalou-se a Indústria de Materiais Elétricos **Brown Boveri S/A**. Certa vez, o então presidente da República Marechal Costa e Silva, em visita à Indústria Brown Boveri, em Osasco, se impressionou ao ver o funcionamento das máquinas que produziam os gigantes transformadores. O presidente fez o seguinte comentário: "Eu sempre desejei saber como eram fabricadas tais peças".

O presidente do Brasil ficou impressionado com o gigantesco motor assincrônico em construção, um produto destinado à Petrobrás. Outro transformador para 150 mil (cento e cinquenta mil) KWATS feito para a empresa Eletrobrás e outros enormes tubos feitos para o armazenamento de gases.

A Indústria Elétrica Brown Boveri S/A foi quem fabricou o maior transformador trifásico da América Latina, com peso de cento e trinta e duas toneladas (132 t), e foi em Osasco, seguindo a peça para as Centrais Elétricas de Furnas.

Hoje os donos da Brown Boveri venderam parte do terreno ao lado da empresa onde se construiu o Shopping UNIÃO.

***

Foto: Laura Leal

Fonte: "A História do Carro Brasileiro"
Avenida Henry Ford - Indústria Ford (atual Metrofile - Gestão de Informação)

A Indústria Ford do Brasil instalou-se em Osasco em 1957. A Indústria fabricante de peças de motores, Fundição da Ford, foi inaugurada em 21 de novembro de 1958, no Distrito de Osasco, Bairro Presidente Altino.

O industrial Henry Ford, vindo dos Estados Unidos, escolheu o Distrito de Osasco para realizar seus objetivos em relação a peças para motores da marca Ford. Nessa época, as empresas já formavam um belo conjunto industrial às margens do Rio Tietê.

Foram construídos prédios modernos e bem planejados para dar condições de habitabilidade para os funcionários tanto do escritório quanto da linha de produção. Preocupando-se ainda mais com as mulheres, ela proporcionou condições de trabalho durante a fabricação dos produtos com os devidos cuidados e as facilidades indispensáveis. A empresa dispunha de ar-condicionado para os escritórios, restaurante para todos os funcionários e também contava com ambulatório médico completo. Era uma das empresas mais disputadas por vaga de trabalho. Entretanto, após quatro décadas, encerrou suas atividades em 1997. Atualmente, o local é utilizado pela Empresa Metro File, funcionando como depósito em regime de contrato de aluguel para guardar materiais.

Henry Ford nasceu em 30 de julho de 1863 em uma cidade norte-americana chamado Springwells e faleceu em 7 de abril de 1947 na cidade de Dearbon. Ele mesmo produziu seu primeiro automóvel em 1892. O Ford Bigode modelo "T", mais vendido no final do século XIX. Enquanto a indústria de peças para motores Ford esteve em Osasco, seu proprietário recebeu dos vereadores da Câmara Municipal de Osasco o título de Cidadão Benemérito, uma homenagem prestada ao fundador da empresa, senhor Henry Ford, por intermédio do Decreto Legislativo nº 01/1969, de autoria do vereador da 1ª Legislatura, senhor André Bogasian, e outros. O referido título foi encaminhado por intermédio do Departamento dos Correios e Telégrafos aos Estados Unidos, país de origem do homenageado. Tempos depois foi denominada como Avenida Henry Ford a rua onde se localizava a Indústria Ford no Bairro de Presidente Altino, uma forma de ser sempre lembrado.

A história do carro brasileiro. O senhor Eugene Knutson, presidente da Ford do Brasil na foto da página anterior está entre a primeira limusine brasileira e o Itamaraty, da Willys, que em 1967 foi incorporada à Ford do

Brasil, e o requintado Galaxie, o mais luxuoso carro sul-americano da época. A comemoração é o dia 13 de maio, o "Dia do Automóvel Brasileiro".

Fonte: "A História do Carro Brasileiro"

Depoimento do senhor Sebastião Ferreira dos Santos Filho: "Trabalhei na Ford do Brasil do ano de 1974 a 1980 no setor de Qualidade como inspetor. A função de inspetor naquela área era de muita responsabilidade. Mesmo não tendo tempo para conversas paralelas fiz muitos amigos. Daquela empresa eu guardo lembranças incríveis da época".

Osasco, novembro de 2009.

***

Fonte:José Luiz Alves de Oliveira
Reunião de Emancipadores com Jânio Quadros

Era o ano de 1958 e buscava conseguir a **assinatura para a Emancipação** do Distrito de Osasco e foi muito grande a participação política, com pessoas de todas as idades e sexos. O governador do Estado de São Paulo, senhor Jânio da Silva Quadros, com os braços cruzados e usando colete na foto acima, assinou a Emancipação através da Lei nº 5.121, de dezembro de 1958, juntamente com o secretário de Justiça, o doutor Pedroso Horta e foi posteriormente publicado no Diário Oficial, em 31/12/1958. Os moradores acreditavam e queriam o distrito emancipado. Tinham a missão de encontrar um meio de chegar a toda a vila que continuassem a luta pela autonomia política. Afinal, o interesse pela emancipação deveria partir dos moradores que se sentissem prejudicados pela administração de São Paulo. Por isso, lutar para se emancipar deveria ser interesse de todos.

No Jornal *O Estado de São Paulo*, de 07 de novembro de 1953, saiu publicada uma matéria paga pelo proprietário do cartório de registros e notas, doutor Lacydes da Silva Prado, que também encabeçou a luta pelo "Não" à emancipação. Dizia a nota: "Manifesto ao Povo de Osasco: "Confiando nesse povo modesto, mais sensato, ordeiro, mais altivo, é que iniciamos hoje, de maneira despretensiosa e simples, mas, com veemência, a campanha do "Não" contra a maior calamidade cívica que a demagogia de uns, a ambição de "grupelhos" e o descaso de muitos poderão acarretar a São Paulo um desserviço ao Brasil. Não somos políticos e nem visamos partidos ou legendas. Que interessa-nos e a população dos morros e das baixadas das vilas de Piratininga, Vila São José, Km 18, Cartiera, Quitaúna, Vila Yara, etc., é que o Distrito de Osasco tenha o brasão de uma prefeitura, não que apenas beneficie o "larguinho da Estação", onde se fazem os conchavos e se alimentam de intrigas políticas, incapazes na sua patente desagregam de ter dado até hoje, de Osasco para Osasco, na edilidade de São Paulo, um só e modesto vereador? É com isto que vamos deixar de ser cidadãos paulistanos para passar à categoria de interioranos sofrendo percalços morais e materiais de uma atitude que só conseguiria beneficiar políticos, cujas lunetas escuras não permitem que os veja dentro dos olhos, para que alvos dirigem as baterias das suas ambições? Serão para os impostos que majorarão talvez dez vezes mais?"

É interessante observar que esse manifesto do "Não" fala de um grupo, não de um movimento social. Porque de fato as distâncias e a falta de mobilização do grupo, pró-autonomia, nesse primeiro plebiscito, deixava transparecer que a disputa era de um grupo que queria apenas política.

No entanto, o líder do "Não" também era um excelente articulador político e um bem relacionado homem de negócios, afinal sua família foi dona da cidade de São Paulo por vários mandatos, com e sem eleição direta para o cargo. Outro fator muito relevante é que não se pode dizer, ainda hoje, que uma pessoa que tenha no sobrenome Silva Prado seja pobre e que dependesse apenas de um cartório de distrito para sobreviver com dignidade e conforto. Pelo contrário, a propriedade do cartório já era dada por meio do bom relacionamento político e depois o sobrenome do pretendente, para a escolha do tabelião o QI era fundamental, afinal, cartório nessa época era uma oligarquia cuja nomeação para tabelião dependia de muita influência política.

E continua no seu manifesto o doutor Lacydes: "Eles são nossos amigos, mas, plantaram no alto das suas importâncias, resolveram quase que à nossa revelia, assunto de tão transcendental importância que nos obrigou a sair do nosso mutismo e gritar bem alto para que todos ouçam: Ou tudo isso corre o risco de um erro de visão que importará no sacrifício moral e material de um povo honesto e trabalhador ou nós nada mais entendemos. Fica a critério, ao teu critério, Povo de Osasco, julgar-nos". Assinou esse manifesto os senhores Theóphilo Fortunato de Camargo (mais tarde chamado de 'Patriarca do Não' pela imprensa local), José Máximo Gonçalves, Antônio Lopes, José Cordeiro, Gregório Barbosa Sousa, Erasmo Pinheiro Machado, José Gabriel Correia, Manoel Mariano da Costa, Maria Genta, Orlando Assis da Costa Rangel, José Almir Avelino, Eloiza da Silva Prado, Maria de Lourdes Prado e Lacydes Prado.

Houve também, nesse primeiro plebiscito, quem estivesse a favor do "Sim" apenas por causa da dificuldade do ônibus, o que foi conquistado junto ao prefeito, senhor Jânio da Silva Quadros, com um abaixo-assinado de seiscentas assinaturas e uma única ida ao seu gabinete que, aliás, prometeu atender a reivindicação já que achava justo que os moradores pagassem apenas três cruzeiros pelo transporte de ônibus entre Pinheiros até o km 21. Some-se a isso que Lacydes Prado conseguiu convencer Jânio a construir o tão prometido e anunciado Mercado de Osasco. Com a vitória do "Não", a inauguração desta custosa melhoria para o distrito aconteceu em 1954.

Com todos esses fatores contra somados a falta de articulação e organização dos que pretendiam o "Sim", o "Não" venceu por cento e quarenta e cinco votos. Por causa dessa inexperiência em disputas eleitorais, os emancipadores tiveram que esperar outros cinco longos anos para que houvesse outra consulta popular para a emancipação.

Permanentemente acossado por adversários que o acusavam de corrupção, o populista Adhemar de Barros viu crescer em torno de si a legenda do "rouba, mas faz", herdada anos mais tarde pelo senhor Paulo Maluf. A verdade é que o senhor Adhemar de Barros fez quase nenhum benefício para o Distrito de Osasco. Jânio e Adhemar eram amigos de Lacydes Prado e este, por sua vez, continuava acreditando firmemente que poderia novamente frustrar o pleito que buscava emancipar Osasco.

Assim, em 15 de dezembro de 1957 o Jornal *Folha de São Paulo* fala dos pré-requisitos que um distrito haveria de preencher para se emancipar:

Lei Orgânica dos municípios. Capítulo I - Da criação dos municípios: São condições necessárias para que um Distrito ou Subdistrito se constitua município.

I - População mínima de cinco mil habitantes *(Osasco nessa época já tinha quase oitenta mil habitantes, já que termina a década com cento e quatorze mil)*.

II - Renda local mínima de trezentos milhões anuais. O que deveria ultrapassar em muito o valor tendo em vista que já existia no distrito a maioria das grandes indústrias.

III - Distar, por todas as vias de comunicação, entre a sua sede e a do município, a que pertence mais de doze quilômetros contados dos respectivos pontos centrais, todos os demais meios de transportes têm distância ainda maior.

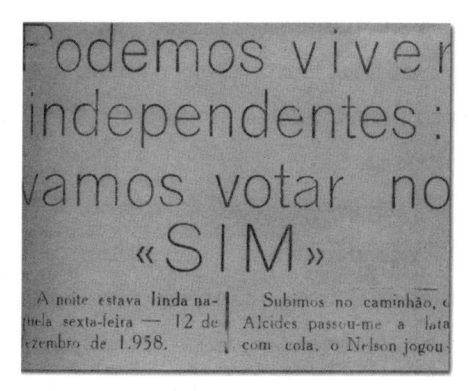

> Podemos viver independentes: vamos votar no «SIM»
>
> A noite estava linda naquela sexta-feira — 12 de dezembro de 1.958. Subimos no caminhão, Alcides passou-me a lata com cola, o Nelson jogou

Fonte: Jornal A Vanguarda

***

O movimento pela emancipação no ano de 1958 foi bastante ágil as ruas de Osasco foram tomadas por conta das disputas entre os que lutavam para que o distrito se tornasse município e os que acreditavam que continuar Subdistrito de São Paulo era melhor. Essa diferença de opinião trouxe até tiro em pichadores do "Sim". Os osasquenses partidários do "Sim" disseram que presenciaram o tal acontecimento. A dificuldade em acreditar na história contada por alguns moradores ao Jornal *Última Hora* de São Pulo é que "depois dos tiros, o carro azul saiu em alta velocidade pelas ruas" esburacadas, do Centro. Afinal, as fotografias, das principais ruas do Centro nessa época parecia um queijo suíço de tanto buraco. No plebiscito para a emancipação de Osasco, os eleitores, em torno de vinte e um mil, deveriam se inscrever para votar até 30 de abril de 1958. Aliás, essa foi outra luta dos emancipadores, conseguir inscrever pelo menos 1/3 do eleitorado do Distrito de Osasco.

Finalmente a votação foi marcada para o dia 21 de dezembro de 1958 e uma matéria de jornal mostra que nem todos os eleitores sabiam da votação e o porquê, ou em quem, deveriam votar. Assim, o repórter da época conta que: "Embora chefes da campanha acreditassem na vitória, uma parte da população de Osasco mostrava-se alheia ao movimento. Donos de bar no Largo da Estação não sabiam informar onde funcionava o comitê pró-autonomia". O que não era de se estranhar, pois o Brasil se tornara independente de Portugal sem o conhecimento do povo e se tornou República também sem o conhecimento popular. Nessa mesma matéria, o repórter, conversou com o doutor Reinaldo de Oliveira, que argumentou: "O Plano Diretor da capital prevê aumento de cerca de 40% no perímetro urbano da cidade, de quatrocentos e vinte e seis metros quadrados para seiscentos e onze quilômetros quadrados. Esse alargamento de perímetro atingirá mais da metade de Osasco. E então sobre atual zona suburbana recairão os pesados tributos resultantes de sua transformação em zona urbana". Um argumento que não se provou totalmente verdadeiro, mas que foi muito útil para atrair eleitores para o "Sim" certamente. A autonomia para Osasco virou uma acirrada disputa judicial. Na Cidade Trabalho, a autonomia não aconteceu de forma tranquila, teve muitos sobressaltos e problemas.

No pleito de 21 de dezembro, houve muitos percalços eleitorais. Moradores de outros Distritos votaram em Osasco, o que era textualmente proibido – a Lei determinava: "apenas os eleitores residentes ou domiciliados no distrito de Osasco há mais de dois anos, e que foram inscritos dentro do prazo, poderão votar no Plebiscito para a emancipação".

No pleito de Osasco, no entanto, votaram moradores do Jaguaré, Morro da Laje, Vila São Francisco, parte da Vila Yara, parte da Vila dos Remédios e Butantã. Além disso, o eleitor inscrito Benedito Soares de Melo, faleceu no dia 9 de dezembro, porém deu seu voto em 21 do mesmo mês. Coisas que só a votação no Distrito de Osasco nesse dia pode contar.

Com tantas irregularidades, somando a influência política do dono do cartório, a votação só poderia ter sofrido entraves judiciais das mais diversas ordens.

No Jornal *Gazeta* de setembro de 1959 o então prefeito de São Paulo, senhor Adhemar de Barros, amigo de Lacydes Prado, determinou ao departamento jurídico da prefeitura que impetrasse um mandado de segurança contra a decisão do Tribunal Superior Eleitoral, que marcou as eleições em Osasco por reconhecer a autonomia da vizinha localidade. A influência do tabelião Lacydes Prado é claramente detectada quando na mesma matéria o jornal diz que: "lembra dessa decisão, no começo do mês de junho, quando o chefe do Executivo Paulistano declarou não ter nenhum interesse especial em opor-se". E disse aos jornalistas que mandava felicitações ao novo município e votos por uma feliz existência.

Ainda na mesma matéria, a disputa política dos donos de São Paulo continuava a ser relatada quando: "em 1958, realizou-se o plebiscito em Osasco. Havia ali vinte e quatro mil eleitores desses oito mil votaram e venceu a autonomia por uma diferença de pouco mais de mil e trezentos votos". Em setembro de 1959, o prefeito obteve mandado de segurança contra as eleições que já estavam marcadas para o dia 07 de janeiro de 1962.

No entanto, o governador Jânio Quadros ficava em campo contrário ao do prefeito, acirrando a luta entre "Sim" e "Não" pela emancipação do Distrito de Osasco. Por isso, nesse período, Osasco se transformou num campo de batalha política entre os ademaristas e janistas. O mais incrível é que para a primeira eleição do "jovem município" em setembro de 1959, já estavam registrados duzentos e sessenta e nove candidatos para vereador, seis para prefeito e sete para vice-prefeito. Isso que o pleito ainda não havia sido marcado.

Por fim, as eleições para a emancipação do Distrito foram julgadas duas vezes no Supremo Tribunal Federal. Na verdade, onde fosse julgado teria uma centena de autonomistas pressionando. Entre 1958 e 1962, os autonomistas, com destaque especial, foram os senhores Fuad Auada e Antônio Menck, que brigaram na Justiça pela validade do pleito e, nesta fase, o então prefeito de São Paulo, Adhemar de Barros, tentou de todas as formas empedir a realização da emancipação. Consta que venceram em razão da empatia de grande parte dos deputados da Assembleia Legislativa de São Paulo, assim ficou registrado alguns anos mais tarde pelo doutor Reynaldo de Oliveira, Patriarca da Emancipação.

***

O segundo plebiscito, e sua realização em 21 de dezembro de 1958, ocorreu em meio a muitas articulações. O "Não" tentou fraudar, mais uma vez e a "Turma do Sim, atenta exigiu que a lista fosse retificada, e as cédulas "Sim" e "Não", fosse feita em papel branco e papel preto, ideia do Tribunal Regional Eleitoral. Os mesários contratados a em maioria eram adeptos do "Sim".

As pessoas eram instruídas a ensinar o povo a votar e abordavam os eleitores dizendo: se vai votar no "Não", a eleição vai ser no próximo domingo, e muitas pessoas acreditaram e deixaram de votar.

A "Turma do Sim" percorria as seções eleitorais para conferir o comparecimento dos eleitores, escolhiam nomes daqueles que não haviam comparecido, votando em nome deles, sem o controle adequado, o que levou pessoas a votar em nomes que já haviam votado, causando uma grande confusão.

Houve votos em nome de falecidos recentemente, nomes que ainda constava como eleitores pelo Tribunal Regional Eleitoral. Daí o edital dos jornais de São Paulo, que se referiam ao Plebiscito de Osasco: "Até mortos votaram em Osasco". O "Sim" venceu com uma diferença de mil duzentos e oitenta e três votos, tendo sido sancionada (aprovada) pelo governador Jânio da Silva Quadros e pelo secretário da Justiça, doutor Pedroso Horta. A publicação da Lei número 5.121, de 27 de dezembro de 1958, que criava o município de Osasco saiu no *Diário Oficial de São Paulo* do dia 31 de dezembro de 1958.

Por ordem de Jânio da Silva Quadros, foi impresso um Suplemento Especial no *Diário Oficial* de 31 de dezembro de 1958, pois era necessário que a Lei que criava o município de Osasco, estabelecesse inclusive seus limites. Em 1958, um plebiscito aprovou a emancipação. A Lei da época exigia pelo menos que 1/3 dos eleitores de Osasco devia se inscrever até 30 de abril. Meta alcançada, a votação ficou marcada para 21 de dezembro de 1958. Resultado final: dos vinte e quatro mil eleitores, oito mil votaram e o "Sim" ganhou com diferença de mil e trezentos votos. A eleição teve muita polêmica, pois moradores de outros distritos teriam votado em Osasco, o que era proibido por lei e assim surgiram os entraves judiciais.

Fonte: Santina Dadato de Freitas - Diretora do Jornal A Vanguarda
Bandeira do Brasil usada na posse em 1962

Essa é a Bandeira do Brasil que foi colocada na mesa posteriormente para a posse do prefeito e vereadores e encontra-se em poder da jornalista e emancipadora viúva do senhor Nelson Soares de Freitas, senhora Santina Dadato de Freitas, atuante que segue com o jornal até os dias de hoje, 2009, só que não mais em Osasco e sim, na cidade de Ibiúna - São Paulo.

Essa bandeira do Brasil foi confeccionada por Nelson Soares de Freitas.

Observação: o cadinho usado com a tocha foi doado para o museu Municipal de Osasco.

Cores e simbolismo da bandeira emancipacionista.

A Bandeira do Movimento Emancipacionista era tricolor.

Cores: preto, vermelho e branco.

A cor preta: para representar os dias de luto a que o povo se impunha nas frustrações dos dias sombrios vividos na incerteza e simboliza a dor e o sofrimento.

O vermelho: a chama ardente do fogo, da almejada liberdade, trazido do Altar da Pátria, para aquecer com seu calor o ânimo dos autonomistas.

O branco: sinal de desejo da paz, tranquilidade, satisfação provenientes da vitória alcançada em erguerrida luta.

Notícias foram publicadas no Jornal "*O Diário de São Paulo*", na edição de 12 de janeiro de 1951. Eis o que se vê nesse número do Jornal: "Enquanto a caravana dos autonomistas acendia a sua tocha, fato curioso se passou". Conseguiu ela fazer o que há mais de dez anos nenhum temporal, por mais forte que fosse o fizera antes apagar a chama votiva na Pira do altar da Pátria, no Museu do Ipiranga.

Fonte: Santina Dadato de Freitas - Diretora do Jornal A Vanguarda

Em depoimento, o senhor Nelson Soares de Freitas, diretor do Jornal *A Vanguarda*, de Osasco, na época, revelou: "Às vésperas da data marcada para a realização do 2º plebiscito e a campanha conforme a determinação do Tribunal Eleitoral tinha se encerrado vinte e quatro horas antes do início da votação. Entretanto, mais ou menos dezesseis horas depois, apareceram de sete a oito Kombis da Prefeitura de São Paulo com alto-falante, pedindo que se votasse 'Não'. Uma delas parou em frente uma estação, perto da sala onde ficava o aparelho de telégrafo, atrapalhando os trabalhos do telegrafista. Dirigi-me aos ocupantes da perua e pedi que diminuíssem o volume do som, ao que um deles respondeu: 'Sou coronel do Exército'. Então eu lhe disse: 'Admiro muito o coronel se prestar a um papel desses! Eu conheço 'o pau é pela causa'. Já havíamos trocado várias 'gentilezas' quando, no trem vinha de Quitaúna, o Tenente Lázaro, músico e adepto do 'Sim'. Pedi a ele que solicitasse que o coronel se identificasse. Este se recusou. Então, o povo enfurecido não demorou muito para arrastar a perua Kombi para frente do Bar do Coutinho e ameaçando tocar fogo nela. Isso só não aconteceu porque o senhor Mário Torres, o Delegado que era eleitor do "Sim", impediu. Foi dado um flagrante na perua Kombi e nós, o Nelson, o doutor Marques e eu fomos para o DCPS prestar depoimento. Voltamos no dia do plebiscito pela manhã". Observação: O senhor Nelson nos deixou em 1997, com a lição feita, missão cumprida, diante de todas as lutas.

Capítulo VIII

***

O ano de 1960 foi a época em que a **imigração e industrialização do Brasil** se intensificou e ocorreram em locais onde havia a estrada de ferro.

A industrialização de Osasco atraiu pessoas como os nortistas, nordestinos, paulistas, mineiros entre outros, mudando o "rosto" do distrito. A variação de gostos e costumes faz parecer Osasco, um distrito acolhedor e progressista com a mão de obra de homens valentes e trabalhadores.

Foto: Walter Ramos - 1960 - Fábrica de Água Sanitária

***

A Indústria da Água Sanitária - QBOA era uma indústria de produtos de limpeza e localizava-se onde em 2009 está a Prefeitura do município de Osasco. A Indústria QBOA supriu a população de Osasco com seus produtos de higiene e limpeza durante vários anos e, ao encerrar as atividades, deu lugar ao antigo Instituto Tecnológico de Osasco – ITO, uma instituição de ensino que formou muitos profissionais.

Foto: Laura leal
Avenida dos Autonomistas, próximo a Praça 31 de Março.

***

A Empresa White Martins (Indústria de oxigênio industrial) foi instalada em Osasco no ano de 1960.

A fábrica de Gases Especiais localizada em Osasco, São Paulo, é um verdadeiro centro de excelência, onde instrumentos, laboratórios e tecnologia de última geração são utilizados para o desenvolvimento e produção de gases puros e de misturas de rigorosa precisão.

É a primeira empresa brasileira a operar no segmento de Gases Especiais de acordo com a Norma ISO 9001 - certificado recomendada pelo Bureau Veritas Quality Internacional (BVQI) e concedida pelo Registar Accreditation Board (RAB) à fábrica de Osasco.

A White Martins é também a única empresa no Brasil a dominar a técnica de misturas especiais com concentração de componentes medidas em partes por trilhão (ppt). Nas plataformas das unidades distribuidoras estão estocados gases nas purezas e quantidades requeridas para atender ao mercado. A frota de veículo com carroceria especial garante pontualidade de entregas programadas, ou contra pedido dentro dos requisitos de segurança.

O Bacharel Otacilio Pinheiro Diretor Geral da Secretaria do Supremo Tribunal Federal, etc.

Certifico em razão de pedido verbal de pessoa interessada, que revendo nesta Secretaria os autos da RECLAMAÇÃO número QUATROCENTOS E OITENTA E SEIS (486), de São Paulo, visando sustar as eleições no município de OSASCO, do qual foi Relator o Excelentíssimo Senhor Ministro RIBEIRO DA COSTA e sendo Reclamante a MUNICIPALIDADE DE SÃO PAULO e reclamados a ASSEMBLÉIA LEGISLATIVA DE SÃO PAULO e a JUSTIÇA ELEITORAL, dêles consta o seguinte: - - - - - - - - -
PRIMEIRO) - Assina a contestação de folhas cento e doze/cento e dezesseis (112/116) o Doutor Paulo Lauro, advogado do Senhor FUAD AUADA; SEGUNDO) - a decisão foi a seguinte: UNÂNIMEMENTE, JULGARAM IMPROCEDENTE A RECLAMAÇÃO, DEVENDO O COLENDO TRIBUNAL REGIONAL ELEITORAL FIXAR NOVO DIA PARA A REALIZAÇÃO DAS ELEIÇÕES MUNICIPAIS. - -
N A D A   M A I S foi pedido. O referido é verdade e dou fé. Dado e passado na Secretaria do Supremo Tribunal Federal, aos dezessete (17) dias do mês de janeiro de mil novecentos e sessenta e dois (1962). Eu, * * * * * _____ (Odaléa Martins), Oficial Judiciário, a datilografei. E eu, _____ (Fuad Abla), Diretor de Serviço, a subscrevi depois de lida e achada conforme.//

OTACILIO PINHEIRO - DIRETOR GERAL
TRIBUNAL FEDERAL SELADA COM VINTE CRUZEIROS

Fonte: Jornal A Vanguarda - Diretora Santina Dadato de Freitas
Documento que deu origem a sustar a 1ª eleição de 1962

A origem para sustar a Primeira Eleição de Osasco

A realização da **primeira eleição** para prefeito e vereadores de Osasco foi marcada para 7 de janeiro de 1962 pelo Tribunal Regional Eleitoral. No dia anterior à votação, o prefeito de São Paulo conseguiu um mandado contra a realização das eleições, que foi acolhido pelo Supremo Tribunal Federal. Esse fato causou muita indignação à população, que promoveu uma verdadeira rebelião. Foi quando os osasquenses marcharam para São Paulo para reivindicar o direito da votação. "Os osasquenses não esquecem os angustiosos dias que passaram abalados por um cataclismo que se abateu sobre Osasco, ao receberem a estarrecedora notícia da suspensão do pleito, na véspera de sua realização", narrou o doutor Reynaldo.

Nessa fase houve uma comoção no Distrito que se cobriu de luto. Uma bandeira negra foi hasteada no Largo da Estação. Dissera doutor Reynaldo de Oliveira, um dos lutadores pela emancipação, que homens, mulheres e crianças usavam luto na lapela ou faixa preta no braço, tornando-se protagonistas da mais bela página da história de Osasco. O doutor Reynaldo acrescentou: "Osasco se tornou uma praça de guerra, muitos militares que vieram a fim de prevenir uma possível reação violenta do povo, diante da decepção e frustração do ideal - emancipação". Os comerciantes fecharam seus comércios e colocaram faixas de luto nas portas.

No Distrito de Osasco, era pura tensão, preocupação e para complicar ainda mais, espalhou-se como rastilho de pólvora, a notícia que a esposa do prefeito Adhemar de Barros estava na casa do chefe do movimento contrário aos autonomistas e para lá dirigiram-se muitas pessoas e ela assustada fugiu pelos fundos da casa. Depois disso os osasquenses seguiram em marcha para Assembleia Legislativa, na casa do prefeito, fizeram visitas em jornais, reuniram uma centena de veículos, camionetes, peruas, caminhões, etc, com faixas e dizeres alusivos e panos pretos, seguiram para o "Palácio 9 de Julho", a Assembleia Legislativa de São Paulo. Em carreata os osasquenses pararam no Vale do Anhangabaú, com estridente buzinar e outros carros se juntaram à caravana. Na Assembleia, foram recebidos por deputados e, de lá, foram para o Palácio dos Bandeirantes, e solicitaram ser recebidos pelo governador de São Paulo. Quando os autonomistas se aproximaram do palácio, tiveram sua passagem barrada por um pelotão de choque da força pública, com metralhadora assentadas no meio da rua. Nessa ocasião foi permitida apenas a passagem de dois emissários para que falassem com o governador. Depois da conversa no Palácio dos Bandeirantes, seguiram para residência do prefeito, onde antes de se aproximarem a guarda civil, que já se encontrava no local, não permitiu nem a parada dos manifestantes, quanto mais deixá-los entrar na casa do prefeito.

A luta pela emancipação de Osasco foi manchete várias vezes nos jornais de todo país e também no Jornal *Times*, de Londres. Em forma de protesto, os interessados na autonomia a emancipação espalharam urnas no Centro de Osasco para que os eleitores devolvessem os títulos de eleitor ao Tribunal Eleitoral, demonstrando a inutilidade do documento eleitoral. Num só dia foram devolvidos quatro mil e duzentos títulos. Em outra manifestação colocaram uma pira ardente deixando acesa por quase um mês, no Museu do Ipiranga. O fogo simbólico só seria extinto pelo primeiro prefeito, Hirant Sanazar, eleito em 4 de fevereiro de 1962.

***
Convite para Posse dos eleitos em 1962

> O Prefeito, vice-Prefeito e vereadores do Município de Osasco
>
> Têm a honra de convidar V. Excia. e Exma. Família para assistirem à eleição da primeira mesa da Câmara Municipal de Osasco, assim como à solenidade da posse dos srs. Prefeito, vice-prefeito e vereadores, a realizar-se às 20 horas do dia 19 de Fevereiro do corrente, à Av. Cobrasma, esquina com a Rua Célia, sob a presidência do M. M. Juiz Dr. Joaquim Bandeira de Mello.
>
> Osasco - 1962

Fonte: Eurípides Brandão

O Primeiro Prédio e Primeiro Presidente da Câmara Municipal de Osasco

Prédio da Câmara de Osasco, instalada na avenida Marechal Rondom, posteriormente transferida para a avenida dos Autonomistas.

Fonte: Jornal O Diário da Região

Orlando Calasans 1º Presidente da Câmara

I - LEGISLATURA
PERÍODO: 19/02/1962 a 19/02/1966

Orlando Calasans .... PTN
Alfredo Thomaz .... PR
Adevaldo José de Castro .... PRT
Clóvis Carrilho de Freitas .... UDN
Clóvis Assaf .... PRT
Anizio Nunes .... PDC
Aymoré de Mello Dias .... PRT
Benedito Ventura Nitão .... PTN
Cid Sergio Alcântara Von Puttkammer .. PSD
Esmeraldo Vieira Malagueta .... PR
João Catan .... PSD
João Emilio Bornacina .... UDN
João Gilberto Port .... UDN
Joaquim Fraga .... PSB
José Guizi .... PSD
Marino Lopes .... PDC
Moacyr de Araújo Nunes .... PSB
Osler de Almeida Barros .... PDC
Octacilio Firmino Lopes .... PDC
Pedro Furlan .... PDC
Primo Broseghini .... PDC
Vicente Florindo Netto .... PTN
Wilton Pereira da Silva .... PTN

Fonte: Jornal O Diário da Região
Hirant Sanazar 1º Prefeito - Sucessor: Marino Pedro Nicoletti de1965 a 1966

Consta da **1ª Ata de Posse** de vereadores, prefeito e vice-prefeito que na Rua Célia, esquina com a Avenida da Cobrasma, foi realizada a 1ª instalação da Câmara Municipal de Osasco.

Solicitude do governo de São Paulo e mais do que tudo a desvelada proteção que fizeram Osasco nascer e crescer, devem ser respeitadas em vossas liberdades e deliberações.

Assim foi feito: instalada a Câmara Municipal com Sessão realizada em 19 de fevereiro de 1962, às vinte horas, porém com a elevação para município, Osasco perdeu a contribuição que recebia da Fazenda Imperial, a título de auxílio, para passar a ter uma estimativa de receita.

Com a posse dos vinte e três vereadores, do primeiro prefeito e do primeiro vice-prefeito em 19/02/62, a Câmara Municipal de Osasco, em sua 1ª Legislatura, procurou junto com o Poder Executivo criar condições para consolidar a autonomia do recém criado município. Aprovou o orçamento e criou um quadro de funcionários públicos, tanto para o Legislativo quanto para o Executivo, a fim de possibilitar o funcionamento dos órgãos da administração pública do município. A grande preocupação dos senhores vereadores e do Poder Executivo, foi com as proposituras e aprovação de Leis que regulasse a vida do município quanto às Normas de Edificações, Saúde, Instituição de Taxas e Impostos e Isenções às Indústrias que se instalassem em Osasco.

Fonte: Eurípedes Brandão

De "Office Boy de Luxo" a Vereador na VI Legislatura da Câmara em 1983/1988.

Depoimento do senhor Eurípedes Brandão: "Entrei na Câmara como Escriturário no Setor de Compras e Almoxarifado. No Setor de Compras havia necessidade de pesquisar os preços e a qualidade. Diante disso, veio necessidade da compra de uma bicicleta para atender aos pedidos da Secretaria Administrativa. A bicicleta é um instrumento de grande valia no atendimento aos vereadores e ao que se refere aos serviços Administrativos da Câmara. Oitenta por cento (80%) dos vereadores não possuíam telefone e diante disso, no transcorrer da Sessão Plenária que se iniciava às vinte horas e sem hora certa para terminar, pediam para eu comunicar suas esposas quanto ao atraso que chegava avançar a madrugada. "Office Boy de Luxo" — havia madrugada chuvosa, fria, e mesmo assim eu fazia o trabalho de mensageiro, da Zona Norte à Zona Sul, avisando as esposas que os esposos vereadores iam se atrasar. Na Zona Norte, havia as esposas dos vereadores: Benedito Ventura Nitão e Vicente Florindo Neto. Na Zona Sul, avisava as esposas do: Marino Lopes, Clóvis Carrilho de Freitas, doutor Octacílio Firmino Lopes e demais vereadores. Ao chegar mesmo antes de chamá-la, já sabia quem era. Pois o barulho da bicicleta se incumbia de anunciar a chegada do Mensageiro Eurípedes.

O senhor Eurípedes Brandão foi vereador da VI Legislatura da Câmara Municipal de Osasco e hoje aos 64 anos de idade, casado com a senhora Josefa Rodilha Brandão, junto a sua família que reside em Osasco, continua solidário, prestativo e colaborador como sempre foi, há muitos anos.

Osasco, novembro de 2009.

Fonte: Laura Leal

Homenagem às Mulheres Emancipadoras

19 de fevereiro de 1962

Uma história vamos narrar
Embora nem todos saibam direito
A verdade que vamos contar
Passou-se deste jeito.

Sou osasquense legítima
Meu esposo por doação
Vejo Osasco com a alma
O Nelson com o coração.

Foi um dos motivos
Do meu advento
Vendo o filho adotivo
Entrei para o movimento

Aqui fica patente
A minha contribuição

Que damos aos homens valentes.

Nessa parte da Nação.

Isso eu digo e afirmo
Aconteceu algo comigo
Meu companheiro foi à luta
Ficando eu também no perigo.

A firma e a moradia estavam sempre na dianteira
Pois ficavam as duas no mesmo local
Por esse motivo fiquei na trincheira
Até o gride final.

Vivendo a grande experiência
Vocês imaginem as demais
Vivemos na permanência
Sem esmorecer jamais.

Vendo nossos companheiros
Abraçarem a empreitada
Nós mulheres num tiro certeiro
Juntamos a eles na caminhada.

Nunca homens distraídos
Dobraram sua coragem
Quando foram incentivados
Vendo a mulher sua imagem.

Para aquelas que já partiram
Fica aqui nossa gratidão

Pois foram elas que incentivaram
A nossa participação.

Muito nos orgulhamos
Nessa geração pertencer
Osasco que adoramos e moramos
Em sua história vamos permanecer.

Quando no distante se ausente
E surgir nova geração
As mulheres do então presente
De nós se orgulharão.

Na Ordem dos Emancipadores
Nós mulheres consagramos
Ao lado desses homens ilustres
Do qual muito se orgulham.

Fonte: Jornal A Vanguarda - Santina Dadato de Freitas

***

O Primeiro prefeito do Município, senhor Hirant Sanazar e suas dificuldades administrativas. Ele venceu as eleições, obtendo nove mil, oitocentos e vinte e três, dos vinte e três mil, duzentos e oitenta e três votos validos.

Em 7 de fevereiro, ocorreu sua diplomação junto aos vereadores, eleitos, no dia 19 de fevereiro de 1962, foi empossado como 1º prefeito, iniciando uma nova etapa da história do município que havia conquistado a tão sonhada autonomia político-administrativa.

Tão logo assumiu o primeiro prefeito de Osasco, a municipalidade de

São Paulo começou a fazer pressão através de carta enviada pelo então prefeito Prestes Maia.

Nela, o nobre mandatário do vizinho município lembrava ao jovem e recém-empossado prefeito osasquense, dos cento e quatorze professores da rede pública de ensino tinham seus contratos de trabalho vinculados a São Paulo e não a Osasco. Por isso, seriam remanejados imediatamente para outras escolas.

Hirant Sanazar entrou em contato com o então governador Carvalho Pinto, solicitando que os professores que prestavam serviços no recém-criado município de Osasco fossem mantidos. Que os contratos não fossem mudados, pelo menos até que o município tivesse uma organização administrativa que permitisse a contratação de servidores. Além do que o município de Osasco ainda nem tinha receita que pudesse remunerar ninguém. A solicitação foi imediatamente aceita pelo chefe do Executivo Estadual e, com isso, o jovem município pode economizar o numerário que ainda não dispunha.

A prefeitura paulistana não parou por aí. Confirmada e consumada, a emancipação providenciou a retirada de objetos de grande valor para a continuidade da prestação dos serviços públicos para o povo de Osasco. Objetos esses que não alterariam em nada a economia paulistana, porém, fariam muita diferença em Osasco: a geladeira para o pronto-socorro, os caminhões para a coleta de lixo e o piano para conservatório musical. Além disso, para piorar, não houve o repasse do cadastro imobiliário e o mobiliário, únicas fontes de receita para o jovem município. Assim ficava inviável para Osasco fazer o balanço e cobrança dos devedores do IPTU, bem como o das indústrias e profissões.

A penúria do primeiro ano de governo foi tal que a prefeitura foi instalada em um prédio cedido pelo munícipe Marey Júnior. As máquinas e o mobiliário foram doados pelo sempre amigo de Osasco Amador Aguiar e a diretoria do Bradesco, que chegou até a efetuar pagamento adiantado de imposto referente ao município, para que a cidade pudesse minimamente se organizar e trabalhar. O prefeito Hirant Sanazar conseguiu remar as inúmeras adversidades adquirindo prédios para a sede da Prefeitura na Rua Antônio Agú e também para o Centro de Saúde na Rua Minas Bogasian. Pouco a pouco, chegou ao número de dezessete veículos. Três deles eram caminhões de lixo modernos em substituição aos antigos de tração animal. Asfaltou 44 ruas, sendo que as principais foram a Marechal Rondon (antiga Rua Cobrasma) e a Mariano J. M. Ferraz no centro. Ajardinou três praças e instalou cento e cinco mil metros de guias e sarjetas. Conseguiu também que funcionários da Prefeitura de São Paulo viessem a Osasco ensinar aos funcionários da jovem municipalidade como trabalhar. Conseguiu instalar luz elétrica nas principais vias públicas do Centro e de Presidente Altino. Negociou a greve dos motoristas de lotação e instalou o transporte coletivo.

Hirant Sanazar teve de ter paciência e coragem para trabalhar todas as adversidades que lhe foram impostas e, somem-se a elas as dificuldades políticas vividas, o fato de seu vice-prefeito Marino Pedro Nicoletti querer governar a qualquer preço. Com a posse dos vinte e três primeiros vereadores, do primeiro prefeito e do primeiro vice-prefeito em 19/02/1962, a Câmara de Osasco, em sua 1ª Legislatura, procurou, junto com Poder Executivo, criar condições para consolidar a autonomia do recém criado município de Osasco. Aprovou o orçamento e criou um quadro de funcionários públicos, tanto para o Legislativo quanto para o Executivo, a fim de possibilitar o funcionamento dos órgãos da administração.

Conforme relatou na época o doutor Aymoré de Melo Dias, vereador da 1ª legislatura, "o município de Osasco existia apenas no papel, porque nós saímos da condição de distrito, ou seja, a administração pública era exercida por São Paulo para criar uma cidade, que lógico, neste momento era desprovida de tudo". Não tínhamos sequer imóveis para instalação dos órgãos públicos.

A Câmara municipal, por exemplo, foi alojada em um parque infantil e a prefeitura ocupou um prédio que estava ruindo. Nós construímos o município do nada. Fizemos as leis básicas, que se tornaram o alicerce para o surgimento do município de Osasco. "Não existia como cidade, então deve reconhecimento ao esforço conjugado de todos aqueles políticos que começaram a construí-la e que trabalharam em prol de seu progresso e desenvolvimento".

Em depoimento, o vereador da 1ª legislatura João Gilberto Port afirmou: "Quando alcançamos o *status* de cidade, em Osasco havia apenas três ruas pavimentadas e cinco ou seis iluminadas". O resto era brejo, sem asfalto, esgoto a céu aberto, etc. Era uma cidade por construir, com tudo por fazer.

Foram as adversidades do distrito que me levaram a presidência do Grêmio Estudantil, e foram essas mesmas dificuldades que nos fizeram enveredar para a política partidária. Aceitamos e acreditamos que podíamos construir, fazer do Distrito uma cidade quando aceitamos lutar pela emancipação. Achávamos que precisávamos libertar Osasco da capital de São Paulo e assumimos a liderança desse movimento. Fomos presos pelo DOPS, respondemos processos em função do dia do Plebiscito. Realmente foi um plebiscito com irregularidades, tenho que admitir essas irregularidades que nos possibilitaram a conquista da cidadeque hoje temos.

O vereador da 1ª Legislatura Clóvis Assaf, certa vez declarou: "Osasco emancipou-se numa época muito difícil". O prefeito de São Paulo, senhor Prestes Maia, ficou devendo oitocentos milhões para Osasco e não pagou. O primeiro prefeito teve que fazer um levantamento aéreo-fotográfico para poder cobrar os impostos da ocasião. Aliás, com três meses, elegemos o primeiro presidente da Câmara. Depois começamos a trabalhar com o Governo do Estado, porque Osasco crescia vertiginosamente, sem ter uma praça, água ou esgoto. Não tínhamos nada e o crescimento populacional de Osasco era tremendo.

A grande preocupação dos vereadores e do Poder Executivo, também foi a propositura e aprovação de posturas e de leis que regulassem a vida da cidade quanto às normas de edificações, saúde, instituição de taxas e impostos e isenções às indústrias que se instalassem na cidade de Osasco. Nessa 1ª Legislatura, o Executivo foi autorizado a colocar imóveis à disposição do Tribunal de Justiça do Estado de São Paulo. Primeiro para a instalação do fórum e outro para servir de moradia ao Juiz da Comarca. Várias áreas foram desapropriadas para construção dos primeiros equipamentos públicos municipais, entre eles: parques infantis, escolas, praças e avenidas. Também nesta época, foram criadas, por lei, a Biblioteca Municipal Monteiro Lobato e a JUCO – juventude Cívica de Osasco. Convênios foram firmados junto ao Estado de São Paulo para utilização de equipamentos de saúde estaduais e a criação de um Corpo de Bombeiros no município.

Hirant Sanazar, primeiro prefeito de Osasco, em entrevista declarou: "Nós fizemos Convênios importantes com o Governo do Estado. Através do governador Carvalho Pinto, foi possível: o policiamento da cidade, a transferência do ensino municipal - que nesta época era do município de São Paulo para o ensino Estadual em Osasco".

Leis começaram a ser aprovadas para anistiar as construções clandestinas, denominação de ruas, subvenções às entidades assistenciais e os títulos de Cidadão Osasquense, cabendo o primeiro título a Auro Soares de Moura Andrade, senador da República. O Executivo solicitou e a Câmara aprovou – após intensos e fervorosos debates a abertura de concorrência pública para implantação do sistema de telefonia automática na cidade (DDD – discagem direta a distância), vencida pela COTESPA – Companhia Telefônica Suburbana Paulista, empresa ligada ao grupo Bradesco. "Nós abrimos concorrência internacional para exploração da telefonia no novo município, criando o sistema DDD. Através desta iniciativa Osasco passou a falar com o mundo inteiro", comentou o primeiro prefeito.

Já nessa época, há o registro de autorização para abertura de crédito especial mediante a emissão de letras do tesouro municipal. Lei 130 e 131 – aprovadas no período - colocavam em evidência um assunto que à época ainda estava "quente" nos meios políticos da região: a emancipação de bairros da capital.

Foram aprovadas as incorporações ao jovem município de Osasco dos Bairros Centro Industrial do Jaguaré, Vila Jaguara e Vila Piauí, bem como os altos da Vila dos Remédios, o que acabou não se confirmando. "Na verdade, o Bairro Jaguaré pertencia a Osasco na ocasião. Foi uma manobra política muita "malandra" que fizeram, comentou Hirant Sanazar." O prefeito 'engoliu' essa situação, por algum tempo e mais tarde tentou um Plebiscito, utilizando o plano quinquenal da Lei Orgânica, que regia todos os municípios, mas acabou perdendo a votação. "Penso que não seria necessário um Plebiscito, porque nas plantas e mapas de antigamente, Jaguaré constava como parte do 14º Distrito de Osasco. Em relação à Vila Piauí e Vila Jaguara, eu tenho a impressão que não houve atuação jurídica adequada para poder reivindicar aqueles bairros para Osasco. Acho que nos dois casos faltou ação de um jurista competente para poder fazer essa reivindicação valer e com isso o município perdeu parcela considerável de área e grande fonte arrecadadora".

***

Depoimento da emancipadora senhora Santina Dadato de Freitas, viúva de senhor Nelson Soares de Freitas: "Com a cidade politicamente emancipada com os Poderes Legislativo e Executivo funcionando, seus emancipadores foram esquecidos. Alguns receberam comendas como: Título de Cidadão, Medalhas e Condecorações. Meu esposo Nelson Soares de Freitas foi outorgado com Título de Cidadão Osasquense, há uma praça com seu nome, como também Antônio Menck, mas depois tudo ficou no esquecimento".

As mulheres emancipadoras iam e levavam os filhos juntos, ou deixavam em casa para acompanhar seus respectivos esposos nas reuniões para discutir o futuro de Osasco. Também seguiam para a Assembleia Legislativa de São Paulo fazer agitos, com o propósito de serem recebidas por vereadores, deputados, mas a maioria das vezes não era ouvida. Mas corajosamente continuaram a lutar para que Osasco fosse autônoma. Até que um dia depois de muitas lutas para emancipação o Distrito de Osasco passou a ter um patrono dentro da Assembleia Legislativa de São Paulo: o deputado Anacleto Campanella, já experimentado na luta que São Caetano do Sul – São Paulo travara para emancipar-se, tendo pleno êxito.

O prefeito de São Paulo usou de todos os meios que se possa imaginar para barrar as pretensões de autonomia do distrito. Na época o "caso Distrito de Osasco" tramitou-se por todo o escalão judiciário do Estado de São Paulo, até mesmo pelo Tribunal Federal e a causa acabou sendo julgada, por duas vezes. A luta se prolongou por nove anos a mais.

Sob a liderança do deputado Anacleto Campanella tramitava na Assembléia Legislativa, o Projeto de Lei que visava emancipar o Distrito de Osasco.

O ideal autonomista conseguiu a primeira "vitória" com a Lei nº 5.121, em 1958, o Distrito de Osasco tornou-se município desmembrando-se da capital de São Paulo.

Quatro longos anos de preparação, e fora designado dia 7 de janeiro de 1962 para a realização das eleições municipais para prefeito, vice-prefeito e vereadores. Na ocasião, Luiz Gallotti era Ministro da Justiça. Dizia-se que era o advogado Costa Manso, Patrono da Prefeitura de São Paulo, impetrara Mandado de Segurança com a finalidade de sustar as eleições. A população osasquense tornou-se inquieta. Tendo a frente os lideres emancipacionistas, o povo não se afastava das fontes de informação, de modo particularíssimo dos aparelhos de rádio. As dezenove e cinquenta precisamente, a Rádio Difusora de São Paulo lançava ao ar a infausta notícia: "Foram sustadas as eleições do município de Osasco, por tempo indeterminação do Supremo Tribunal Federal".

A dúvida, a decepção, transparecida no semblante dos que atentos ouviam a Rádio Difusora Record e eis que uma ligação telefônica obtida através da Radio confirmava que fora sustada a eleição de Osasco. A notícia não esmoreceu os ânimos dos emancipadores – autonomistas e convocou-se nova reunião logo pela manhã. Por sinal foi numerosa e compareceram na Assembleia que, no dia seguinte, segunda-feira, as casas comerciais era para ser totalmente fechada em sinal de protesto, uma equipe saiu às ruas, fechando todas as casas comerciais, uma por uma e conseguiram fechar todas. Fecharam também a Caixa Econômica Estadual e Federal. Confeccionaram caixões funerários em preto, "dísticos jocosos alusivos" aos opositores que traduziam entusiasmo e euforia e percorreram o Distrito e depois se dirigiram para a capital de São Paulo.

Dentro dos limites aqui da terra e nos municípios adjacentes, sem dúvida alguma *"a Vanguarda de Osasco"* destacou-se com proeminência. Foi de um ardor sem igual o incentivo que o Jornal *A Vanguarda*, incutiu na população. "Posso dizer que a Vanguarda merecia o Título de o "Jornal da Autonomia". Mesmo na lufa-lufa, no borbolismo em que corriam os emancipacionistas, conseguiam manter permanentemente contato com a rádio. Não tínhamos nem sequer tempo para redigir as mensagens, de maneira apresentável. Escrevíamos em papel de embrulho e as deixava numa confeitaria situada nas proximidades da Rádio Record, endereçadas ao radialista Vicente Leporacci. Este as apanhava e transmitia aos ouvintes, na integra, após alguns retoques gramaticais".

Dessa forma, o ideal emancipacionista crescia, penetrava nos lares adentro, difundia-se no comércio e conquistava a população. No dia 11 de janeiro fechou-se novamente o comércio. As forças se avolumavam. O povo aderia prazerosamente. A chama do entusiasmo acesa, cada vez mais viva. Todos trabalhavam sem repouso, animados pela certeza da vitória. E a vitória seria seguramente o galardão para o esforço tanto inteligente.

Concretizando a ideia lançada pelo doutor Reinaldo de Oliveira, os osasquenses se dirigiram para o Museu do Ipiranga na cidade de São Paulo. Foram em busca do "Fogo Sagrado da Liberdade". Organizou-se uma gigantesca carreata, com cerca de setenta veículos que ia crescendo e se avolumando em seu percurso. A empresa de transportes coletivos Viação São Jorge forneceu graciosamente seus ônibus, tinha carros de todos os tipos:

particulares, de aluguel e até caminhão vasculante. A carreata foi acompanhada por carros do antigo DOPS com finalidade preventiva.

Os osasquenses foram em busca do "Fogo Sagrado da Liberdade", desprovidos de bens materiais, porém imbuídos de idealismo e de amor pela causa "liberdade-amor pela terra-mãe" que viu nascer. Em 1962, era presidente do Brasil, o senhor João Belchior Marques Goulart.

***

Fatos pitorescos aconteceram para se ter a chama do Fogo Sagrado.

Mas o entusiasmo vibrante soluciona qualquer problema. Vejamos o senhor Aristides Collino que cedeu um bambu do Clube de Campo. Era a haste do facho, tocha. O doutor Walter Negrelli conseguiu um "cadinho" na empresa Soma e serviu como a pira. Chegando ao Museu do Ipiranga, ocorreram fatos pitorescos. A comitiva estava em grande número e barulhenta, próximo do Museu do Ipiranga na cidade de São Paulo.

O rumor alertou os guardas do museu que imediatamente opuseram-se a qualquer aproximação. Em meio à surpresa e à hesitação, um dos autonomistas, elemento ativo e proeminente no movimento, começou a cantar o Hino Nacional Brasileiro, e, enquanto cantavam, os guardas do museu se juntavam em continência militar. Foi então a oportunidade inesperada de que se valeram os autonomistas de Osasco. Aproveitando-se da imobilidade dos militares, o doutor Marques e o jornalista Nelson Soares de Freitas conseguiram aproximar-se da pira onde foi aceso o facho destinado a Osasco.

Outro fato curioso foi em relação à "mecha" dos autonomistas que se desprendeu da haste e caiu sobre o fogo dos paulistanos do Museu do Ipiranga, apagando a chama paulistana sendo preciso o auxílio de um fósforo, fornecido no momento. O fogo trazido para Osasco à uma hora da madrugada do dia 13 de janeiro de 1962, foi colocado no Largo da Estação de Osasco, onde ficou aceso até o dia da diplomação dos eleitos. Notícias foram publicadas no Jornal *O Diário de São Paulo*, eis o que se vê nesse número do jornal: "Enquanto a caravana dos autonomistas acendia a sua tocha, fato curioso se passou". Conseguiu ela fazer o que há mais de dez anos nenhum temporal, por mais forte que fosse o fizera antes apagar a chama votiva (ver livre o distrito, poder votar e eleger seus representantes) na Pira do altar da Pátria, no Museu do Ipiranga.

No comando do professor, educador, doutor Daniel Barbosa de Andrade, e presidida pela professora Daniela Yuri Barbosa de Andrade Cunha educam com Civismo e Cidadania formando com qualificação profissional adolecentes na faxa etária de 15 a 17 anos, que são encaminhados para o mercado de trabalho tanto nos órgãos públicos quanto nas empresas da

Fonte: www.camaraosasco.sp.gv.br
Formatura da 1ª turma

cidade de Osasco.

***

ACIO. Atual **Associação Comercial e Empresarial de Osasco,** foi fundada em 11 de junho de 1962.

Constituída de vinte e um componentes, trinta e cinco conselheiros;

presidente doutor Fuad Auada, vice-presidente Zacharias Kartaliam, 1º secretário Nichan Nergisian, 2º secretário doutor Hugo Crepaldi Filho, 1º tesoureiro senhor Luiz Matsuba, 2º tesoureiro senhor Arlindo Tonato e os diretores sem pasta; senhor João Macedo de Oliveira, José da Amaral Filho, Alexandre Portella, Wille Fischilim e Osvaldo Salles Nemer.

Reconhecida por meio do Decreto Municipal nº 2.846, de 25 de abril de 1973.

***

O Museu Municipal Dimitri Sensaud de Lavaud foi edificado em estilo flamenco, com melhor material existente na época: pinho de riga, mármore de Carrara e azulejos europeus. O antigo chalé já serviu de residência a nobres famílias osasquenses. Viu o 1º voo da América do Sul acontecer e viveu com fantasmas variados, que povoaram o imaginário de gerações.

Com o acervo criado pela Lei nº 401, de 28 de outubro de 1964, e denominado por meio do Decreto 3.800 de 25 de janeiro de 1977.

Fonte: Livro Osasco - Cidade Trabalho de Geraldo Francisco de Sales e Marlene Ordonez
Avenida dos Autonomistas, 4001
Patrimônio Histórico e Cultural de Osasco (Chalé Bríccola)

Hoje, 2009, abriga algumas peças raras da memória da cidade, como por exemplo: documentos, fotos de Antônio Agú, Dimitri, peças do avião *São Paulo*, documentos e peças da primeira farmácia, livros de receituários, vidros de remédios e balança de precisão, fotos da Vila Osasco, tijolos, telhas e tubos (manilha) da Cerâmica Industrial Osasco – Sensaud de Lavaud – Hervy, fotos das paredes de "mó da Cartiera", fotos da Cobrasma, Rilsan e obras de artes como a maquete de um segmento do monumento às bandeiras, do escultor Victor Brecheret.

Quem tem atualmente por volta de trinta anos com certeza deve se lembrar das histórias fantasmagóricas que se contavam nas rodas de amigos acerca de um casarão antigo, localizado na Avenida dos Autonomistas, próximo à Cimaf.

Uma delas dizia que no portão da construção existiam aparelhos que os senhores usavam para castigar seus escravos e que os espíritos deles rondavam o casarão. Por mais de uma vez, estudantes do Km 18 organizaram "expedições" para explorar o interior da construção, que sempre fracassavam depois de ficar diante dela. Só uma olhada nas ruínas do que fora uma casa de veraneio bastava para desencorajar os mais audazes.

Hoje, as histórias sobre fantasma perderam lugar para história real. No casarão antes "mal-assombrado", desde o dia 30 de junho de 1976, funciona o Museu Municipal de Osasco, que leva o nome de Dimitri Sensaud de Lavaud, em homenagem ao francês que escolheu Osasco para fazer suas experiências aeromotoras.

Construído em 1893 pelo banqueiro Giovanni Briccola com a participação de Antônio Agú, com o que havia de melhor em material de construção na época. O Chalé Bríccola foi declarado de utilidade pública em junho de 1974, quando uma comissão denominada "Pró-Museu" conseguiu por meio do Decreto municipal nº 3.088/1974. Presidida pelo professor Fernando Buonaduce e contando com a participação de várias personalidades osasquenses lutou para criar condições para que o imóvel fosse restaurado e que nele fosse instalado o museu municipal. Em 29 de junho de 1976, (durante primeira administração do prefeito Francisco Rossi) esse sonho se tornou realidade.

O museu funcionou até 1985, quando foi fechado para reforma, sendo reaberto para visitação em setembro de 1988. Nas dependências do antigo casarão, é possível conhecer um pouco da história de Osasco, desde quando a cidade não passava de um vilarejo paulistano. Através das fotos expostas, o visitante pode "viajar no tempo" e verificar como era a igreja matriz, a Rua Antônio Agú, a estação ferroviária, o coreto de madeira e a arborizada Rua Dona Primitiva Vianco nas primeiras décadas do século. A história da emancipação ocupa lugar de destaque, a começar pelo saguão de entrada, onde existem fotos dos emancipadores. Ainda no primeiro piso, o visitante encontra uma réplica da "pharmácia" de Pedro Fioretti. A parte superior abriga inúmeros escudos, parte do acervo da Associação Heráldica tenente Vasco Brasões D'armas.

Segundo informações colhidas junto aos funcionários do museu, a frequência durante a semana é essencialmente estudantil. No acervo público, os alunos procuram a solução para os trabalhos pedidos pelos professores, recebendo toda a atenção por meio de palestras e, se possível, projeção de slide. Em sua estrutura de ferro contém as iniciais GB, marca deixada no prédio pelo construtor do Chalé Bríccola.

1963 - O Time de Futebol OGE - Vera Cruz

A diretoria era composta por:
presidente Paulo Pinto, vice-presidente Eduardo Silva, secretário geral Milton Silva, 1º secretário José M. Queiros, 2º secretário Osvaldo Pires, tesoureiro Helio B. de Araújo; 2º tesoureiro Abílio Costa, diretor social; Silvio Silva, auxiliar Manoel Rodrigues em destaque o técnico do Grêmio Artur Fazio; Marcador Batistão, Muriel, João Leitão e Nenê.

Jogadores: Zé Felício Cabrita, Arlindo, Joãozinho, Sabará, Eduardo, Bastião (Bino), Ataíde, Hélio (Nenê), João Leitão e Murilo.

Fonte: Jornal A Vanguarda - Santina Dadato de Freitas

Fanfarra Tropa do 4º RI - Quartel de Quitaúna, na Estrada de Itu (Autonomistas)

Fonte: José Luiz Alves de Oliveira - Tropa do 4º RI

Escoteiros em desfiles de sete de setembro

Fonte: www.camaraosasco.sp.gv.br

Fonte: www.camaraosasco.sp.gv.br
OSASCO- 1º DESFILES DE SETE DE SETEMBRO APOS A EMANCIPAÇÃO

***

A Biblioteca Municipal Monteiro Lobato foi criada em 20 de setembro de 1963, por meio da Lei nº 162 pela Prefeitura do município de Osasco em convênio com o Governo do Estado de São Paulo e foi instalada em 1965. A construção do prédio atual foi por meio da Lei 3.295, de 28/12/1996.

A Biblioteca Monteiro Lobato abriga um grande acervo de livros de diversos tipos, fotos, recortes de jornais antigos e muitos documentários a

Foto: Laura Leal - Biblioteca Municipal
Avenida Marechal Rondon

respeito do município. A biblioteca mantém serviços de informações com dados e pesquisas sobre assuntos gerais. Funciona ainda no local uma biblioteca infantil com setor circulante. Uma hemeroteca, um blaller, setor infantojuvenil, sala de artes, pátio de eventos e sala de acervo – TSU.

A Escola de Artes César Antônio Salvi, no mesmo prédio da Biblioteca Monteiro Lobato, foi criada em 29 de junho de 2004, na Rua Tenente Avelar, e ministra cursos de desenho, pintura e vários outros oferecidos gratuitamente à população.

Na cidade de Osasco, existe, além da Biblioteca Municipal, a da Matriz do Bradesco, na cidade de Deus, que serve aos funcionários e estudantes, bem como as bibliotecas das faculdades ligadas a Fieo. A Biblioteca da Cadeia Pública atende aos detentos e funcionários.

***

O Sindicato dos Metalúrgicos

Em 1963, foi fundado o Primeiro Sindicato de Metalúrgicos de Osasco, agente na defesa dos profissionais da categoria metalúrgico.

Fonte: Site do Sindicato

O Movimento de 1964. A história revela que Osasco sofreu um duro golpe. Com a chegada da Revolução de 1964, os poderes osasquenses, tanto o Legislativo, quanto o Executivo, tiveram muitos de seus membros cassados em seus direitos políticos. Foram tempos cruéis, denúncias e cassações recíprocas que geraram mágoas, ressentimentos, mas felizmente foram superados com o passar do tempo.

Semelhante ao que ocorreu no restante do país, tanto com governantes do município, quanto no movimento operário, desencadeou-se uma verdadeira "caça às bruxas" Os políticos e dirigentes sindicais foram expulsos de seus postos e presos. Em 26 de maio de 1964, o regime militar interveio em Osasco e o prefeito Hirant Sanazar foi afastado.

Com a intervenção federal no município, houve frequentes suspensões dos trabalhos legislativos, circunstância que tumultuou consideravelmente a vida da Câmara Municipal naquele período.

A valsa da sucessão entre prefeito afastado, Hirant Sanazar e seu vice, Marino Pedro Nicoletti, durou três anos. Ora era Marino, ora era Hirant na direção da Prefeitura de Osasco.

Em fevereiro de 1966, tendo já encerrado o mandato de vereador na Câmara Municipal, Pedro Marino Nicoletti foi convidado a assumir o cargo de interventor. A partir daí, até a posse do novo prefeito eleito e da nova Legislatura de vereadores em 1º de Janeiro de 1967, Marino governou auxiliado por um conselho composto de representante dos clubes de serviços e entidades de classe.

Homens ilustres lutaram pela emancipação e participou também dessa nova cruzada o primeiro jornal osasquense *A Vanguarda*. Foi muito difícil promulgar a lei que elevou Osasco de distrito a município. Houve muitos entraves políticos, havia recusa do governo de São Paulo e Distrito Federal para a mudança de categoria. Esses homens ilustres osasquenses e muitos outros comporiam as primeiras Câmaras Eletivas.

A vida política do país era muito conturbada naqueles dias de 1964 e a frágil democracia vigente sofreu um duro impacto com o Golpe Militar de 1964. Partidos políticos, sindicatos e outras instituições foram fechados, vários dirigentes presos. A acusação dos golpistas era a corrupção e a subversão. Conforme relato do vereador da 1º Legislatura e líder estudantil na época, João Gilberto Port: "Ao ser constituída a Câmara de vereadores, e tratando de seus subsídios, os estudantes se movimentaram, lideraram a luta contra a fixação do subsídio. Os estudantes foram à porta da Câmara Municipal, onde houve até apedrejamento do prédio por parte dos jovens da época".

João Gilberto Port era o líder deles. "Com muitas acusações, porém, dissipadas durante o inquérito policial, que se realizou em Quitaúna", Hirant Sanazar conta que "na área estudantil, metalúrgica e bancária, houve quarenta e cinco prisões no município" e que, em fevereiro de 1966, a cidade sofreu intervenção federal, sendo que prefeito e vereadores foram presos e perderam seus mandatos.

O primeiro prefeito tinha como vice o engenheiro Marino Pedro Nicoletti e assim que assumiu o seu cargo para o qual foi eleito, passou a sofrer oposição ferrenha desse grupo que não conseguiu se eleger. Por causa dessa oposição, administrar, construir a nova cidade ficou muito difícil. "Disse também das muitas vezes em que o vice-prefeito, foi visto com militares no período que antecedeu o Movimento Revolucionário, levando "informações" a respeito da situação política da cidade". Foi quando eclodiu o movimento em 31 de março de 1964 e os militares já estavam ligados a esse grupo por intermédio da união do PL (Partido Libertador) e da UDN (União Democrática Nacional), partidos considerados antidemocráticos na ocasião.

Denúncias anônimas eram o suficiente para que um político fosse recolhido aos quartéis. Isso aconteceu por muitas vezes. "Denúncias eram falsas, sem fundamento e ninguém foi condenado", comentou o primeiro prefeito Hirant Sanazar. Segundo ele, "disseram que vereadores teriam recebidos propina para aprovar o projeto que entregaria ao Bradesco dos serviços telefônicos à antiga COTESPA, e o prefeito foi acusado de defender a entrega dos serviços telefônicos de Osasco a uma Empresa da Alemanha Oriental (antiga Alemanha Comunista) e a acusação dizia que o prefeito receberia da Alemanha Oriental alguma contribuição para isso".

Acreditavam ser corrupção, pois um grupo apoiava a entrega ao Bradesco, talvez por razões de simpatia para com o banco, que era novo na cidade de Osasco, e outros, como o prefeito entendiam que devia ser entregue "a quem apresentava a proposta mais convincente para a cidade e o inquérito policial, foi arquivado, por falta de provas". E aconteceu então a "vacância" do cargo de prefeito, que foi substituído pelo vice-prefeito Marino Pedro Nicoletti.

Este já havia disputado as primeiras eleições em outra chapa, pois naquela época os vices eram eleitos separadamente e o candidato que conseguisse maior número de votos ficava com a vaga.

Conforme o relato do então vereador Hugo Crepaldi Filho, "uma das coisas curiosas que deve ser destacada que ocorreu no município de Osasco, diferente do que ocorreu, ou pode ter ocorrido com outros municípios do Estado de São Paulo, foi o problema com relação à intervenção". Osasco foi um dos poucos municípios brasileiros que em razão da Revolução de 1964 teve o seu Poder Legislativo fechado, visto que o mandato do então prefeito terminava. Marcaram-se novas eleições, que, em razão do fechamento dos partidos políticos, não foi realizada. Assim, foi nomeado um interventor federal, Marino Pedro Nicoletti em 1966, e assim no o Governo Federal se fez representar o município de Osasco.

Naquela oportunidade, a mesma pessoa exercia as funções e atribuições do poder Executivo e Legislativo e, por esta razão, encontram-se ainda em vigência alguns decretos-leis que foram elaboradas pelo Poder Legislativo e sancionadas exclusivamente pelo Poder Executivo, na figura do interventor como "Eleições suspensas por motivo de fechamento dos partidos".

"Uma pessoa de grande valor naquela oportunidade foi Orlando Calasans, primeiro presidente da Câmara dos vereadores de Osasco, que soube, apesar de todas as dificuldades encontradas dando seguimento aos trabalhos do Poder Legislativo Municipal, disse Hugo Crepaldi Filho". Aconteceu um grande tumulto na eleição para a Presidência da Câmara de Osasco em fevereiro de 1964. A Câmara de Osasco passou a ser notícia no Jornal *Última Hora* de 26/2/1964. Num clima de intensidade, a Câmara do município de Osasco acha-se em sessão permanente durante quinze horas, pois vereadores oposicionistas ao prefeito Hirant Sanazar tentam eleger a nova mesa da câmara em sucessão ao vereador Otacílio Firmino Lopes que teve o seu mandato expirado. Todavia, essa escolha ainda não podia ser efetuada porque a maioria dos vereadores era oposição da antiga mesa e também ao prefeito Hirant Sanazar.

O número de vereadores que não permitiam a realização da sessão era pequeno, o que gerava clima de revolta entre a população osasquense. Tendo várias sessões sido suspensas pelos vereadores da minoria, o vereador

Otacílio Lopes resolveu exercer legalmente o seu antigo posto, e como era o mais idoso aproveitou da situação criada para sucessivamente suspender as sessões de hora em hora, um meio de impedir a reunião que vinha se repetindo há vinte e quatro horas.

A bancada de oposição ao prefeito Hirant Sanazar aconselhava os vereadores que permanecessem em vigília constante até a eleição da mesa sucessora. Por outro lado, vários "ardis" são utilizados pelos vereadores da maioria, pois, dependendo de mais um voto para obterem a maioria, tentam desesperados, amparados pelo chefe do executivo, recorrer ao suborno.

Em declaração à reportagem do Jornal *Última Hora*, alguns vereadores afirmaram que a atitude tomada pelos companheiros situacionistas seria a prova da inépcia do prefeito Hirant Sanazar, que necessitava de "pelegos" para realizar a administração ao seu gosto, diziam os contrários.

Os vereadores em maioria, que lutavam pelas mudanças da Presidência da Casa de Leis, Câmara Municipal, preparam manifestações que seria divulgado por emissora de rádio e televisão da capital, expondo os incidentes que vinham ocorrendo.

Os vereadores na época que faziam oposição ao prefeito eram: Aymoré de Melo Dias, Adevaldo José de Castro, Pedro Furlan, Anísio Nunes, João Catan, Vicente Florindo Neto, Marino Lopes, Moacir de Araújo Nunes, João Emílio Bornacina, Benedito Ventura, Orlando Calazans e João Gilberto Port.

Após violentas discussões e oito dias de sessões contínuas, a Câmara Municipal de Osasco encerrou os trabalhos para escolha da nova Mesa Diretora, que ficou constituída pelos vereadores: João Emílio Bornacina (presidente), Clóvis Assaf (1º secretário) e Cid Sérgio (2º secretário). Causou espanto aos presentes quando o vereador Emílio Bornacina, anteriormente da oposição, apontado como traidor por seus companheiros, aprovou o projeto que concedia permissão para a votação, projeto esse que obteve maioria de votos por um "Sim".

Foto: Laura Leal - Fórum
Avenida das Flores - Jardim das Flores, 703.

Fonte: Pedro Batista da Silva
(in memorian) - Flâmula

O Fórum de Osasco

Ficou constituído o Poder Judiciário do município em 03 de junho de 1966, Osasco tornou-se Comarca. No ano de 2009, é o diretor deste Poder, o doutor Samuel Karasin.

***

Os Bombeiros

Foi no dia 8 de julho de 1967, na presença de autoridades civis, militares e eclesiásticas que o novo Quartel do Corpo de Bombeiros de Osasco foi inaugurado, ato marcado por grande brilhantismo na época.

O destacamento do Corpo de Bombeiros da Região Oeste foi instalado em Osasco a 19 de fevereiro de 1964. Aos bombeiros cabe o combate ao fogo, socorro aos acidentados de trânsito, o auxilio em calamidades provocadas por enchentes, desmoronamentos e soterramentos. Eles também executam o corte e a poda de árvores em situação de risco, resgate de cadáveres e animais, captura de animais agressivos e silvestres, vistorias em edificações, palestras e prevenção de acidentes. A participação dos bombeiros é essencial para a defesa civil no nosso município.

***

Foto: Laura Leal
Avenida Franz Voigele - Vila Yara - Osasco

A Unifeo

O Centro Universitário Fundação Instituto de Ensino de Osasco é um centro universitário brasileiro, mantido pela Fundação Instituto de Ensino Para Osasco (FIEO), que foi instituída por escritura pública, em 26 de outubro de 1967.

***

II - LEGISLATURA
PERÍODO: 1º/01/1967 a 31/01/1970
- João Gilberto Port .... MDB
- Achoute Sanazar .... MDB
- José Carlos Próspero .... ARENA
- Primo Broseghini .... ARENA
- Benedito Ventura Nitão .... MDB
- Alcino dos Santos .... ARENA
- Alfredo Thomaz .... ARENA
- André Bogasian .... MDB
- Armando Moioli .... ARENA
- Clóvis Assaf .... ARENA
- Clóvis Carrilho de Freitas .... MDB
- Ilarino Juliano .... MDB
- João Catan .... ARENA
- José Santos Sasso.................... MDB
- Lucídio Vieira dos Santos .... MDB
- Maria Coluna da Conceição Baptista . ARENA
- Marino Cafundó de Moraes .... MDB
- Octacílio Firmino Lopes .... ARENA
- Orlando Antonio Lopes .... MDB
- Pedro Proscurcin .... MDB
- Reginaldo Valadão.................... MDB
- Renato Pacheco de Mattos .... MDB
- Saburo Matsubara .... MDB

Fonte: Jornal O Diário da Região

Guaçu Piteri (1967 a 1970/ 1977 a 1982)

Prefeito-Guaçu Piteri

Fonte: Vereador Jair Assaf

***

Os visitantes ilustres estiveram presentes em 1967. Osasco recebeu as visitas do governador do Estado de São Paulo, Franco Montoro, e do deputado Ulisses Guimarães, ladeados pelo vereador da Câmara Municipal de Osasco, senhor Jair Assaf, prefeito Guaçu Piteri, Jair Sanches e, no lado direito, o deputado Reginaldo Valadão.

Fonte: www.camaraosasco.sp.gv.br
Motoristas de lotação

***

Greve dos motoristas de lotação que ocorreu em Osasco por estarem eles insatisfeitos com mudanças que não supriam as necessidades dos trabalhadores da categoria, motoristas de lotação, os profissionais resolveram fazer protestos, paralisação, partindo para greve na cidade de Osasco.

Greve da Cobrasma iniciou movimento contra a ditadura

Um dos momentos mais importantes da história de Osasco foi a chamada Greve da Cobrasma, em julho de 1968. Em pleno regime militar, cerca de 12 mil trabalhadores de Osasco, impulsionados pelos operários da Cobrasma (os primeiros a cruzarem os braços) desafiaram o autoritarismo e paralisaram as atividades das principais empresas da cidade, dentre elas a Fósforo Granada, Cobrasma, Lonaflex, Barreto e Keller.

O movimento, que contou com a organização de sindicatos, estudantes e grupos contra a ditadura militar, entrou para a história do Brasil como exemplo da luta por melhores condições de trabalho e de resistência ao regime. E deu início a uma série de manifestações semelhantes, em todo o País, contra a ditadura.

Fonte: Jornal O Diário da Região

***

Greve na Cobrasma. Aconteceu na época de muitas reivindicações por direitos trabalhistas e, em 1968, imensas manifestações de protestos foram organizadas no país.

Depois do episódio da ocupação das fábricas e o desbaratamento do movimento estudantil em Ibiúna (reunião da UNE), no mês de outubro, o regime resolveu decretar o rigoroso Ato Inconstitucional nº 5 (AI-5), que implantou a "ditadura de forma absoluta no Brasil".

Fonte: Laura Leal - FITO
Rua das Camélias - Jardim das Flores

***

A FAC FITO (antigo ensino tecnológico de Osasco - ITO.) Dentro do município há muitos anos, oferece cursos de Administração, Ciências Contábeis, Economia e Comunicação Social.

São instalações amplas, com muitas salas e existe a possibilidade de abrigar a Universidade Federal de Osasco, que está sendo esperada para o ano de 2011.

Foto: Laura Leal - Indústria SACI
Avenida Vicente Melillo,176 em frente à Gráfica do Bradesco.

***

Em 1969, instalou-se a Indústria **SACI - Roupas**, e permaneceu por muitos anos em atividade, fechando as portas em 1994. O prédio passou a ser utilizado para depósito.

Fundado em 1969
2009 - Edição: 8339

Estamos no ano de 2009 e **a imprensa** permanece. O Jornal O *Diário da Região*, de propriedade do senhor Vrejhy Sanazar (irmão do 1º prefeito de Osasco), publica os acontecimentos referentes aos atos dos vereadores, prefeito e assuntos relacionados à cidade.

Capítulo IX

III - LEGISLATURA
PERÍODO: 1º/02/1970 a 31/01/1973

Clóvis Assaf	MDB
Reginaldo Valadão	MDB
João de Deus Pereira Filho	MDB
Maria Coluna da Conceição Baptista	ARENA
Orlando Antonio Lopes	MDB
Elias Acchiles de Miranda	ARENA
Achoute Sanazar	ARENA
Antonio José de Souza Faria	MDB
Antonio Márcio Lopes	ARENA
Edair Borborema	ARENA
Ilarino Juliano	MDB
João Catan	ARENA
José Antonio de Lima	ARENA
José Claudino Zequinha da Silva	MDB
José Ferreira Batista	MDB
José Santos Sasso	MDB
Primo Broseghini	ARENA

Fonte: Jornal O Diário da Região

Prefeito José Liberati

Teatro Expressão - Núcleo Independente - Osasco 1970
Na Rua da Estação
Fonte: Blog Guaçu Piteri

* * *

Nos anos de 1970, dois grandes atores assumiram papel relevante em toda a Região Oeste, despertando interesse no público jovem e revelando talentos de expressão nacional, os senhores Rubens Pignatari e Ricardo Dias, com o Núcleo Independente do Teatro Expressão, situado na Rua da Estação, em Osasco. Seus espetáculos alcançaram destaque estadual, com apresentações feitas em noventa e sete cidades, com várias peças como: *Muro de Arrimo*, *Morte e Vida Severina*, *O Santo e a Porca* e *Zumbi*.

Rua Virgínia Aurora Rodrigues, 413

***

A Ordem dos Emancipadores de Osasco foi criada em fevereiro de 1974 e busca congregar, desde 1962, quando da posse do 1º prefeito e vinte e três vereadores.

Os emancipadores - autonomistas - são as pessoas que deram a liberdade para Osasco e ficaram no esquecimento do poder público, não foram lembrados em nomenclaturas de logradouros públicos após a morte. Isto aconteceu até 1974, ano da criação da Ordem.

Por outro lado, a entidade foi criada para homenagear, na medida do possível, todos aqueles que constem da relação como autênticos autonomistas e que tenham provado que lutaram pela independência de Osasco.

A primeira diretoria da Ordem dos Emancipadores de Osasco foi constituída pelos seguintes autênticos emancipadores: doutor Reinaldo de Oliveira, presidente doutor Edmundo Campanha Burjato, vice-presidente senhor Dimas Tavares, 1º secretário Nelson Soares de Freitas, 2º secretário doutor Walter Negrelli, 1º tesoureiro senhor Ulisses Dantas Batiston, 2º tesoureiro Vogais: doutor José Marques Resende, senhor Mário Buratti, doutor Octacílio Firmino Lopes e senhor André Frederico Menck.

Já como vice-presidente, senhor Dimas Tavares, 1º secretário; senhor Nelson Soares de Freitas, 2º secretário doutor Walter Negrelli, 1º tesoureiro senhor Ulisses Dantas Battiston, 2º tesoureiro Vogais: doutor José Marques Resende, senhor Mário Buratti, doutor Octacílio Firmino Lopes e senhor André Frederico Menck, Marques Resende, senhor José de Moura Leite, senhora Maria Figueiredo Antiório, senhor nelson Soares de Freitas e esposa senhora Santina Dadato de Freitas, senhorita Nice Odália, senhor Manuel Fiorita e senhor Genésio de Quadros Ferreira Alves.

A Ordem dos Emancipadores de Osasco é apolítica, mas nem por isso deixa de estar atenta aos atos do prefeito e dos vereadores do município de Osasco.

Para lembrar que foram muitas as pessoas que se destacaram na luta pela autonomia de Osasco, famílias inteiras na luta pelo "SIM", mulheres corajosas que largavam seus afazeres domésticos, saíam às ruas e frequentavam as reuniões, destacam-se as famílias: Menck, Battiston, Negrelli, Fiorita, Antiório, Collino, Alcântara Von Puttkammer, Durigon, Suave, Warzeka, Odália, Carvalho Lima, Bujato, Coimbra, Pignatari, Pavão, Carvalho Melo, Werner, Nicoletti, Mouran, Souza Oliveira, Oliveira, Moraes Rocha, Marchetti, Zanardi e Batista, entre outras.

Hoje, esses nomes são lembrados pelo empenho com que se dedicaram ao movimento emancipacionista. Juntaram-se a eles outros que não ganharam notoriedade, mas que batalharam com bravura para ver Osasco emancipado e com vida própria.

Nossos agradecimentos, respeito e profunda gratidão a todos aqueles que lutaram pela independência da nossa cidade de Osasco.

Na Ordem dos Emancipadores, em 2009, está como presidente: José Geraldo Setter. Na anterior esteve Aristides Collino (Tidinho).

Sua diretoria é formada por:

1º vice-presidente: Albertino Souza Oliva.

2º vice-presidente: André Frederico Menck.

Secretários:

Hécio Carvalho Lima

Luiz Roberto Soares

Diretoria de Patrimônio e de Administração:

Antonio Pereira Lapas

Diretoria Cultural:

José Geraldo Tonato

Diretoria do Acervo:

José Luiz Capp

Presidentes Honorários:

Aristides Collino Júnior e Nice Odália.

Fonte: Laura Leal - Companhia Telefônica
Avenida dos Autonomistas

Fonte: Ordem dos Emancipadores de Osasco

* * *

Companhia de Telecomunicação, fundada em 1974. O serviço está a cargo da empresa Telefônica e conta com grande número de instalações na zona urbana, entre residenciais, públicos e não residenciais espalhados por toda a cidade, facilitando a comunicação entre as pessoas do local.

Fonte: Site Telesp

Fonte: Livro Osasco Cidade- Trabalho de Geraldo Francisco de Sales e Marlene Ordonez
Avenida dos Autonomistas - Vila Yara

* * *

O primeiro Shopping, inaugurado em 1975, fica no Parque Continental, na divisa de Osasco com São Paulo e é frequentado, em sua maioria, por osasquenses, que utilizam desde supermercado até cinema.

O prédio possui quatro pavimentos, duzentas e vinte lojas e atende às comunidades dos bairros das zonas Oeste e Sudoeste de São Paulo (Parque Continental, Butantã, Pinheiros, Lapa, Jaguaré, Parque dos Príncipes, City América, City Lapa, Granja Viana); Barueri (Tamboré, Alphaville e Aldeia da Serra); além da população de Osasco.

Possui estacionamento para mil, quatrocentos e quarenta e três veículos, para a maior comodidade de quem o frequenta.

É um centro comercial localizado na Região Oeste do município de São Paulo.

Fonte: www.camaraosasco.sp.gv.br-
Avenida dos Autonomistas, 2607

O prédio do Poder Executivo - janeiro 1977

Prédio que já abrigou as instalações da Prefeitura do município de Osasco, Fórum, está com a arquitetura alterada e hoje abriga as instalações da Câmara Municipal, o legislativo osasquence, desde 1977.

Foto: Walter Ramos
Antes prédio do ITO - Instituto Tecnológico
de Osasco, depois Sede da Prefeitura de Osasco.
Avenida Bussocaba, 300

Foto: Laura Leal - Prédio da PMO
Avenida Bussocaba, 300

* * *

O antigo prédio do ITO, com algumas modificações, abriga desde 1977 a sede da Prefeitura do município e em seus muitos departamentos administrativos neles tratados tudo o que abrange a competência da Prefeitura da cidade de Osasco.

PERÍODO: 1973 A 1977

Prefeito - Francisco Rossi

Prefeito - Guaçu Piteri

IV - LEGISLATURA

Armando Moioli	ARENA
Jorge Yoshida	MDB
Reginaldo Valadão	MDB
Maria Coluna da Conceição Baptista	MDB
Orlando Antonio Lopes	MDB
João de Deus Pereira Filho	MDB
Antonio Gomes de Souza	ARENA
Antonio José de Souza Faria	MDB
Antonio Márcio Lopes	MDB
Arthur Sergio Gastão Castelani	ARENA
Clóvis Assaf	MDB
Edmundo Amaral	ARENA
José Antonio Couzo Arévalo	ARENA
José Antonio de Lima	ARENA
José Santos Sasso	MDB
Primo Broseghini	ARENA
Vrejhi Mardiros Sanazar	ARENA

Fonte: Jornal O Diário da Região

V - LEGISLATURA

PERÍODO: 1º/02/1977 a 31/01/1983

José Claudino Zequinha da Silva	MDB
Levy Tesdeschi	MDB
Jair Assaf	MDB
Maria Coluna da Conceição Baptista	MDB
Tsuyoshi Sergio Yamato	ARENA
Samuel Mendes Sanches	ARENA
Alfredo Thomaz	MDB
Antonio José de Souza Faria	MDB
Antonio Márcio Lopes	MDB
Armando Moioli	ARENA
Augusto José Portella	MDB
Gilberto Camargo	ARENA
Jair Sanches	MDB
Jesus Rodrigues Domingues Neto	ARENA
João Costa Filho	ARENA
José Antonio de Lima	ARENA
Primo Broseghini	ARENA
Sebastião Bognar	ARENA
Silas Bortolosso	ARENA

Fonte: Jornal O Diário da Região

* * *

A desaceleração industrial aconteceu a partir dos anos 1980, as indústrias foram deixando os grandes centros urbanos, gerado por um conjunto de razões destacando-se os elevados impostos urbanos, dificuldade na circulação de pessoas, matérias-primas e mercadorias, redução de tributos cobrados por outros municípios. Isso também afetou Osasco, que se fez conhecida como "Cidade Trabalho" devido a muitas indústrias nela instaladas.

Durante várias décadas, a atividade industrial foi a que mais empregou na cidade. Porém, com a saída das grandes empresas como a Cobrasma, Eternit e Moinho Santista, a cidade começou a ganhar uma nova feição: houve redução na área industrial, por outro lado foram ampliados os setores terciários, isto é, do comércio e dos serviços que ganharam vida. No lugar de duas grandes indústrias instalaram-se dois hipermercados.

Mudanças com impacto negativo na economia da cidade. A desaceleração provocou a diminuição na arrecadação dos tributos e foi preciso adotar o sistema de parcerias com empresas privadas, possibilitando construção de unidades de atendimento ao público e a geração de novos postos de trabalho.

* * *

A Rádio Difusora Oeste foi o primeiro serviço de rádio da cidade de Osasco. Antes era um serviço por autofalante chamado Rádio Voz Cristal e funcionava no primeiro andar do prédio do Cine Glamour, na Rua João Batista. Nessa rádio, apresentavam-se os artistas locais e das cidades vizinhas e também qualquer pessoa que desejava se manifestar publicamente.

A cidade de Osasco já possuiu outras imprensas faladas (rádio), contudo somente a *Rádio Difusora Oeste* permaneceu; está aparelhada por tecnologia e consegue atingir milhões de pessoas com suas ondas curtas e médias levando informação e entretenimento.

* * *

Fonte: www.camaraosasco.sp.gv.br
Primo Broseghini

Primo Broseghini exerceu o cargo de **prefeito de Osasco**, fato ocorrido no ano de 1982 com a desincompatibilização do cargo de prefeito, ocupado pelo doutor Guaçu Dinaer Piteri, que se candidatou para o cargo de deputado na Assembleia e o vice-presidente da Câmara também, quando isso acontece é de direito o presidente da Câmara assumir a Prefeitura e assim foi feito.

Na história política de Osasco, foi o único acontecimento onde assumiu como prefeito o então vereador e presidente da Câmara Municipal, isso aconteceu com o senhor Primo Broseghini, que como prefeito governou de 1982 a 1983.

Fonte: www.camaraosasco.sp.gv.b

Capítulo X

VI - LEGISLATURA
PERÍODO: 1º/02/1983 a 31/12/1988
Achoute Sanazar .... PTB
Francisco Carlos Motta .... PDS
Luiz Carlos Camarotto .... PMDB
Jesus Rodrigues Domingues Neto .... PDS
Enilson Lopes de Oliveira .... PMDB
Fenelon Guedes Pereira .... PMDB
Ananias Kir Biyikian Neto .... PMDB
Antonio Carlos Tonca Falseti ... PMDB
Antonio Márcio Lopes .... PTB
Antonio Moraes Filho .... PTB
Eurípedes Brandão .... PMDB
Hugo Crepaldi Filho .... PDS
Faisal Cury .... PDS
João Paulo Cunha .... PT
José David Binsztajn .... PMDB
José Fortunato Sirol .... PTB
Josué Lucianelli .... PTB
Rosa Lopes Martins..................... PT
Samuel Mendes Sanches............. PDS

Fonte: Jornal O Diário da Região

Prefeito-Humberto Parro

As comunidades

Circolo Italiano de Osasco

Fundação em 25 de outubro de 1987.

Presidente: Mariela Prassede Palamidese.
Vice-presidente: Pietro Mignazzedeti.
1ª conselheira-secretária: Neuza Maria Fiorita.
2ª conselheira-secretária: Antonia Nannucci Salcedo.
1º conselheiro-tesoureiro: Artur Carlos Chizzolini.
2º conselheiro-tesoureiro: José Walter Leite
Conselheiro patrimonial: Ernesto Dorigon.
Cofundadora: Dra. Agnes Agú Cassavia.
Osasco, novembro de 2009.
Fonte: Mariela Prassede

A Lei nº 2.254/90 instituiu o "Dia da Comunidade Italiana" no Calendário do município de Osasco, a ser comemorado anualmente no dia 2 de junho.

Comunidade Armênia de Osasco

Diretoria Executiva - Biênio 2008/2009
Diretor Nato Perpétuo: Arcipreste Boghos Baronian.
Presidente: Roberto Hovnan Nerguisian.
Vice-presidente: David Tavitian.
1º secretário: David Tavitian
2º secretário: Setrak Khachikian
1º tesoureiro: Stepannos Khachikian
2º tesoureiro: Vinicius Kamalakian
Director Social: Hagop Koulkdjian Neto, Charles John e Artur Megueditchian.
Diretor Patrimonial: Ubiratan Djivan Khatchikian e Minas Alti Barmakian.
Diretor Jurídico: Missak Khachikian.
Diretor Relações Públicas: Ari Geudjenian.
Diretor Acervo: Jorge Kevork Kamalakiam e Bogos Tavitian Neto
Diretor Cultural: Denis Tchobnian Cardoso.

Diretor de Esportes: Ronaldo Vasilian.

Diretor Sem Pasta: Mário Manuchakian, Manoel Manug Koulkgjian e Marcos Gabriel Atchabahian.

Conselho Deliberativo
Presidente: Ari Geudjenian.
Vice-presidente: Manoel Manug Koulkdjian.

Conselheiros Natos: Roberto Hovnan Nerguisian, Antranig Manuchakian, Ari Geudjenian, Arthur Boiadjian, David Tavitian, Minas Alti Barmakian, Roberto Bochoglonian, Sarkis Kirejian e Setrak Khachikian.

Conselheiros: Agopig Alterbarmakian, Daniel Tarpinian, Gerson Assadour, Eduardo Seferian, João Bedoian, Manoel Manug Koulkdjian, Neto, Stepannos Khachikian, Fernando O. Koulkdjian, Antranik Gudjenian, Rui Tadeu Sanazar, Douglas Vasilian, Jean Paul Cutrona, Paulo Tarpinian, Pedro Avenis Seferian, Eran Manuchakian, Pedro Manuchakian, Pedro Vasilian, Mario Manuchakian, Roberto Barsomian e Carlos Alberto Khatchikian.

Suplentes: Juliana M. Nerguisian, Arthur Meguerditchian, Dante Batiston Seferian e Adriano Gudjenian.

Conselho Fiscal: Roberto Bochoglonian, Carlos Alberto Khachikian e Arthur Meguerditchian.

Fonte: Site da Comunidade Armênia

Comunidade Japonesa de Osasco

A Comunidade Japonesa também é significativa na cidade de Osasco. Por exemplo, a representação da comunidade Associação Cultural e Esportiva Nipo-Brasileira de Osasco (ACENBO), fundada em 1952, tendo como presidente o senhor Sussumu Araki e vice-presidente a senhora Lídia Keiko Ogasawara Shimizu. Com cerca de quinhentas famílias, há um intercâmbio permanente entre Osasco e a cidade de Tsu, no Japão considerada sua cidade-irmã no âmbito cultural e esportivo. A entidade existe há cinquenta e dois anos, oferecendo a prática de esportes, como: atletismo, beisebol, tênis de mesa, badminton, pesca esportiva, karaokê; além de atividades de caráter utilitário e cultural, como cursos de culinária e dança, entre outros.

Osasco, novembro de 2009.

Lei nº 1.777/84 instituiu a "Semana Nordestina" no Calendário do município de Osasco, a ser comemorado anualmente em outubro.

Lei nº 2.613/92 instituiu o "Dia de Portugal" no Calendário Turístico do município de Osasco, a ser comemorado anualmente em 10 de junho.

VII - LEGISLATURA
PERÍODO: 1º/01/1989 a 31/12/1992
Dr. Celso Antonio Giglio .... PTB
Mário Tenório Cavalcante .... PDC
Catharino de Lima Barros .... PTB
Francisco Carlos Motta .... PRN
Sadamitu Comosako .... PDC
José Santos Sasso..................... PMDB
Altino Rossi de Almeida .... PTB
Antonio Cláudio Flores Piteri .. PMDB
Dr. Carlos José Gaspar............... PTB
Dr. Dionisio Alvarez Mateos Fº .... PDS
Emidio Pereira de Souza............. PT
Giro Inoguti................................. PTB
Henos Amorina .... PT
Jair Assaf.................................... PTB
Ludval dos Santos Oliveira .... PDT
Marcos Lopes Martins .... PT
Maria Coiuna da Conceição Baptista . PTB
Maria Salete Ramos da Silva .... PSB
Mário Luiz Guide .... PSB
Noel Ferreira Borges .... PTB
Reginaldo Oliveira de Almeida .... PT

Francisco Rossi (1973 a 1977 e 1989 a 1992)

Fonte: Jornal o Diário da Região

Prefeito: Francisco Rossi

Associação Cristã de Moços - Osasco

A Associação Cristã de Moços - ACM - de Osasco é uma instituição filantrópica criada em 1844 na Inglaterra, que tem no esporte um dos maiores recursos para o desenvolvimento cognitivo, educacional, social, cultural e espiritual. Com valores cristãos, desenvolve trabalho comunitário para a população em situação de baixa renda para insentivá-la e integrá-la à sociedade. O trabalho é voltado para crianças, adolescentes, adultos e idosos.

O Centro de Desenvolvimento Comunitário da Unidade de Osasco (CDC-Osasco) foi inaugurado em 1986 com uma pequena creche. Em 4 de agosto de 1989, ampliou os programas para atendimento comunitário. O atendimento abrange cerca de três mil pessoas por ano.

A Associação Cristã de Moços da cidade de Osasco fica próximo ao Forum na Avenida das Flores, Bairro Jardim das Flores, e tem como diretor-presidente o senhor Sérgio Sidnei Mar   n-grandecido a instituição.

Foto? Ricardo Silvia - Treinamento na ACM
Associação Cristã de Moços - Osasco

Capítulo XI

VIII - LEGISLATURA
PERÍODO: 1º/01/1993 a 31/12/1996
José Santos Sasso .... PMDB
José Barbosa Coelho .... PTB
Dr. Dionisio Alvarez Mateos Filho .. PDS
Marcos Lopes Martins .... PT
Antonio Cesar de Oliveira Braga .. PTB
Mário Tenório Cavalcante .... PDC
Carlos Roberto Salge .... PSC
Altino Rossi de Almeida .... PTB
Antonio Aparecido Toniolo .... PDC
Antonio Cláudio Flores Piteri ... PMDB
Armando Martins Cordeiro Junior ... PTB
Dr. Carlos José Gaspar .... PTB
Emidio Pereira de Souza .... PT
Dr. Faisal Cury .... PFL
Giro Inoguti .... PTB
Henos Amorina .... PT
Jair Assaf .... PTB
Manoel Edvan Cerqueira .... PMDB
Maria Coluna da Conceição Baptista .. PTB
Reginaldo Oliveira de Almeida ..... PT
Willians Rafael da Silva .... PMDB

Fonte: Jornal O Diário da Região

Prefeito-Celso Giglio

* * *

O **Teatro Municipal de Osasco** foi instalado no dia 7 de setembro de 1996. De iniciativa cultural, com grandes espetáculos e participação de muitos artistas importantes, o teatro vem sendo a atração e a diversão para o povo osasquense. Com capacidade próxima a quinhentos espectadores. No ano de 2009, tem como diretor o ator Ricardo Dias, um grande e reconhecido artista da cidade de Osasco, que vem conduzindo brilhantemente o teatro.

Foto: Laura Leal
Avenida dos Autonomistas

A Ordem dos Advogados do Brasil 56ª Subseção – Osasco – **OAB.** Fundado em 21/11/1997, na Avenida das Flores, 707 – Jardim das Flores, tem como presidente o doutor José Paschoal Filho.

Fonte: Laura Leal - Ordem dos Advogados

Vereadores

IX - LEGISLATURA
PERÍODO: 1°/01/1997 a 31/12/2000

Antonio Cláudio Flores Piteri ..... PMDB
Dr. Dionisio Alvarez Mateos Filho .... PTB
Dr. José Amando Mota .... PFL
Marcos Lopes Martins .... PT
Prof° Paulo Sartori .... PTB
Romeu Marchionno .... PRONA
Mário Tenório Cavalcante .... PDT
Dr. André Sacco Junior .... PTB
Antonio Aparecido Toniolo .... PTB
Bernardino do Couto Alves .... PMDB
Délbio Camargo Teruel .... PDT
Emidio Pereira de Souza .... PT
Dr. Faisal Cury .... PRONA
Fumio Miazaki .... PSDC
Giro Inoguti .... PTB
José Barbosa Coelho .... PTB
Manoel Edvan Cerqueira .... PMDB
Mário Luiz Guide .... PSB
Reginaldo Oliveira de Almeida .... PSDB
Sônia Maria Rainho Gonçalves ...... PT
Willians Rafael da Silva .... PTB

Fonte: Jornal O Diário da Região

Prefeito-Silas Bortoloso

* * *

A Universidade Uniban - *Campus* Osasco foi fundado em 21 de fevereiro de 2000.

A Faculdade Bandeirante ministra vários cursos e dentre eles o curso de enfermagem.

Atual UNIBAN   Foto: Laura Leal - 2009
Avenida dos Autonomistas

Capítulo XII

X - LEGISLATURA
PERÍODO: 1º/01/2001 a 31/12/2004
Délbio Teruel .... PL
Antônio Aparecido Toniolo .... PTB
Dr. José Amando Mota .... PFL
Antônio Cláudio Flores Piteri .... PMDB
Manoel Edvan Cerqueira .... PFL
Jair Assaf .... PTB
Terezinha Bonezi Gaspar .... PPS
Aluísio da Silva Pinheiro .... PT
Antônio Aguimarães de Caldas ..... PT
Carlos Aparício Clemente .... PSB
Fumio Miazaki .... PSDC
Gilmar Romano .... PTB
José Barbosa Coelho .... PTB
Luiz Clóvis Medeiros .... PV
Marcos Arruda .... PSDC
Marcos Lopes Martins .... PT
Maria José Favarão .... PT
Mário Luiz Guide .... PSB
Reginaldo Oliveira de Almeida .. PSDB
Roberto Trapp de Castro .... PT
Rubens Bastos do Nascimento ...... PT

Fonte: Jornal O Diário da Região

Prefeito - Emidio de Souza

Prefeito-Celso Giglio

XI - LEGISLATURA
PERÍODO: 1º/01/2005 a 31/12/2008
José Barbosa Coelho .... PTB
Marcos Lopes Martins .... PT
Dionizia José Gomes Luvizotto,
Missionária .... Sem Partido
Fábio Yamato .... PSDB
Gilmar Romano, Pastor .... PRB
Nelson Matias da Silva .... PT
Aluísio da Silva Pinheiro .... PT
André Sacco Júnior, Dr. .... PRP
Antônio Aguimarães de Caldas .... PT
Antônio Aparecido Toniolo .... PSDB
Antônio Cláudio Flores Piteri .. PSDB
Carlos José Gaspar, Dr. .... PTN
Fumio Miazaki .... PSDC
Jair Assaf .... PSDB
José Amando Mota, Dr. .... PPS
Luiz Clóvis Medeiros .... PTB
Mário Luiz Guide .... PSB
Osvaldo Verginio da Silva .... PSDC
Reginaldo Oliveira de Almeida .. PTN
Sebastião Bognar .... PT do B
Sônia Maria Rainho Gonçalves .... PT

Fonte: Jornal O Diário da Região

XII - LEGISLATURA
PERÍODO: 1°/01/2009 a 31/12/2012

Osvaldo Verginio da Silva .... PR
Aluisio da Silva Pinheiro .... PT
João Gois Neto .... PT
Antônio Aparecido Toniolo .... PRP
Fábio Yuiti Yamato .... PSDC
Luiz Clóvis Medeiros .... PTB
Fumio Miazaki .... PRP
Ana Paula Rossi de Almeida Magdesian . PMDB
André Sacco Júnior, Dr .... PSDB
Antônio Pedro da Silva .... PHS
Carlos José Gaspar, Dr. .... PT do B
Cláudio Henrique da Silva .... PV
Eduardo Pereira Martins .... PSB
Jair Assaf .... PSDB
Josias Nascimento de Jesus .... PP
Mário Luiz Guide, Prof° .... PSB
Rogério Lins Wanderley .... PR
Rubens Bastos do Nascimento ...... PT
Sebastião Bognar .... PSDB
Valdomiro Ventura da Silva .... PSL
Valmir Prascidelli .... PT

Fonte: Jornal O Diário da Região

Prefeito - Emidio de Souza

Câmara Municipal de Osasco
Estado de São Paulo
XII Legislatura: 1°/01/2009 a 31/12/2012

Aluisio da Silva Pinheiro - PT
Ana Paula Rossi de Almeida Magdesian - PMDB
André Sacco Júnior - PSDB
Antônio Aparecido Toniolo - PRP
Antônio Pedro da Silva - PHS
Carlos José Gaspar - PT do B
Cláudio Henrique da Silva - PV

Eduardo Pereira Martins - PSB
Fábio Yuiti Yamato - PSDC
Fumio Miazaki - PRP
Jair Assaf - PSDB
João Gois Neto - PT
Josias Nascimento de Jesus - PP
Luiz Clóvis Medeiros - PTB

Mário Luiz Guide - PSB
Osvaldo Verginio da Silva - PR
Rogério Lins Wanderley - PR
Rubens Bastos do Nascimento - PT
Sebastião Bognar - PSDB
Valdomiro Ventura da Silva - PSL
Valmir Prascidelli - PT

Fonte: www.camaraosasco.sp.gv.br

Foto: Laura Leal   CMO-2009
Fonte: www.camaraosasco.sp.gv.br

Presidente da XII Legislatura
Sr. Osvaldo Vergínio da Silva

Foto: Maurício Viel

Foto: Laura Leal

Estação Osasco - Fundada em 1895 - por Antônio Agú

* * *

Entre os mais rápidos **meios de transportes** está o trem CPTM – Companhia de Trens Metropolitanos de São Paulo, que faz a comunicação com: Itapevi, Osasco (até Julio Prestes), com baldeação para o Metrô na Barra Funda e a Linha Osasco Jurubatuba - Santo Amaro. Osasco - Barra Funda e Júlio Prestes. Companhia de Trens Metropolitanos liga Osasco a São Paulo, bem como outras cidades, como Carapicuíba, Barueri, Jandira, São Roque, etc.

Fonte: Laura Leal - Osasco 2009

Foto: Laura Leal - 2009
Rua Erasmo Braga

* * *

A **Estação Rodoviária Alfredo Thomaz** foi inaugurada em 13 de junho de 2006 e pode dar mais comodidade à população osasquense. Através dela partem ônibus para as regiões mais distantes como o Litoral-Santos e fica ao lado da Estrada de Ferro Sorocabana, facilitando o embarque.

Foto: Laura Leal - Terminal Largo de Osasco

* * *

O **terminal Largo de Osasco** é uma fusão do sistema viário e se deu a partir da década de 1950, partindo do núcleo central junto à estação ferroviária, de onde saem artérias locais, as Ruas Antônio Agú, Dona Primitiva Vianco, João Batista e a Rua da Estação, as quais rumam em direção leste-oeste, fazendo ligação com São Paulo (Leste) e Carapicuíba (Oeste). Devido a características de sítio natural, constituído de colinas e várzeas, esse sistema viário principal evitou, em um primeiro momento, as várzeas, preferindo os espigões.

Deste modo, a expansão urbana ocorreu pela ocupação de meias encostas, através do concomitante parcelamento do solo. A porção sul apresenta-se mais consolidada, mais recente devido à dupla barreira: a Ferrovia Estrada de Ferro Sorocabana e o limite do Rio Tietê, que impediram igual expansão do sistema viário.

Essas características comprometeram a capacidadeoperacional do sistema, sobretudo na interligação da área central com a porção norte. A comunicação mais adequada entre essas duas áreas deu-se, efetivamente, a partir dos anos de 1980, com a construção do Viaduto Presidente Tancredo de Almeida Neves, ligando os bairros Km 18 ao sul e Jardim Piratininga ao norte. O Viaduto Ignêz Collino sobre a Estrada de Ferro Sorocabana ligando o centro ao bairro Presidente Altino. Em 1998, foi inaugurada a última parte do Complexo Viário Maria Campos, que interliga o centro de Osasco com o bairro Rochdale e também a Rodovia Castelo Branco.

Foto: Laura Leal -2009 - Terminal Amador Aguiar - Vila Yara

* * *

O Terminal Amador Aguiar na Vila Yara foi fundado em 1986, homenagem ao diretor-presidente das Organizações Bradesco, e é um Complexo Viário de onde saem ônibus para todos os bairros da cidadee também para São Paulo capital. Local com vários estabelecimentos que facilitam a vida dos usuários do terminal.

*Fonte: Rodovias
Rodovias de acesso a Osasco*

Rodovia Castelo Branco

SP - 280 – Denominada BR-374
É a principal ligação entre a Região Metropolitana de São Paulo e o Oeste Paulista, iniciando-se no acesso as Marginais: Tietê e Pinheiros em São Paulo e com término no entroncamento com SP- 225, em Santa Cruz do Rio Pardo.

Rodoanel

Rodovia Mário Covas – Rodoanel Metropolitano de São Paulo é a obra do governo do Estado, na cidade de São Paulo. É sem dúvida, alternativa inteligente e oportuna para que se possa ordenar o crescimento e promover a integração da região metropolitana.

Fonte: Rodovias

Rodovia Raposo Tavares

Recebeu a denominação em 1954, em homenagem ao desbravador, o bandeirante Antônio Raposo Tavares.
Antes era conhecida por Rodovia São Paulo - Paraná.

Fonte: Rodovias

Rodovia Anhanguera

A Via Anhanguera (que significa "diabo velho" na língua tupi), a rodovia estadual mais longa do país, com quatrocentos e cinquenta quilômetros de extensão, começou a ser idealizada em meados do século XX, devido ao movimento expansionista rumo ao interior do Estado de São Paulo. No começo do século XVIII, um caminho regular já ligava a Vila São Paulo de Piratininga aos sertões de Jundiaí.

Fonte: Prefeitura do Município de Osasco

* * *

IOMO – Imprensa Oficial do município de Osasco é utilizada para divulgar os serviços como: portarias de servidores, leis, decretos, atos do prefeito e do presidente da Câmara Municipal.

Foto: Laura Leal - 2009
Praça Antônio Menck - Largo de Osasco

* * *

Depoimento de antigos moradores mostra que a área do Largo da Estação Osasco foi cedida pelo fundador Antônio Agú.

Nele está localizada a primeira praça de Osasco, que antes era de terra batida e recebeu o calçamento com paralelepípedos pela prefeitura do município de São Paulo.

O local era conhecido como Praça João Pessoa e fala-se também que ali existia um bebedouro para cavalos, feito em ferro fundido, onde a meninada se banhava nos dias de calor.

Na Praça João Pessoa, a juventude da época se reuniam, na Padaria do Portela conhecida como "Senadinho", onde nasceu o movimento que quatorze anos depois transformaria o distrito em município de Osasco. As pessoas que se reuniam nesse local eram idealista, entusiastas, com o ideal de emancipação, a autonomia. Esse movimento se transformou na Sociedade Amigos de Osasco (SADO), da qual Antônio Menck fazia parte.

A Praça Antônio Menck é homenagem ilustre ao morador de Osasco de descendência alemã que veio da cidade de Tatuí, interior do Estado de São Paulo, em 1919. Sua principal atividade era compra e venda de suínos. Em sociedade com Abilio Barros, foi fundada a Menck Barros e Companhia Ltda. No princípio, ele, Antônio Menck, foi contrário à emancipação, mas mudou de ideia e passou a ajudar os demais emancipadores. Faleceu em 1968.

A cultura em Osasco

Artes Plásticas: Gladys Ommetto, Joel de Godoy, Hoffmann Merli, Mércia Fasanaro, Poliana, Waldomiro de Deus e outros.

Atores: Dario Bendas, Gilberto Giannasis, Ricardo Dias, Rubens Pignatari, Samuel Batista, Toninho Rodrigues e outros.

Cantores: Luis Massa (Mestre - Lula; Luis Antonio de Carvalho), Ailton Miranda e outros.

Cantoras: Isa Ferreira, Mercedes Souza, Miriam Romom, Paixão de Jesus e outras.

Escritoras: Ana Lúcia Rocha Negrelli, Maria do Carmo Cunha Pires Okada, Maria Inês Zampolim Coelho, Neyde Collino de Oliveira, Risomar Fasanaro, Vera Lúcia Godoy e outras.

Grupo Musical: Teatro Mágico e outros.

Escritor: Hugo A. Cuéllar Urizar e outros.

Grupo de Dança: Academia Panteras e outros.

Ballet: Felipe Camaroto, Greice Kerche e outros.

Musicista: Melayne Gonçalves

Fonte: Risomar Fasanaro

Foto: Laura Leal - 2009
Avenida dos Autonomistas

* * *

Avenida dos Autonomistas: a mais antiga e importante avenida da cidade faz alusão aos que lutaram pela emancipação de Osasco entre 1953 e 1962.

Na lei que instituiu o nome à avenida traz como justificativa a homenageam não só os que lutaram e se distinguiram pelo trabalho, mas também aos emancipadores, autonomistas anônimos que deram sua colaboração direta ou indiretamente. A mesma avenida foi conhecida inicialmente como Estrada Pinheiros-Osasco, depois como Estrada de Itu, sendo todo o leito carroçável de terra batida naquela época (sem asfalto).

Consta que passava por ali todo tipo de mercadoria (sal, açúcar, farinha, etc.) e tudo tinha que ser identificado, pois antes de chegar a Osasco, existia uma barreira de fiscalização na Avenida Vital Brasil na cidade de São Paulo, sendo obrigatória a apresentação da nota fiscal correspondente para serem liberadas as mercadorias.

O transporte coletivo também era feito por essa via. Para servir a população que demandava à capital, havia como transporte coletivo uma paupérrima linha de ônibus, as famosas "jardineiras" de Emilio Guerra, o único transporte em vias de terra, única opção naquela época.

Foto: Laura Leal - 2009 - Viaduto Metálico

* * *

O **Viaduto Metálico** na Praça D'alle Coutinho (antigo "Cebolão") foi Inaugurado em 1991, através da Lei Municipal nº 2.520.

Próximo ao local escolhido pelo fundador de Osasco, o italiano Antônio Agú que construiu sua bela vivenda de tijolos à vista, o local da casa é hoje, 2009, o Unibanco na Avenida dos Autonomistas.

Viaduto Metálico leva o nome de um dos primeiros dentistas da Vila Osasco.

Doutor Reinaldo de Oliveira foi três vezes presidente da tradicional Associação Atlética Floresta e idealizador da Sociedade Amigos do Distrito de Osasco. Como o 1º presidente do Movimento dos Autonomistas visava à emancipação para Osasco. Recebeu o título de Patriarca da Emancipação e faleceu em 22 de setembro de 1991.

O Viaduto Metálico doutor Reinaldo de Oliveira é o cartão-postal da cidade.

Foto: Wlisses Barbosa - Fonte: Jornal Correio Paulista

* * *

Em novembro de 2009, Osasco recebeu a **visita ilustre** do senhor governador José Serra, que em companhia do prefeito doutor Emidio de Souza inaugurou o novo 14º Batalhão BPM - Polícia Militar no município de Osasco.

A Bandeira Osasquense

Art. 4º - Fica igualmente instituída a Bandeira do município de Osasco, em cumprimento à Lei Municipal nº 643 de 16 de junho de 1967.

Parágrafo único - Bandeira do município de Osasco, de autoria do heraldista Arcino de Peixoto Faria, assim se descreve heraldicamente, conforme "justificativa e simbolismo" "anexo " a presente Lei:

"Esquartelada em cruz, sendo os quartéis da tralhas verdes e os da ponta vermelhos, separados ao centro por uma faixa larga branca, carregada em abismo ao Brasão Municipal, de onde partem as faixas laterais estreitas dividindo os quartéis".

Art. 5º - O uso da bandeira, ora instituído, obedecerá às disposições da Lei Municipal nº 643, de 16 de junho de 1967.

Fonte: www.camaraosasco.sp.gv.br

* * *

Brasão de Armas, autoria e significado. O Brasão é de autoria do professor Wallace de Oliveira Guirelli. A coroa do brasão é de autoria do professor Alcyr Porciúncula. O Brasão de Armas é usado em documentos do nosso município.

As cores e os elementos que formam o Brasão de Armas têm significados:
- a cor verde significa fé e esperança;
- as torres da Coroa de prata representam cidades;
- as janelinhas em cruz, nas torres da coroa, representam o "Primeiro Movimento Cooperativista" da cidade de São Paulo: a "Cooperativa dos Vidreiros" de Osasco;
- o archote no centro do Brasão representa a luta do "Movimento de Emancipador";
- as asas abertas representam o primeiro voo da América do Sul, acontecido em Osasco;
- a letra "T", colocada em cada canto do escudo, é o símbolo do escudo de Santo Antonio, padroeiro de nossa cidade;

• as rodas dentadas representam a indústria pesada, que tanto contribuiu para o desenvolvimento do nosso município;
• os martelos representam o trabalho;
• no listel, lê-se "Osasco - Cidade Trabalho", que é a divisa do nosso município.

Fonte: Biblioteca Municipal Monteiro Lobato.

O Brasão de Armas de Osasco

Um símbolo só tem legitimidade enquanto sua forma e conteúdo estiverem integralmente respeitados. Assim, qualquer alteração arbitrária ou leviana dos seus elementos formais constitutivos, como figura, cor, movimento ou som, comprometerá o seu significado, reduzindo a sua capacidade de representação cabal.

Simbologia

O símbolo osasquense foi elaborado em uma época em que os conhecimentos de heráldica - a ciência que estuda os brasões - eram pouco difundidos.

Por este motivo, o Brasão de Armas de Osasco, mesmo tendo sido idealizado com o necessário respeito à exatidão histórica e o mais puro sentimento de amor pela cidade, ressentiu-se de algumas falhas quanto à técnica heráldica, principalmente no que diz respeito aos brasões municipais. O que, em hipótese alguma, desvaloriza este símbolo municipal, contrariamente, mostra a ousadia e coragem dos idealizadores de tal brasão, cidadãos genuinamente osasquenses.

Concurso

O Brasão de Armas de Osasco foi concebido em 1969 através de um concurso aberto a qualquer munícipe, conforme previa a Lei Municipal nº 680 de 06 de outubro de 1967, alterada pela Lei nº 814 de 06 de fevereiro de 1969. O vencedor do concurso foi o professor doutor Wallace Oliveira Guirelli.

No resultado final, a comissão julgadora decidiu que o trabalho vencedor deveria sofrer uma alteração. Com a anuência do autor, assim foi feito.

A coroa foi substituída pela constante no trabalho ganhador do 3º lugar, de autoria do professor Alcyr Porciúncula, que havia introduzido em seu trabalho traços arquitetônicos significativos e peculiares a cidade de Osasco: as janelinhas em cruz representando o primeiro movimento cooperativista de São Paulo.

Assim, estava instituído definitivamente o Brasão de Armas de Osasco.

Descrição Heráldica

O Brasão de Armas do município de Osasco assim se descreve heráldica e oficialmente:

Escudo Semítico: em campo de sinople, um fardo de ouro, aceso de goles posto em pala, brocante sobre um voo de prata e acompanhado, em chefe, de duas cruzes de Santo Antônio do mesmo e em ponta de duas rodas dentadas de ouro.

Coroa mural: de prata, de oito torres ameadas e uma porta cada uma.

Divisa: "Osasco - Cidade Trabalho", de ouro em listel de sinople, brocante sobre a extremidade dos cabos dos martelos.

O propósito deste trabalho é ilustrar e descrever de forma sucinta e clara as características do Brasão de Armas de Osasco. Portanto, os termos técnicos e próprios da heráldica serão substituídos por vocábulos que atendam a este propósito.

O Brasão

Abaixo se descreve a simbologia do Brasão de Armas de Osasco, baseado em contexto histórico e na heráldica aplicada.

1 - Coroa

A maioria dos brasões apresenta na parte superior do escudo coroas murais que podem ter quatro, seis ou oito torres. Estas coroas servem para distinção entre aldeias, vilas e cidades, respectivamente. Suas cores podendo ser ouro ou prata.

A primeira serve para determinar que a cidade é a capital de Estado, enquanto a segunda determina que a cidade não tem a grandeza de uma capital. A cidade de Osasco adotou no seu brasão um mural de oito torres em argento (prata), simbolizando a emancipação político-administrativa acontecida em 1962. Cinco torres estão aparentes e três ocultas. Em cada torre visualizam-se portas abertas, aclamando o caráter hospitaleiro do povo e da cidade osasquense. Tal fato pode ser comprovado através da história da ocupação do espaço urbano, onde, desde a formação da vila encontram-se imigrantes de vários países.

É possível notar na torre central uma janela em formato de cruz. Um traço arquitetônico próprio que representa o 1º movimento cooperativista realizado no Estado de São Paulo, que foi a criação da Cooperativa dos Vidreiros de Osasco. Um marco na história trabalhista do Estado.

2 - Escudo

O escudo é a parte principal de toda a figura que se vê no brasão como um todo. Ele tem suas particularidades e, por ser a peça principal do brasão, detém uma série de significados através de sinais, cores e figuras que dão a ele características que identificam o município e sua história.

Entre todos os formatos admissíveis de escudo, o que melhor se aplica referente aos municípios paulistas é o ibérico, que foi amplamente utilizado e divulgado em Portugal à época do descobrimento e colonização do Brasil. Seria uma homenagem ao país colonizador, no entanto, o modelo de escudo utilizado para o Brasão de Armas de Osasco é modelo semítico (*). Diferenciado do ibérico pela saliência inferior, em formato de bico, próxima ao listel - faixa abaixo do escudo - com a inscrição Osasco - "Cidade Trabalho".

Osasco apresenta singularidades no correr da sua história: uma vila formada por imigrantes italianos quando os brasileiros não vendiam terras aos "carcamanos"; bairro industrial da cidade de São Paulo quando o Brasil ainda era rural; movimento operário e estudantil que reivindicava direitos trabalhistas quando o país vivia uma ditadura militar.

Porém, o que dá ao contorno do brasão o direito a sua singularidade é a luta dos moradores para que o bairro passasse a ser Cidade Trabalho.

Em Osasco não bastou, como os demais municípios vizinhos, um simples plebiscito. Foram necessários dois pleitos para que o "Sim" à emancipação vencesse sobre os interesses dos poderosos que manipulavam o "Não".

O escudo semítico (*) usado para representar o Brasão de Armas de Osasco foi o primeiro estilo de escudo introduzido em Portugal por influência francesa, evocando aqui a raça latina colonizadora e principal formadora da nacionalidade brasileira.

Outra vez, Osasco zela pelas suas singularidades e não deixa as novas gerações esquecerem que foi neste chão que o espanhol de nascimento, francês por parte de pai e russo por parte de mãe, Dimitri Sensaud de Lavaud, autor do primeiro voo com aeroplanos na América do Sul, saiu para o mundo, tornando-se o mais brilhante inventor de tecnologias no começo do século passado. Foi graças à busca de soluções das dificuldades na produção de materiais sanitários na Cerâmica Industrial de Osasco, que se tornou o inventor que o mundo reverenciou por meio da inscrição de seu nome no Museu do Homem em Paris.

3 - Cor

Segundo a heráldica, os escudos devem ser revestidos por cores, metais, esmaltes ou peles. As cores nos escudos têm significados próprios e condizentes com as características do município.

O escudo do Brasão de Armas de Osasco tem a cor verde (denominada sinopla ou esmeralda) com as seguintes representações: "esperança e fé", sentimentos que nortearam Antônio Agú na perspectiva da formação de um núcleo populacional; vitória, honra e abundância, simbolizando a vitória de um homem e de um povo honrado que pelo trabalho assíduo conquistou a abundância; os campos verdejantes do período da Vila Osasco quando a agricultura, pecuária e a indústria agrícola, hoje fábrica de divisas para a economia nacional, eram praticadas de forma efetiva e de vanguarda.

4 - Archote

É o luzeiro em ouro com asas e chamas localizado ao centro do escudo. Tanto o archote quanto as asas e as chamas têm caráter histórico e são as peças de maior relevância no brasão municipal.

Segundo a heráldica, o archote é o símbolo da ciência e do amor patriótico. Especificamente no caso do Brasão de Armas de Osasco, além da definição científica, o archote representa as ações verdadeiramente heroicas, travadas pelos autonomistas osasquenses durante o processo de emancipação, quando realizaram uma revolução democrática e respeitosa às leis. O ouro caracteriza o brilhantismo e a perspicácia empreendida nas lutas.

As chamas do archote também têm representação ideológica. Nela são infundidas as ideias de purificação e o ardor do movimento cívico que culminou com a emancipação. Heraldistas interpretam o halo de luz como o conhecimento e o saber.

Desde os primórdios, o fogo e a tocha foram símbolos de vida, de atividade, como também de manutenção de uma tradição viva. Os gregos utilizavam a tocha olímpica para acender a pira olímpica quando da realização dos Jogos Olímpicos na Grécia Antiga.

Esta tradição foi mantida até os nossos dias. Muitos monumentos históricos mantêm uma pira incandescente ou uma tocha, tal como o Monumento da Proclamação da Independência do Brasil, às margens do Riacho do Ipiranga, na cidade de São Paulo, a Estátua da Liberdade, nos Estados Unidos da América e tantos outros espalhados pelo mundo, significando a memória ressuscitada de um fato histórico, a realização de um ideal.

As asas que se prendem ao luzeiro em prata têm significados diversos. O primeiro significado é histórico e diz respeito ao primeiro voo realizado na América do Sul ocorrido no município de Osasco em 10 de janeiro de 1909. Em outro momento, as asas têm significação ideológica e tratam de um sonho alcançado, o sonho da liberdade, o sonho de ser livre e poder seguir caminho próprio. O sonho social de deixar de ser bairro para ser cidade e crescer, expandir-se, tornar-se forte.

5 - Tau

Dois símbolos *tau* em prata esteticamente dispostos um em cada canto do escudo representam a crença religiosa do povo de Osasco no seu padroeiro, Santo Antônio. Ambas possuem ainda outra simbologia, uma lembra a antiga igreja de Santo Antônio e outra alude à atual igreja da Matriz.

O *tau* é a décima nona letra do alfabeto grego e última letra do alfabeto hebraico, também chamado Cruz de Santo Antônio. Sua forma representa a cruz exatamente a que deu origem à cruz de Cristo antes de ser nela fixada a placa com a inscrição exigida por Pilatos. Para os gauleses, o *tau* representava o martelo do deus escandinavo Thor (mitologia nórdica).

Já era usada como significado simbólico pelos antigos egípcios, como a representação de um martelo de duas cabeças, o sinal daquele que faz cumprir.

A religião explica o *tau* pela semelhança com a cruz como sinal de verdadeira fé em Jesus Cristo crucificado.

São Francisco, devotíssimo da Santa Cruz, adotou o *tau* e o recomendava por palavras e por escrito, de próprio punho, nas cartas que enviava, usando-o como forma de bênção.

Ao *tau* atribui a certeza da salvação, símbolo de esperança, conversão permanente e despojamento. Simboliza ainda, penitência dos filhos de Deus, exigência de uma missão e marca dos que respondem "Sim" ao chamado de Deus para criar uma sociedade nova, com seus fundamentos no amor, na paz e no bem.

6 - Rodas dentadas em ouro
Colocadas na parte inferior do escudo em linha com os taus. Representa o caráter industrial empreendido ao município, com suas poderosas indústrias, uma marca histórica e causa da riqueza da cidade de Osasco e com os movimentos sociais de vanguarda.

7 - Martelos
Fortalecem a ideia do trabalho pesado, eficaz e assíduo, exercido nas indústrias osasquenses.

8 - Listel
É a faixa abaixo do escudo, com fundo na cor verde (sinopla ou esmeralda) onde se lê "Osasco - Cidade Trabalho" em dourado.
A frase é uma afirmação dos propósitos de um povo trabalhador e de uma cidade que labuta pelo engrandecimento da pátria.

Fonte: Ráriton Cassoli.

HINO OFICIAL DA CIDADE DE OSASCO
Letra: José Pessoa
Música: Thelma de Vasconcellos

De mãos dadas, unidos, mil sonhos
Gestaremos no sul do querer
O ontem vitória dos tempos
Faz o hoje feliz florescer
É Osasco contando a história
A glórias de um povo em ação
BIS **O movimento dos autonomistas**
E voos que a vista
Dá no coração.

Osasco
Osasco brilha
Na América do Sul
Foi em Osasco que o homem
Sonhou e conquistou
O céu azul

Osasco
Osasco trilha
Os corações do porvir
BIS **Do trabalho ao esporte: a semana**
A arte proclama
Um jeito de ser Brasil.

De mãos dadas, cultura e raças
Se embalaram num mesmo querer
E do sonho se fez a cidade
Que hoje se orgulha de ser
"Osasco - Cidade Trabalho"
Bandeira de um povo em ação
BIS **Unido na fé e esperança**
Brasão da vitória
Do "SIM" sobre o "NÃO".

Osasco
Osasco brilha
Na América do Sul
Foi em Osasco que o homem
Sonhou e conquistou
O céu azul
Osasco
Osasco trilha
Os corações do porvir
BIS **Do trabalho ao esporte: a semana**
A arte proclama
Um jeito de ser... Brasil.

* * *

Depoimento antigo a respeito de Osasco e seus habitantes

Senhora Maria Parolin Grossi: "O meu apelido é Marietina e tenho 94 anos de idade. Lembro-me das primeiras jardineiras (os primeiros ônibus) que operavam em Osasco e também dos primeiros carros. O carro de aluguel era do senhor Comandini.

Houve também a greve dos vidreiros. E quando eles vieram para cá tentar fazer a primeira Cooperativa de Vidreiros e não conseguiram, porque o advogado fugiu com o dinheiro. O professor Edmondo Rossoni foi quem teve a ideia de construir a cooperativa e mais tarde voltou para Itália, sendo um dos secretários de Mussolini quando ele subiu ao poder.

Quando Agú morreu na chácara onde ele morava, em sua bonita casa, lá no final da Primitiva Vianco, o enterro veio vindo lá de cima da rua e todos foram esperar o cortejo passar até chegar à Estação de Osasco para seguir ao Cemitério da Consolação.

Desde aquela época ouvia dizer que Agú doou ou deixou por escrito aos herdeiros que doassem à comunidade os terrenos para a construção da igreja da Matriz, do cemitério, do grupo escolar e do mercado.

Osasco, maio de 1.989.

* * *

Senhora Ida Arméria Rizzardi di Gallafrio: "Estou com cem anos de idade, nasci em Bréscia, na Itália, em 20 de julho de 1889. Vim para o Brasil com 1 ano e meio de idade. Morei por vários anos na Água Branca, São Paulo. Casei aos 18 anos com o Sérgio Patrício Gallafrio. Meu marido era comunista convicto, daí a explicação do nome que deu aos filhos: Libertário, Comunista, Único, Novo, Avenir, Aurora, Desiree e Nova Era.

Meu marido nasceu em Turim, Itália, e veio para o Brasil contratado para trabalhar como mestre-vidreiro na Vidraria Santa Marina, na cidade de São Paulo. Participou da greve dos vidreiros e veio com a família para Osasco quando a greve fracassou.

Morávamos no imóvel cedido pela Vidraria Santa Marina, no Bairro da Água Branca. Com o fracasso da greve, os vidreiros foram obrigados a desocupar os imóveis e fomos para Osasco em 1910 com o professor Edmondo Rossoni, com a ideia de formar uma Cooperativa de Vidreiros, que pertencia aos próprios operários. Meu marido Sérgio Gallafrio foi escolhido para ir à Savona, na Itália, buscar o forno para a cooperativa. Mas quando voltou com o forno soube que o advogado contratado pelos vidreiros havia fugido com todo o dinheiro. Sem o dinheiro para pagar o forno, os vidreiros foram obrigados a devolvê-lo. Venderam todo o material que haviam conseguido para uma fábrica de alumínio, que funcionava numa cidade do interior do Estado. Meu marido foi trabalhar nessa fábrica no interior e ficava lá de segunda a sábado. Só estava com a família no domingo. Após a frustrada tentativa de formarem a cooperativa, alguns vidreiros foram para a Itália, outros para a Argentina e alguns fixaram residência em Osasco.

Quando cheguei com a mudança em Osasco, os móveis foram colocados num barco e trazidos até aqui através do Rio Tietê. Era comum serem feitos os transportes por meio de barcos. Sérgio Patrício Gallafrio, meu marido, faleceu em 1959. Nossos filhos estudaram no antigo Grupo Escolar de Osasco (Escolas Reunidas), que funcionava na Rua Dona Primitiva Vianco. Era uma casa construída por Sensaud de Lavaud e na qual ele morou antes de ir para o Chalé Brícola. Antes disso, as escolas funcionavam em salas isoladas, isto é, separadas uma para os meninos e outra para as meninas.

Eu conhecia o professor Rossoni muito bem. Foi o idealizador da formação da Cooperativa dos Vidreiros. Ele era um homem muito bom, inteligente e idealista.

Tinha ideia liberal, até avançada para a época que vivia. Se não fosse o roubo que os vidreiros foram vítimas, essa cooperativa teria dado certo e seria um exemplo para outras categorias de operários. A estação construída por Agú parecia uma caixa de fósforos em pé, e ali parava de início apenas o trem de carga. Somente após alguns anos, devido às reclamações dos moradores e do próprio Agú, os trens passaram a ser mistos, isto é, paravam os vagões de carga e vagões de passageiros também. E bem mais tarde, a Estrada de Ferro Sorocabana colocou trens de passageiros apenas para atender a população local. Sobre os moradores daquela época, por exemplo, o senhor João Collino era um agente dos Correios. Um homem muito bom, encarregado pela comunidade de registrar as crianças nascidas aqui. Ia registrá-las na cidade de São Paulo e voltava de lá carregado de encomendas que o povo fazia.

Lembro-me também do primeiro médico, o doutor Arthur Vasconcelos, que clinicou durante algum tempo. Dos farmacêuticos Pedro Fioretti e Vasco da Rocha Leão. O senhor Fioretti fez fortuna porque aqui não havia médico. Eu preferia o senhor Vasco. Ele era muito bom porque atendia aos pacientes até durante a madrugada. Aqui não havia energia elétrica, nem ao menos na igreja, e cartório.

Os casamentos realizavam-se na cidade de São Paulo ou Barueri. E quando eram realizados em Barueri os noivos e familiares seguiam até lá de carroças e charretes.

Estou residindo com meus filhos no bairro de Presidente Altino há mais de sessenta anos. Meu marido comprou o terreno, construiu a casa e ali só havia mato. Isto aqui era uma chácara muito grande, cheia de árvores frutíferas que pertencia à dona Nicota (Ana Carolina Toledo de Oliveira), mãe do doutor Reinaldo de Oliveira. dona Nicota vendeu esta chácara ao senhor Herman Levy, um dos proprietários da cerâmica, que depois foi loteado aos moradores da cidade. Aqui não havia ruas asfaltadas e o meio de transporte usado eram as carroças, charretes e cavalos. Aqui só tinham as residências. Qualquer compra era feita na Lapa e caminhando pela linha do trem. Lembro-me das jardineiras (os primeiros ônibus) e dos primeiros carros de praça (os táxis) que pertenciam ao senhor Comandini, João Barbeiro, Marchetti, Nurchis e Savério. A primeira leiteria de Osasco foi de nossa propriedade. Era ali, bem na esquina da Rua Dona Primitiva

Vianco com o Largo de Osasco. Fiz esse negócio através do coronel Delphino Cerqueira. Trouxe uma partida de vacas do interior para a chácara dele e propôs o negócio. Ele venderia o leite por quinhentos réis o litro o qual seria revendido a mil réis o litro. Eram apenas vinte litros, e ganhamos dinheiro revendendo o leite. Nunca foi colocado água no leite, como faziam alguns chacareiros.

Conheci Washington Luiz quando era governador (presidente, naquela época) de São Paulo. Quando ele passava por Osasco com a esposa de carro para ir ao interior parava na leiteria e comprava pães caseiros que eu mesma fazia.

Meu esposo Sérgio Gallafrio foi um dos fundadores da Associação Atlética Floresta. Antes de sua fundação havia ali, bem no meio dos eucaliptos, onde hoje está o Jumbo-Eletro, um barracão de madeira, com mesinhas onde o pessoal se reunia para comer, beber e dançar. O nome do local era "RECREIO FONTAINE BLUE". No conjunto musical "JAZZ BAND GALO PRETO", meu filho Libertário Gallafrio tocou violino. Havia uma igrejinha atrás do Chalé Bríccola que era particular. Quando o Cinema Osasco foi inaugurado parecia uma coisa do outro mundo. Chegava gente de longe para ver o cinema e assistir aos filmes.

Depois da farmácia de propriedade do senhor Pedro Fioretti existiu outra que funcionou no mesmo local com administração do senhor Vasco.

Mas o farmacêutico não era formado e na Vila Osasco havia pouca gente e ele não ganhava muito dinheiro, então foi embora. Quando a greve dos vidreiros fracassou, meu marido disse que íamos ter que mudar de casa, e respondi: 'Nós temos braços para trabalhar, vamos embora'. Meu marido ganhava bem, era técnico vidreiro na época. Viemos para Osasco sem nada e passamos muitas dificuldades, mas com muito trabalho conseguimos prosperar."

Osasco, junho de 1989 - Obs: Dona Ida Améria Rizzardi Gallafrio faleceu em 24 de janeiro de 1992, aos 102 anos de idade.

* * *

Senhor Germano Pavão: "Tenho 91 anos de idade. Sou conhecido por todos como Chiquinho Pavão. O apelido veio do meu padrinho Isaías Alonso, e como era espanhol me chamava de Chiquito. As pessoas que me rodeavam passaram a chamar-me de Chiquinho. Meu pai Vicente Borges do Rego Pavão era português e veio para o Brasil com apenas 14 anos de idade procurar seu pai, o meu avô, que para cá viera alguns anos antes e o encontrou no Rio de Janeiro muito doente e hospitalizado. Após a morte de meu avô, meu pai veio para São Paulo, onde ficou trabalhando a troco de casa e comida. Depois começou a trabalhar por conta própria.

Foi morar em Quitaúna e passou a viver da pesca. Pescava no Rio Tietê, ensacava os peixes, seguia até Estação de Osasco, onde eram embarcados no trem de carga para serem vendidos na cidade de São Paulo.

Meu avô se casou em Pinheiros com minha avó dona Cândida Pavão, uma brasileira descendente de índios. No princípio, o casal residia em Quitaúna e depois de algum tempo mudou-se para a chácara do senhor Manoel Rodrigues onde alugou uma casa. Eu nasci nessa chácara, o famoso castanhal. A casa onde nasci ainda existe no bairro do Rochdale. Meu pai é quem deu início ao castanhal. Um dia ganhou duas sementes de castanhas e as plantou nessa chácara onde trabalhava para o senhor Manoel Rodrigues, que foi quem me batizou. As sementes germinaram e as plantas cresceram viçosas. E o senhor Manoel ao vê-las tão bonitas resolveu plantar em toda a chácara. Assim nasceu o castanhal. Havia também muitas árvores frutíferas, verduras, legumes e um grande parreiral. A produção era vendida à população local.

Trabalhei quarenta e três anos no Frigorífico Wilson como magarefe (aquele que abate as reses nos matadouros) e ganhava por dia trabalhado. Quando não havia abates não recebia. Aposentei-me aos sessenta e dois anos. Estudei numa escola que havia na Rua André Rovai, próxima à farmácia do senhor Pedro Fioretti. O nome da professora era Adelaide

Escobar Bueno. Ela usava uma vara de marmelo para castigar os alunos desobedientes. Outro professor foi Rasmínio Francisco Fávero, que mais tarde estudou Direito e tornou-se um famoso juiz. A primeira professora, dona Adelaide, vinha trabalhar em Osasco utilizando o trem de carga como meio de condução porque as aulas não coincidiam com o horário do trem de passageiros.

Nas escolas de Osasco, embora isoladas, estudava-se de verdade, e não era apenas leitura, escrita, matemática, etc. Os professores ensinavam também canto, trabalhos manuais e as meninas aprendiam crochê e tricô.

Em 1921, casei-me com uma prima, Izabel da Silva Leite, que morava na cidade de São Paulo. O casamento foi realizado no bairro de Pinheiros e tivemos três filhos dos quais apenas a dona Alba Pavão Bongiovanni está viva. Resido com ela há dezoito anos, desde que fiquei viúvo. Moro no bairro de Presidente Altino desde 1923 e somos um dos primeiros moradores deste local. Dos antigos moradores, lembro-me do senhor Manoel Carvalho que tinha um armazém na Rua André Rovai e era casado com a dona Isolina. Era uma senhora que fazia camisas para homens e costurava muito bem. Lembro-me também da venda do senhor fioritta, nesta mesma rua, e os bailinhos realizados nos finais de semana, animados por um gramofone. As famílias Michelli, Gianetti, Collino e Pignatari residiam na Rua da Estação. O senhor Romualdo Gianetti montou a primeira casa comercial de Osasco que incluía armazém, padaria e açougue. Também foi num desses salões do senhor Romualdo Gianetti que aconteceu o primeiro teatro de Osasco. E que foi montado por uma Companhia de São Paulo que vinha para cá a fim de representar dramas para o povo. Quando a representação teatral terminava começava o baile.

Na Rua da Estação também ficava a quitanda de bananas do senhor Biaggio Marchetti que, de vez em quando, promovia os bailes no salão. O pessoal aproveitava para dançar e comer as bananas. Conheci o doutor Vitor Ayrosa, um homem importante que tinha um sítio muito grande, e o senhor João Collino que construiu o primeiro cinema de Osasco.

Não era fácil naquela época ir a São Paulo, pois os trens eram poucos, só havia duas jardineiras (os primeiros ônibus) e os carros de praça (táxis) que surgiram mais tarde. Quando as pessoas ficavam doentes recorriam ao doutor Arthur Vasconcelos e ao senhor Pedro Fioretti. Outra grande dificuldade enfrentada pela população era a falta de um cemitério local. As pessoas que morriam aqui eram enterradas na cidade de São Paulo, assim o caixão do defunto era levado de trem ou por carroça até lá.

Um fato interessante aconteceu: ao falecer um morador aqui, a família dele seguia de trem para São Paulo, enquanto o caixão com o defunto seria conduzido por uma carroça até o cemitério do Araçá. Aconteceu que o carroceiro errou o caminho e, em vez de seguir pela Estrada Pinheiros, destino Pinheiros, ele foi para Cotia. E a família esperou muito tempo por esse defunto que não chegava. E até saber o que havia acontecido!

Eu fui um dos fundadores do primeiro conjunto musical de Osasco, o "JAZZ BAND GALO PRETO". Tocava banjo em festas, bailes, quermesses e também no cinema, pois naquela época os filmes eram mudos. O conjunto musical animou as atividades sociais de Osasco durante vinte e oito anos.

A vida aqui em Osasco naquela época não era fácil, mas era muito divertida. Exigia muito trabalho e uma boa dose de sacrifícios para se conseguir alguma coisa. Por exemplo, quando ganhava por dia de trabalho encontrava dificuldades, às vezes, no bairro de Presidente Altino. Por isso, minha esposa fazia doces, bolos para vender. A minha esposa foi doceira famosa do Distrito de Osasco. Ela fazia os doces e bolos para muitas festas de batizados e casamentos. A Chácara Castanhal, atual Rochdale, chamava-se "ILHA DE SÃO JOÃO", pois era realmente uma ilha, toda cercada pelo Rio Tietê.

Daí a confusão que muitas pessoas ainda fazem e até hoje dizem que Osasco antigamente chamava-se "ILHA DE SÃO JOÃO", o que não é verdade. Isso aqui era apenas o km 16.

Uma vez, lá na chácara do senhor Manoel, meu pai plantou um parreiral

que produziu muitas uvas. Ele colheu as uvas e fez um vinho. A intenção era vender o vinho, mas resolveu chamar os amigos para experimentá-lo. Se dissessem que estava bom, seria vendido. Resultado: ele e os amigos beberam todo o vinho e para venda não sobrou nada".
Osasco, julho de 1989.

* * *

Senhora Lilia Giancoli: "Tenho 83 anos de idade. Nasci na cidade de São Paulo, capital, e vim residir em Osasco com 12 anos de idade. Meus pais, Zacarias Giancoli e Ursulina Carleto Giancoli, eram italianos. Meu avô materno, João Carleto, era natural de Osasco, Itália, e veio para Osasco, Brasil, pelo chamado de Antônio Agú de quem era amigo. Minha mãe, Ursulina, tinha 6 anos de idade quando chegou ao Brasil, e residi em Osasco até o casamento, indo depois para São Paulo onde meu marido trabalhava.

Meu pai trabalhou na Fábrica de Tecidos de Enrico Dell'Acqua". Ao fechar a fábrica, ele foi trabalhar na cidade de São Paulo onde eu nasci. Quando eu tinha 12 anos de idade, meu pai foi trabalhar no Frigorífico Wilson e com a família veio residir novamente na cidade de Osasco. Já havia concluído o grupo escolar na cidade de São Paulo, mas a minha mãe matriculou-me na escola para meninas que havia na Rua André Rovai, a fim de que eu estudasse mais um pouco. Nessa escola, havia duas salas de aulas (as escolas isoladas), uma para as meninas e outra para os meninos. Os professores davam as aulas da primeira à terceira série numa mesma classe. As escolas eram mantidas pelo governo do Estado e no final do ano um inspetor vinha de São Paulo realizar os exames. Naquela época, não havia luz elétrica em Osasco e as casas eram iluminadas por lampiões de querosene. Ruas só havia quatro além do Largo de Osasco: Rua da Estação, André Rovai, Rua Primitiva Vianco e João Bríccola.

A Rua Antônio Agú ainda não existia, havendo ali apenas uma fileira de casas, uma ao lado da outra, que começava no Largo de Osasco e ia até a casa dos Ferre, onde está situada a Casa Sis (antes Foto Sis, uma das mais antigas casas de fotos de Osasco).

Esse grupo de casas era chamado de Vila Cerqueira porque pertencia ao coronel Delphino Cerqueira. Ali havia também casas de comércio, armazém, açougue e padaria.

A igreja funcionava na Rua Primitiva Vianco e ali realizavam os batizados e os casamentos. O padre vinha de São Paulo. Nas Ruas da Estação e André Rovai também havia casas comerciais, a primeira farmácia de Osasco do senhor Pedro Fioretti funcionava na Rua André Rovai. Nessa rua funcionou também a primeira agência dos correios e o primeiro cartório de Osasco. O primeiro agente dos correios de Osasco foi o senhor João Collino, que era também o encarregado de registrar na cidade de São Paulo as crianças que aqui nasciam. Depois passou o cargo para o meu avô senhor João Carleto, que foi o segundo agente dos correios do local. Devido a essas circunstâncias, presenciei o assassinato do jovem João Batista por um capanga do coronel Delphino Cerqueira. Nós morávamos no Largo da Estação, quase esquina com a Rua Dona Primitiva Vianco, onde a família tinha um bar. O meu avô pediu que eu levasse a mala com a correspondência para a Estação, onde seria embarcada no trem que chegaria ali em alguns minutos. Nessa hora, o doutor Julio Silva e seus dois filhos, João Batista e Diogo, estavam chegando à estação, onde tomariam o trem para São Paulo, e foram baleados. O João Batista que era estudante de medicina faleceu e os outros dois, pai e filho, ficaram feridos. Isso aconteceu no dia 08 de janeiro de 1920.

O meu pai foi correndo buscar o doutor Arthur Vasconcelos para atender os feridos. Deste fato resultou uma grande amizade da família com o doutor Julio Silva, que mais tarde batizou meu irmão Walter. Naquela época, a família do doutor Julio Silva residia no Chalé Brícola e por esse motivo a Rua João Brícola passou mais tarde a se chamar Avenida João Batista. Os senhores Julio Silva e Delphino Cerqueira eram os chefes políticos locais. Eram rivais e desse fato resultou o assassinato de João Batista de Andrade e Silva. As famílias que residiam na época, os Michelli tinham um armazém na Rua da Estação, os Gianetti tinham um armazém, açougue e padaria na mesma rua, os Viviani, cujo patriarca fazia pitos de barro, os Bertoni, que montaram uma padaria no Largo de Osasco, também os Gallafrio, Marchetti, Carvalho, Collino, Ferre, Grossi e os Fornasari.

O lazer das moças era ir ao Cinema Osasco e dançar no Clube Atlético e Floresta, como também passear de barco pelo Rio Tietê e ir até a Vila São José.

O meio de transporte era um só, os trens. Mais tarde é que começaram a funcionar as jardineiras (ônibus antigos) do senhor Antônio Mazzoni, ligando o Largo de Osasco ao Largo de Pinheiros. Os carros de praça (táxis) só foram surgindo depois, os do senhor Comandini e do S. Marchetti. Com o passar dos tempos as escolas isoladas foram reunidas em um só prédio, era uma existente na Rua Dona Primitiva Vianco com o nome de "Escolas Reunidas". Tinha o doutor Arthur Vasconcelos que era um médico naturalista, tratava dos doentes com ervas e formou-se em Portugal. Tinha também os dentistas Mario Milani, José Bonifácio de Oliveira e Reinaldo de Oliveira. O primeiro posto telefônico de Osasco foi instalado na Rua André Rovai onde minha irmã Diva Giancoli trabalhou como telefonista.

Agora sobre as famílias Agú e Carleto, quando Primitiva a única filha de Antônio Agú faleceu de parto deixando a filhinha Giuseppina, recém-nascida, Agú mandou buscar na Itália a prima Cristina Vianco para cuidar de sua netinha.

Dona Cristina casou aqui com o senhor Giacobbe Fornasari e teve dois filhos, Atílio e Orazio (faleceu a criança). Minha mãe e a neta de Agú, Giuseppina, tinham a mesma idade e eram muito amigas.

Agú contratou uma professora para ensinar a neta e, para que ela não estudasse sozinha, convidou Ursulina para estudar com ela. Quanto a Giuseppina, que era muito mimada, não obedecia à professora, Agú resolveu mandá-la para um colégio interno na Itália.

Querendo que Ursulina fosse com ela, propôs-se a pagar o colégio para a menina. Mas o senhor Carleto, pai de Ursulina, disse para Agú: 'Não posso deixá-la ir'. Você é rico e poderá visitar sua neta na Itália quando quiser.

Sou pobre e não poderei ir visitar a minha filha, então ela não vai.

Giuseppina partiu para a Itália, mas os Fornasari continuaram residindo aqui com Antônio Agú. Em 1909, Agú faleceu e, em 1913, faleceu Antônio Vianco. O senhor Giacobbe Fornasari faleceu em 1928 e dona Cristina Vianco Fornasari continuou a residir com o filho Atílio até a sua morte em 1962. Após a morte da mãe, Atílio ficou sozinho, pois nunca se casou. Giuseppina, neta de Agú, nunca mais voltou a morar no Brasil. Vinha apenas visitar a tia na cidade de Osasco. Ela casou na Itália com o senhor Cesare Enrico Serafino e teve três filhos: Antonio, Serafina e Vanda. dona Lilia conheceu muito bem Vanda, a filha caçula de Giuseppina, e era quem passava mais tempo aqui em Osasco.

Sou uma das mais antigas bordadeiras de Osasco. Desde mocinha trabalho como bordadeira e sempre fiz enxovais para noivas e recém-nascidos. Posso dizer que bordei os enxovais das noivas e bebês das mais tradicionais famílias de Osasco. Hoje, aos 83 anos, e sem usar óculos, continuo a bordar. Estou bordando sete enxovaizinhos para bebês".

Osasco, julho de 1989.

A história do assassinato de João Batista está contada no capítulo "A Política em Osasco". O assassinato de João Batista aconteceu no dia 8 de janeiro de 1920.

Segundo o Jornal *A Região* de 12 de setembro de 1985, o senhor João Batista foi assassinado em dezembro de 1919, alguns dias após a realização da primeira eleição na cidade de Osasco. Ficando assim registradas as duas informações.

* * *

Senhora Zaira Collino Odália: "Tenho 83 anos de idade, nasci em Osasco, na Rua da Estação, onde resido até hoje. Meus pais, João Collino e Ana Felicina Morina Collino, eram imigrantes italianos e chegaram ao Brasil em fins do século XIX.

Meu pai, João Collino, nasceu em Osasco, na Itália, em 1867. Quando Antônio Agú morava na pequenina Osasco italiana era amigo da família Collino. Após ter-se instalado em Osasco, Brasil, mandou buscar João Collino para vir trabalhar na chácara de sua propriedade. Meus pais foram morar em uma casa que ficava próxima à cocheira da chácara de Agú. Na ocasião, dona Ana Felicina estava grávida de seu segundo filho, sendo que o primeiro havia falecido durante a viagem. Quando aqui chegaram, Osasco ainda era o km 16. Em 1898, meu pai comprou de Antônio Agú um terreno na Rua da Estação, onde construiu uma casa e morou durante algum tempo. Ele tinha a profissão de carpinteiro. Como carpinteiro, trabalhou durante alguns anos na fábrica de tecidos de Enrico Dell'Acqua. Depois foi morar na Rua da Balsa, a atual Manoel Rodrigues, próximo ao Rio Tietê, onde montou sua carpintaria. Ele fazia de tudo, inclusive caixões funerários. Trabalhou também como balseiro, transportando pessoas para o outro lado do rio. Foi então contratado pelo governo estadual para construir balsas que transportassem pessoas através do rio Tietê, para a Vila dos Remédios, Vila São José, Bairro do Limão, Parnaíba, etc., e entregou o manejo da balsa para um empregado. Mais tarde comprou um terreno no bairro de Presidente Altino, na Rua Lourenço Collino onde passou a residir. A Rua da Estação foi aberta, a pedido de Agú, com enxadas e machados por meus pais e outros moradores da localidade na época. Nessa rua havia muitos eucaliptos e outras árvores. Toda aquela área de terreno pertencia a Antônio Agú que havia comprado de João Pinto. Depois Agú vendeu em lotes para os seus patrícios.

Agú foi quem pediu permissão à direção da Estrada de Ferro Sorocabana para construir a estação, e para isso prontificou-se a doar o terreno e material necessário. Doou também à comunidade a área em frente à estação, onde mais tarde seria o Largo de Osasco, a atual Praça Antônio Menck.

Meu pai foi o primeiro funcionário público de Osasco, pois, como tinha instrução, foi contratado pelo governo para ser agente dos Correios. A Agência dos Correios começou a funcionar, então, em uma sala na Rua da Estação. Meu pai fazia várias tarefas ao mesmo tempo. Assim ajudava a todos e todos lhe prestavam favores. Como aqui não havia cartório, todos os documentos, inclusive as certidões de nascimento, eram feitas na cidade de São Paulo. Era ele o encarregado de registrar as crianças na cidade de São Paulo, daí surgirem muitos nomes trocados. Porque, às vezes, ele esquecia ou não gostava dos nomes que os pais haviam lhe pedido, então ele registrava as crianças com outros nomes. Naquela época, muitos imigrantes eram analfabetos e só ficava sabendo do nome legal dos filhos quando estes entravam na escola.

Muitas vezes o meu pai ia a pé para São Paulo, pois quando os trens começaram a circular eram apenas de carga. Ele ia até a Lapa e de lá tomava o trem para São Paulo.

Meus pais haviam montado um pequeno armazém na Rua da Estação em sua propriedade, onde mais tarde foram morar. Nesse armazém, eles vendiam de tudo, inclusive roupas, sapatos e brinquedos. Quando o meu pai viajava para construir as balsas para o governo em outros locais, a minha mãe tomava conta da venda.

Nesse mesmo local em 1916, meu pai construiu o primeiro cinema de Osasco em sociedade com os senhores Pignatari e Michelli. Algum tempo depois, meu pai comprou as partes dos outros dois sócios, tornando-se o único dono do cinema.

Eu e os meus irmãos trabalhávamos no cinema. Nós vendíamos as entradas, doces e limonadas, enquanto lá fora o senhor Jacó vendia os amendoins. Como meu pai era muito bom, crianças e moradores que não podiam pagar entravam de graça no cinema. Com isso, a metade do pessoal que lotava o cinema entrava sem pagar.

Sou a filha caçula do casal Collino. Meus pais tiveram oito filhos, deles três faleceram. Os filhos: Lourenço Collino, Aristides Collino, Ignes Collino, Aldo Collino e Zaira Collino Odália. Estudei na escola para meninas que havia na Rua André Rovai. Casei aos 18 anos com Domingos Odália, que foi um dos primeiros barbeiros de Osasco. Ele montou sua barbearia na Rua da Estação, local onde residimos até hoje. O meu sogro era técnico soprador de vidros e veio para o Brasil contratado pela Companhia Santa Marina e meu esposo Domingos Odália nasceu em Marselha, e ele tinha 7 anos quando chegou ao Brasil. Tivemos seis filhos, mas três faleceram quando crianças. Meu marido Domingos faleceu em 1983, na cidade de Osasco.

Há um fato pitoresco que minha mãe contava: ela chegou aqui com o meu pai e fomos levados para um grande barracão de madeira pertencente ao senhor Antônio Agú, onde eram alojados provisoriamente os imigrantes italianos que aqui chegavam. Lá, ela foi picada por um escorpião e começou a chorar. Apareceu um homem de cor, ela que nunca tinha visto um negro ficou com muito medo. O bondoso homem só queria ajudá-la, colocou um fumo que mascava em sua ferida. Mesmo não entendendo o que dizia em português, temerosa, aceitou a ajuda e teve o alívio do seu sofrimento. Meu pai João Collino faleceu no ano de 1943 e o cinema passou a ser dirigido pelos tios, fechando suas portas na década de 1950. Resido com uma filha, em uma casa grande na Rua da Estação e não quero mudar desta rua de maneira alguma, pois aqui nasci e desejo ficar.

O senhor Jacó, que já está falecido, era uma pessoa muito estimada na comunidade. Ele vendia amendoins nas portas dos cinemas, clubes e ruas de Osasco. Estava sempre alegre e oferecia amendoins aos que passavam por ele.

Um local onde Agú tinha uma grande cocheira para abrigar animais."
Osasco, agosto de 1989.

* * *

Doutor Reinaldo de Oliveira: "Nasci em 1º de janeiro de 1906, em Osasco, onde hoje está situado o bairro de Presidente Altino, na chamada Chácara da Várzea Boycicaba que compreendia desde o Córrego Boycicaba até a ponte do km 13 do rio Pinheiros. Ela pertenceu ao senhor Francisco Licínio de Camargo e foi recebida como herança pela minha mãe, dona Ana Carolina Toledo de Oliveira, apelidada dona Nicota, já casada com meu pai, Francisco Caetano de Oliveira. A casa onde nasci localizava-se onde está hoje o Clube Atlético de Osasco. Mais tarde meus pais venderam essa chácara para o senhor Herman Levy, um dos proprietários da Cerâmica Industrial de Osasco e ali fizeram o loteamento.

Lembro-me de Osasco dos meus tempos de infância até a juventude. O Largo da Estação era onde começava a Rua Eucaliptal, atual Antônio Agú, onde havia uma plantação de eucaliptos numa terra turfosa. Só havia casas até a fábrica de tecidos. Defronte a essa fábrica morava o senhor Ferre.

Onde hoje é a Galeria Fuad Auada, havia casas de operários que pertenciam à Cerâmica Industrial Osasco. Nas casas ao lado da fábrica de tecidos, moravam seus empregados. A Rua da Cartiera, que passou a chamar-se Rua da Floresta, atual Dona Primitiva Vianco, tinha grande quantidade de pinheiros, carvalhos, bambus e eucaliptos. Era nessa rua que ficava a chácara de Antônio Agú.

A cocheira da chácara de Agú ficava mais ao alto, onde hoje se encontra a Avenida dos Autonomistas. Na porteira da chácara, havia uma cabeça de boi feita de cerâmica muito bonita que fora encomendada por Agú à Cerâmica Industrial de Osasco, indústria essa que havia sido montada em sociedade com o Barão Sensaud de Lavaud. A Rua da Floresta terminava na, então, Estrada de Itu, onde havia alguns sobradinhos. Esse local era denominado Largo dos Ratos, não sei dizer o porquê desse nome. Aqui no Largo de Osasco onde hoje esta as Lojas Marisa ficava o bar Bom Gosto.

Na Rua da Estação, então chamada Rua Glória dos Triunfadores, havia um pequeno comércio que era a casa de bananas da família Marchetti, a venda e açougue do senhor Alberto Melli, a venda do senhor Gianetti, etc. Do outro lado da linha férrea, na Rua André Rovai, a antiga Estrada do Mutinga, funcionava o primeiro centro telefônico de Osasco sob os cuidados da família Valentim e a primeira delegacia de polícia, cujo delegado era o senhor José Carvalho. Havia também outras vendas.

A primeira escola de Osasco foi instalada com a ajuda de minha mãe, dona Nicota, e graças à família Pedro de Toledo, com quem mantinha grande amizade. Essa escola funcionou numa sala cedida por dona Nicota, minha mãe, em sua residência, onde hoje estaõ as Casas Pernambucanas, no ano de 1912. Surgiu a segunda escola de Osasco na Rua André Rovai a partir de 1918. Era uma escola isolada, sendo mista no começo e depois foi separada. A escola feminina situada no mesmo local tinha como professora a senhora Palmira de Oliveira. A escola masculina passou a funcionar num sobrado que pertencia a dona Julia Venturini que cedeu ao governo do Estado para servir de sala de aula. Quanto aos primeiros médicos de Osasco, era o doutor Giuvelli e o doutor Jaime Regalo Pereira que também era médico na Indústria Soma.

Os primeiros farmacêuticos foram, pela ordem, os senhores: Pedro Fioretti, Vasco da Rocha Leão e João da Rocha Lima. E a primeira parteira foi dona Anunciata de Lucia.

Quanto aos meios de transportes, havia o trem de carreira que só parava na estação se houvesse passageiro. O chefe da estação acenava com uma bandeirinha branca quando o trem estava chegando, a fim de avisar que havia passageiros e, então, o trem parava. Havia também a linha de jardineiras (ônibus antigos) do senhor Mazzoni e um táxi, cujo motorista não me lembro o nome, mas vinha para Osasco através de balsa dos Remédios porque a Estrada de Itu era muito ruim.

Em 1914 foi construída a estação de trens do Presidente Altino cujo nome foi dado em homenagem ao Presidente Altino Arantes, governador do Estado de São Paulo. Nessa mesma época foi inaugurado o Frigorífico Continental. Entre 1914 e 1915, fundou-se, com a ajuda de meu pai, a Feira de Porcos de Osasco, a maior da América do Sul. Os animais eram trazidos do interior de São Paulo e de Minas Gerais para serem vendidos ao Frigorífico Continental que exportava carnes e foi uma das maiores atividades comercias de Osasco. Os comerciantes de porcos eram chamados de porcadeiros.

Os principais porcadeiros eram os senhores: Abílio de Barros, Antônio de Oliveira Pinhal, Antônio Menck e Francisco Mello, apelidado Chico Branco. Foram os comerciantes de porcos que construíram o chiqueirão, lá no final da Rua André Rovai. O comércio parou de funcionar quando o frigorífico passou a fazer apenas os abates de bois.

Quanto à energia elétrica, só foi instalada na década de 1920, antes disso não havia iluminação nas ruas e as casas eram iluminadas por lampiões a querosene. E Antônio Agú foi muito esperto. Ao tomar conhecimento que a Estrada de Ferro Sorocabana passaria por esta região, comprou terras de João Pinto que antes da Estrada de Ferro tinham pouco valor. Mais tarde ele revendeu essas terras e ganhou muito dinheiro.

Agú e outros proprietários venderam terras não só para moradores do local, mas também para pessoas ricas de São Paulo, que compraram sítios, chácaras e fazendas. Os moradores de São Paulo que tinham terras aqui na região vinham para cá de trem e depois seguiam de charrete até as suas propriedades.

O nome bairro de Quitaúna foi uma homenagem a Candinho Quitaúna, um descendente de Antônio Raposo Tavares que herdou as terras do famoso bandeirante. O coronel Delphino Cerqueira foi um dos homens mais ricos da região. Ele tinha uma fazenda lá para os lados do córrego Aguadinha onde criava gado. O gado que vinha do interior era levado para a fazenda por meio da Rua João Bríccola, daí o povo chamar de Avenida do Cerqueira. coronel Delphino foi quem construiu o primeiro sobrado de Osasco, na Rua João Bríccola, a atual Avenida João Batista. Ao lado desse sobrado, o doutor Victor Ayrosa construiu um prédio de três andares. O coronel Delphino foi acusado de ter sido o mandante da morte de João Batista de Andrade e Silva, mas isso nunca ficou provado e eu não acredito nessa história.

Sobre Attilio Fornasari, um dos últimos parentes de Antônio Agú que viveu na cidade de Osasco. Conheci bem o Attillio, era o procurador dos herdeiros de Agú. Através dele, os florestanos conseguiram comprar a área onde está situada a Associação Floresta. Essa compra foi feita em duas ocasiões distintas. A primeira quando eu era presidente do Floresta em 1963, e conseguimos comprar mais da metade da área do clube. Na época, o Attillio queria reservar a parte da frente, aquela que dá para a Rua Dona Primitiva Vianco, para fins comerciais. A segunda, em 1965, quando era o presidente Zelito, apelido do senhor José Carreira, Attillio concordou em vender o restante da área. Nas duas ocasiões a compra foi feita por um preço simbólico, tanto que o Clube teve condições de pagar. Por isso acho que ele merecia ter um monumento dentro do Clube.

O Atillio era muito antissocial e uma das únicas coisas que gostava de fazer era jogar bocha no Floresta com alguns poucos amigos. No dia em que ele foi assinar o compromisso sobre a venda do terreno para o Floresta, nós preparamos uma mesa com champanhe, doces, salgadinhos e, após as assinaturas, convidamos a tomar uma taça de champanhe. Ele nem sequer havia tirado o chapéu da cabeça respondeu: 'Eu não vim aqui para beber e nem para comer, só vim assinar os papéis'. Virando-se, deu as costas e foi embora. Havia naquela época, as Fábricas de Tecidos Cotonifício Beltramo, Papelão - Cartiera, Cerâmica Sensaud de Lavaud e a fabriquinha de pitos de barro da família Viviani. Famílias que aqui viviam na época: Melli, Pignatari, Nicoletti, Collino, Marchetti, Carvalho, Rovai, De Lucia, Gianetti, Fioritta, Rodrigues, Spitaletti, Dante, Quitaúna, Cerqueira, Genta, Prado, Barros, Menck, Bertoni e Biscuola.

O primeiro banco aqui instalado foi o Banco Itaú. Trabalhei como escrevente no cartório de Osasco na época em que era o juiz doutor Deodato Domingues Leite e escrivão, o doutor Edmundo José de Lima. Sou formado em Odontologia e os primeiros dentistas de Osasco fomos eu e o meu irmão, o doutor José Bonifácio de Oliveira. Eu fui o principal incentivador da autonomia de Osasco e por esse motivo sou considerado o 'Patrono da Emancipação'.

Osasco, setembro de 1989.

* * *

Senhor Celso Collino: Tenho 77 anos de idade, nasci em Osasco em 1912. Sou neto de um dos primeiros imigrantes italianos que se fixaram aqui. Meu pai, João Collino, e minha mãe, Ignes Collino, também nasceram Osasco.

Sobre minha infância e juventude em Osasco, era uma tranquilidade. A meninada ia catar as castanhas lá na Chácara do Maneco, conhecido como Castanhal, viviam pelas matas armando arapucas para pegar passarinhos, pescando ou nadando no rio Tietê. Outra diversão nossa era andar pelas chácaras da vizinhança para roubar frutas. Era só levantar o arame farpado da cerca e encher os bolsos com frutas. Alguns chacareiros distribuíam as frutas para não perdê-las, mas outros soltavam os cachorros atrás da gente. Era tudo muito divertido. Com 11 anos, eu ia dançar na Associação Atlética Floresta, isso sem deixar minha família preocupada. Às vezes, a família toda saía de casa e para fechar a porta usava-se apenas uma cadeira encostada, pois não havia ladrões. Quando estávamos num baile, combinávamos com as moças e íamos fazer serenatas defronte à casa delas com violões, flautas e violinos. Algumas famílias gostavam e até nos davam cafezinho, outras não gostavam e jogavam balde de água em nossas cabeças. Outro divertimento era o jogo de futebol. Eu joguei pelo Clube Floresta até os trinta e quatro anos de idade.

Sobre o Cinema Osasco que pertencia à minha família, onde fui operador de máquina de projeção, comecei a passar filmes no cinema com 15 anos de idade e naquela época a muque, porque a máquina era manual. Aprendi a operar a máquina de projeção de filmes com meu tio Lourenço Collino. No início, ano de 1916, o cinema tinha apenas oitenta lugares, as cadeiras eram de palha e de madeira. As cadeiras baratas custavam oitocentos réis. Naquela época não havia luz elétrica em Osasco e a iluminação do cinema era feita por um gerador movido a querosene, e quando era ligado fazia estremecer a cidade inteira. Só havia luz no cinema aos sábados e domingos e a molecada ficava de boca aberta quando via as lâmpadas de fora acesas.

Como os filmes eram mudos, havia um conjunto musical para animar a projeção. Com a instalação da luz elétrica em Osasco as coisas ficaram mais fáceis, a projeção de filmes e a iluminação do cinema passaram a ser feitas através da eletricidade. Depois, meu avô comprou uma vitrola e discos de vinil para tocar. Meu tio, Aristides Collino, era encarregado de colocar e trocar os discos. Geralmente o filme tinha várias partes e naquela época, para trocá-las, era necessário acender as luzes. Enquanto isso, o pessoal comia pipoca, amendoins e doces, chupavam laranjas e mexericas e comia melancias. Fora do cinema havia carrocinhas que vendiam amendoins, pipocas e frutas. Era uma animação! O Cinema Osasco fechou as portas na década de 1950.

Na Rua da Estação além da minha família, residiam as famílias Michelli, Pignatari, Marchetti, Nicoletti, Gianetti, Melli, Dias, Auada, etc. Essa rua teve outro nome, Glória dos Triunfadores, porém todos diziam Rua da Estação, e este último nome ficou sendo o oficial.

As viagens que fazia para a capital eram verdadeiras viagens. Saía de manhã com o trem e só voltava à noite, já que os trens eram poucos e demorados. Depois, o senhor Antônio Mazzoni introduziu as jardineiras em Osasco, mas para ir até São Paulo pela estrada Pinheiros-Osasco levava horas. Ela era muito ruim e as jardineiras eram apenas duas. Posteriormente, o senhor Mazzoni vendeu as jardineiras para o senhor Guerra.

Comecei a estudar aos 7 anos de idade no Grupo Escolar de Osasco, situado na Rua Dona Primitiva Vianco, uma casa que pertencia ao Barão Sensaud de Lavaud. Sobre a escola: o Grupo Escolar possuía cinco salas de aula e o gabinete do diretor. As aulas começavam às 8 horas e terminavam às 15 horas. Os alunos levavam lanches. Havia uma hora de recreio. Meu primeiro professor foi o senhor José Maria Rodrigues Leite que mais tarde tornou-se diretor.

Outro professor meu foi o senhor Walter Bariani. Havia o primeiro, segundo e terceiro ano. O primeiro e o segundo ano eram separados por sexo. Mas o terceiro ano era misto: os meninos e meninas na mesma sala de aula. Não havia quarto ano. Depois do Grupo Escolar em Osasco, estudei na cidade de São Paulo numa escola italiana.

Aos 17 anos entrei para o Exército, em Quitaúna, como voluntário, e tomei parte da Revolução de 1930. Sobre a Revolução de 1930: as tropas do

Exército Paulista, em que fazia parte, foram esperar as de Getúlio Vargas, que eram formadas por soldados do Exército do Rio Grande do Sul, Santa Catarina e Paraná, em Itararé. Foram dezesseis dias debaixo de muita chuva e frio. Os soldados paulistas, após resistirem bravamente, foram feitos prisioneiros, sem armas e só com a roupa do corpo, confinados em uma fazenda abandonada que eles chamavam de Campo de Concentração, permanecendo presos até Getúlio assumir o governo da nação como ditador. Terminada a batalha, os soldados que lutaram ao lado de Getúlio foram enviados a São Paulo de trem. Trens, um após o outro, cheios de soldados, e estes eram enviados aos quartéis de São Paulo. Uma parte da tropa ficou alojada no Quartel de Quitaúna. Os quartéis ficaram lotados e o Exército começou a requisitar outros locais onde os soldados pudessem ficar até serem mandados de volta para seu Estado de origem. O local escolhido foi o Cinema Osasco que teve que suspender as sessões de filmes durante a permanência dos soldados no salão, onde dormiam e faziam suas refeições. Eu era cabo, deixei o Exército quando estava fazendo curso para sargento, pois a minha mãe, impressionada com a revolução, não permitiu que eu continuasse no exército.

Fui então trabalhar como técnico no setor de Salamaria no Frigorífico Wilson e voltei a projetar os filmes no cinema de meu avô. Casei com Ottilia Tonato Collino e tivemos dois filhos. Após o casamento, fomos morar em Presidente Altino.

Lá havia poucas residências e muito mato; a Rua Antônio Agú era um atoleiro e a Rua Dona Primitiva Vianco possuía muitas árvores. A família tornou parte ativa na emancipação de Osasco. Meus tios cederam o salão do cinema para que o pessoal se reunisse a fim de tratar do primeiro plebiscito, que foi realizado em 1953. Pela minha ativa participação na emancipação, minha mãe Ignez Collino foi homenageada após sua morte com o nome do viaduto que liga o centro de Osasco à Zona Norte: Viaduto Ignez Collino. A grafia correta do nome é Ignes Collino, conforme registro de nascimento, que é como se escreve em italiano. Mas aqui todos a chamavam de Inês (em português), daí o nome do viaduto Inês Collino. Meu avô também foi homenageado com o nome de uma das principais Ruas de Osasco: Rua João Collino.

Um fato interessante é que enquanto meu avô construía balsas para o governo do Estado, morávamos lá perto do rio Tietê, no final da Rua da Balsa. Eu era menino e lembro bem da festa que havia no dia em que uma balsa ficava pronta e ia ser colocada no rio, o dia de descer a balsa, como o povo dizia.

O pessoal se dirigia para lá a fim de ver a colocação da balsa no rio. Colocavam-se rodas sob ela que, então, era puxada por burros até a beira do rio e depois empurrada pelo pessoal até a água. Quando a balsa tocava as águas, o pessoal aplaudia e soltava viva.

O meu pai João Collino passou a assinar assim após chegar ao Brasil. Em seu registro de nascimento consta Giovanni Collino. Contam os velhos italianos que, ao chegar ao Brasil, os imigrantes recebiam documentos com seus nomes abrasileirados e passavam a usar os nomes de acordo com os documentos recebidos aqui.

Osasco, outubro de 1989.

* * *

Senhora Zilda de Sá Battiston: "Tenho 74 anos de idade e nasci na cidade de Osasco. Sou neta do senhor João Collino. A casa onde funcionou a primeira igreja de Osasco na Rua Primitiva Vianco era uma casa grande e foi adaptada para servir de igreja até que fosse possível construir outra. Os santos que ornamentavam essa igrejinha foram trazidos da Itália conforme a vontade de Agú, inclusive o Santo Antônio que já era o santo padroeiro de Osasco, Itália. Fiz a primeira comunhão nessa igrejinha. Naquela época, a primeira comunhão das crianças era celebrada no dia de Natal. Aqui vinha um padre de São Paulo para realizar a cerimônia. À noite havia uma festa que era realizada no clube ao lado, onde as famílias se reuniam, festejavam o dia de Natal e a primeira comunhão dos filhos. Esse clube, denominado Clube Recreativo, funcionava numa casa conhecida como *A casa do pé de magnólia* era um clube da elite local. Para tocar nos bailes organizados vinham orquestras de São Paulo.

Conheci a bonita casa onde Antônio Agú morou, pois lá estive muitas vezes com sua avó e minha mãe, que eram amigas de dona Cristina Vianco Fornasari. O pomar era grande e bem cuidado. Havia inúmeras árvores frutíferas e um grande parreiral. Lamento que o povo de Osasco e seus dirigentes nada tenham feito para preservar os prédios que fizeram sua história.

Com exceção do Chalé Bríccola, o atual Museu Dimitri Sensaud de Lavaud, todos foram sendo destruídos: a casa onde funcionou a primeira igrejinha, a primeira Igreja da Matriz, o Clube Recreativo, o Cinema Osasco, o primeiro grupo escolar. Resta ainda, na Rua André Rovai, o prédio onde funcionou a primeira farmácia de Osasco, do senhor Pedro Fioretti, mas com certeza terá o mesmo fim que os outros.

Além do Recreio Fontaine Blue, houve outro local de lazer, o Recreio Dom Bosco situado na esquina do Largo de Osasco com a Rua da Estação, que ficou famoso pelas serenatas que lá faziam os jovens que tocavam instrumentos e cantavam.

Segundo ela, o Recreio Dom Bosco tinha a cobertura feita de sapé, tendo na parte do fundo um bar e na parte da frente mesinhas onde as pessoas sentavam para tomar lanche, cantar e dançar. Outra forma de lazer dos osasquenses no final de 1920 foi a patinação. O dono, um senhor de origem alemã, montou o ringue de patinação na Rua Dona Primitiva Vianco ao lado do grupo escolar de Osasco. No entanto Osasco, era um lugarejo pobre, poucas pessoas podiam frequentar o rinque de patinação que, por não proporcionar lucro ao dono, acabou sendo fechado.

O primeiro teatro de Osasco. O que sei sobre esse teatro foi relatado pela minha mãe, Ignes Collino, e pelo meu avô João Collino. Como gostavam muito de teatro, conseguiram trazer para Osasco uma companhia teatral. O senhor Romualdo cedia aos finais de semanas um de seus salões comerciais na Rua da Estação para que ali fossem representadas as peças. Naquela época minha mãe, como era jovem, bonita, muito desenvolta e comunicativa, foi convidada pelo diretor da companhia para representar.

Toda vez que essa companhia de teatro vinha para Osasco, o diretor trazia um papel para minha mãe decorar e representar. Meu avô gostou tanto dessa experiência que resolveu, mais tarde, montar um cinema. Ele trouxe várias companhias teatrais para representarem peças no palco do cinema. Lembro-me da Companhia de Teatro Nino Nello ter se apresentado em Osasco em várias ocasiões.

Fui casada com o senhor Aldo Battiston e tivemos dois filhos. Um dos pequenos enviuvou muito jovem, mas não tornou a casar. Junto com seus familiares trabalhou muito pela emancipação de Osasco. *A casa do pé de Magnólia* era assim conhecida porque defronte havia uma grande magnoleira que dava muitas flores e causou grande polêmica quando foi cortada.

Osasco, maio de 1990.

* * *

Senhora Idamis Veronesi Negrelli: "Tenho 76 anos de idade. Nasci na cidade de São Caetano do Sul e vim para Osasco em 1938, já casada com o doutor Walter Negrelli hoje falecido, que antes trabalhava na Oficina de Trens, a "Soma".

Para quem não conheceu doutor Walter Negrelli, nasceu em Paranapiacaba, em 19 de maio de 1909, filho de Nicola Negrelli e Isola Penco Negrelli. Tendo cursado o primário na Escola Inglesa da São Paulo Railway, Escola Profissional do Brás, da cidade de São Paulo, completou o Curso de Engenharia na Escola Superior de Mecânica e Engenharia, obtendo o grau de Engenheiro em Mecânica e Eletricidade. Fez todos os cursos ministrados pelo SENAI-SESI-TWI. Depois de formado, foi trabalhar como engenheiro ferroviário na São Paulo Railway, depois Estrada de Ferro Santos-Jundiaí.

Em 1934, veio para Osasco chefiar o Departamento de Engenharia da Cia. Sorocabana e Material Ferroviário - SOMA, chegando ao cargo de diretor geral. Foi o autor responsável pela construção do maior vagão-tanque de combustível do mundo em capacidade de litros transportados, o que lhe valeu o título de Engenheiro do Ano. Em 1962, foi chefiar o Departamento de Engenharia e Projetos da Cia. Fuller de Equipamentos Industriais com sede na Pensilvânia, nos Estados Unidos da América do Norte, onde foi ministrar curso de pós-graduação para engenheiros norte-americanos. Também fez parte do corpo docente do Instituto Politécnico de São Paulo, ministrando aulas de desenho.

Em sua vida na comunidade de Osasco também contribuiu transmitindo seus ensinamentos gratuitamente a inúmeros cidadãos osasquenses quando aqui não existiam cursos de segundo grau e cursos técnicos, especialmente a funcionários da companhia SOMA, formando profissionais.

Foi um dos pioneiros do ensino através do rádio, no projeto Universidade no Ar, transmitido no município de Osasco. Orientou várias teses de mestrado de cursos de pós-graduação do Instituto Politécnico de São Paulo e Faculdade Mackenzie. Entre outras colaborações para com a comunidade citamos: autor do projeto de construção da Igreja Nossa Senhora do Bonfim, presidente da comissão e engenheiro responsável pela construção da atual Igreja Matriz de Santo Antônio de Osasco, sócio fundador do Rotary Clube de Osasco, presidente da SOMA FUTEBOL CLUBE e presidente da Liga de Futebol Amador de Osasco.

Quanto à sua participação na vida política de Osasco: fundador do Partido Trabalhista Brasileiro (PTB) de Osasco, membro atuante da Sociedade Amigos de Osasco, entidade que encabeçou a luta pela emancipação política e administrativa de Osasco. Em sua residência, funcionou o Quartel General do Movimento Emancipacionista. O reconhecimento pelo seu trabalho foi traduzido no Diploma de 1º Cidadão de Osasco, homenagem espontânea de seus colegas de luta pela autonomia e confirmado pela outorga na Câmara Municipal de Osasco, do 1º Título de Cidadão Osasquense.Os meus filhos são: Nicola, Valdeci, Ana Maria, Celso e Fábio Negrelli. Chegando aqui em 1938, fixamos numa casa perto da Fábrica de Fósforo Granada.

Nessa época em Osasco não havia luz nas ruas, asfalto, esgoto era só "picada" no mato. Tínhamos medo de sair à noite e quando íamos a São Caetano voltávamos antes do escurecer. A Rua João Batista era o caminho para a minha casa e só tinha barro. Os transportes eram difíceis e os trens eram escassos. Para acesso a São Paulo havia um só ônibus que fazia ida e volta. Quando precisava levar os meus filhos para consulta com o doutor Milizola na capital, ao voltar tínhamos de esperar o ônibus até o final da tarde. Naquela época o comércio também era pequeno, existiam algumas lojas e vendas. Frutas e verduras eram vendidas em caminhões nas portas de casas que vinham de plantações das chácaras de Osasco. Carnes e derivados eram trazidos por um fiscal do Frigorífico Wilson que vendia na SOMA para meu marido. Leite e pão também eram comprados na porta de casa que os produtores particulares entregavam com carroças. Conheci e vivi o tempo das boiadas. Os estouros delas invadindo ruas e as casas. As casas tinham quintais com plantações e criações de pequenos animais. Em minha casa sempre teve galinheiro e cheguei até a criar perus. Depois dessa primeira casa, fui morar na Rua André Rovai, e lembro-me que havia a quitanda do seu Chico, pai de dona Elza Batiston, mercearia dos Lanciotto, farmácia de Pedro Fioretti, a venda dos Nurchis que tinha de tudo assemelhando-se aos mercados de hoje.

Na casa da Rua André Rovai, morei pouco tempo, depois mudei para o Largo do Mercado em 1940, onde moro até hoje. Quando vim morar aqui, o lugar era só mato. Não havia mercado e nem o ginásio, somente a minha casa. Fazia compras das vestimentas na cidade de São Paulo; lembro-me que aqui havia alfaiates e poucas costureiras.

Uma delas prestava serviços para mim, e era a dona Maria Goiana. Havia também um tintureiro, o pai da dona Santina que é a esposa do Nelson da Vanguarda. Os lazeres eram basicamente no Clube Atlético e Floresta, como as festas familiares, inclusive as minhas.

As festas de aniversários de minha família ficaram famosas porque durava o dia todo; comida à vontade, saladas, churrasco e, no final da tarde, bolo e grande variedade de docinhos, tudo isso regado a chope e muita música. Havia sempre músicos, amigos que tocavam piano, violão, acordeom e outros, motivando o baile e a cantoria. Uma delícia! Um grande número de amigos osasquenses e família que vinha de fora. Saudosas lembranças! Outro fato que lembro com saudades é de um tempo muito bom, em que os amigos se visitavam. Visitas diárias dos amigos que se organizavam em grupos e faziam verdadeiras festinhas. Era cada dia na casa de um deles. A dona da casa oferecia bolos, pudins, manjares, café, chá, etc. Às vezes isso acontecia para ouvir a rádio-novela quando alguém estava com um encrencado.

Sobre a emancipação: participei desde as primeiras ideias. Minha casa foi o quartel General onde todos se reuniam. As reuniões aconteciam à noite. As pessoas vinham diretamente do serviço, e às vezes da minha casa mesmo eles iam trabalhar sem ter voltado para casa.

Eu ficava na retaguarda, dava assistência, servia lanches e cafés para os participantes. Havia outros grupos trabalhando, mas a central das decisões e informações era na minha casa. Lá eram elaboradas desde as estratégias de ação até a confecção de matérias, faixas, cartazes etc.

O primeiro plebiscito foi realizado no prédio que hoje funciona o mercado municipal, que já estava pronto, mas não inaugurado. Os comerciantes em geral não queriam a vitória do "Sim", achavam que os prejudicariam e Osasco se tornaria interior. O pessoal do cartório em especial pensava assim e foram os mais ferrenhos adversários encabeçando a campanha do "Não". O primeiro plebiscito ocorrido no ano de 1953 foi uma roubalheira e venceu o "Não". As urnas ficaram no cartório e eles como eram do

"Não" trocaram os votos e até as urnas, senão o "Sim" teria ganhado.

Houve um fato interessante depois da primeira eleição. Os eleitores do "Sim" revoltados fizeram uma fogueira na Rua João Batista e numa ação de protesto queimaram seus títulos de eleitores. Depois tiveram de ir a cidade de São Paulo para tirar novamente porque assim, sem o título, não iam poder votar no segundo plebiscito.

Houve o segundo plebiscito no ano de 1958, todos tiveram de roubar para não perder novamente. Cada um roubou do seu jeito. O meu esposo, doutor Walter Negrelli teve de subornar o oficial de justiça que era responsável pela organização do plebiscito. Que ele "fechasse os olhos" e agisse de forma a ajudar o pessoal do "Sim" como fizera com o pessoal do "Não" na eleição anterior de quem recebera o primeiro suborno. Então foi montada a estratégia para a vitória. Ele também indicou os nomes de presidentes e mesários que fariam parte da sessão onde seria a totalidade do "Sim". As cédulas foram feitas para poder serem trocadas. Além do acordo dinheiro, o meu filho Nicola serviu de motorista particular para agradar o oficial de justiça. Esse oficial de justiça mandou confeccionar cédulas do "Sim" e envelopes da eleição em maior número que os "Não". Esses envelopes foram propositalmente confeccionados em papel bem fino e semitransparente. Foram, então, entregues na minha casa para substituir os votos dados ao "Não". Enquanto o pessoal votava, a mesa retirava os votos do "Não" da urna, em seu lugar eram colocados os votos do "Sim" já preparados e que chegavam às seções nas formas de lanches. Os pacotes de votos do "Não" retirados das urnas iam para a minha casa onde eram queimados por meu filho Celso Negrelli em um latão no fundo do quintal dentro do galinheiro. Depois de vencido o segundo plebiscito pelo "Sim" ficou algum tempo sob pendência judicial, por terem acusado a eleição de fraudulenta, saindo até em notícias de jornal da capital de São Paulo. Durante esse período, os ânimos ficaram muito acirrados entre a turma do "Sim" e a turma do "Não". Houve passagens como enterro do "Não", que foi organizado em minha casa desde o caixão, cartazes e faixas e depois desfilou nas principais ruas da cidade.

Houve também pichações nas calçadas de dona Maria Genta e dona Bruna que lideravam a turma do "Não" e foram organizadas pelos jovens em minha casa. Distraidamente, deixaram pingar as tintas fazendo um caminho de volta que dava em minha porta, onde abandonaram as latas vazias de tintas. Houve investigação policial. Enquanto isso, eles foram muitas vezes à Assembleia Legislativa em caravanas organizadas pelos moradores para pressionar os deputados. Lembro que falavam com a deputada Maria da Conceição da Costa Neves e o deputado Anacleto Campanella, que abraçou a causa de Osasco, apesar de ser da cidade de São Caetano, mas foi por amizade ao senhor Mário Menin, o meu cunhado, que o acompanhava em todas as sessões da Assembleia.

Numa das vezes em que não compareceu a caravana à Assembleia, e estava presente somente meu esposo, o doutor Walter Negrelli e o senhor Marino Pedro Nicoletti foi referendado a criação do município de Osasco. De lá, eles telefonaram para mim, e que era a minha função soltar um rojão, pois a minha casa era a central de informações. Qualquer novidade era sinalizada por rojões. Eu com muito medo cumpri a minha missão, soltei o rojão anunciando a grande novidade. Houve, então, uma grande festa para comemorar a vitória. Depois da emancipação o meu esposo, doutor Walter Negrelli não quis candidatar-se a nenhum cargo público e nem aceitou emprego na prefeitura mesmo tendo sido convidado para secretário de Obras. Meu esposo foi fundador e membro participante, até sua morte em 9 de março de 1986 da Ordem dos Emancipadores de Osasco, fundada com o objetivo de manter vivo os ideais emancipacionistas. Uma das maiores emoções de sua vida foi por ocasião da celebração de nossas Bodas de Prata, quando recebeu das mãos dos amigos autonomistas o Título de Cidadão Osasquense mesmo antes de ser instalada a administração municipal.

Esse gesto de gratidão foi confirmado pela Câmara Municipal de Osasco, concedendo ao meu esposo, doutor Walter Negrelli o Título de Cidadão

Osasquense. Fico comovida, adoro Osasco e seu povo, não pretendo sair daqui. Considero-me osasquense de coração, repetiria tudo se fosse necessário para o bem de Osasco.

Osasco, dezembro de 1991.

* * *

Senhor Manoel Coutinho: "Tenho 85 anos de idade, nasci em Guarda, Portugal, vim para o Brasil aos 7 anos de idade, juntamente com os meus pais e irmãos. A família permaneceu por cinco meses na cidade de São Paulo, e como meu pai não conseguia trabalho, um amigo trouxe-nos para Osasco. Meu pai foi trabalhar no Frigorífico Continental. Ele estudou numa escola da Rua Antônio Agú onde hoje estão localizadas as Casas Pernambucanas, e o professor da época dava aula em dois períodos. Eu só frequentei durante um ano e dois meses, pois fui trabalhar na Cerâmica Industrial de Osasco e tive como gerente o senhor Etore Biscuola. Nessa época, eu tinha apenas 13 anos de idade. Quase todos os habitantes dessa época eram estrangeiros, sendo a maioria de italianos e portugueses. Todos tinham de trabalhar. As crianças iam à escola com os pés descalços porque os pais não tinham dinheiro para comprar sapatos, era uma vida muito difícil. Éramos tão pobres aqui quanto em Portugal, com uma diferença; aqui havia a chance de melhorar a vida. O Brasil estava evoluindo bem mais rápido que Portugal. Meu pai trabalhou na graxaria do Matadouro e mais tarde no corte da carne.

Após dois anos na Cerâmica Industrial de Osasco, foi trabalhar na salamaria do Frigorífico Continental, tendo como chefe o senhor Alexandre Eder, que anos depois se tornou o dono do Frigorífico Eder, no bairro de Santo Amaro, na capital de São Paulo. Todos trabalhavam muito, principalmente os imigrantes. Cheguei a trabalhar duzentas horas numa quinzena, fazendo horas extras. Às dezoito horas, o matadouro apitava três vezes, era o sinal para quem quisesse fazer horas extras. Não era obrigado, ia quem quisesse. Eu ia todas as noites. Ganhava seiscentos réis por hora, cheguei a ganhar quase duzentos mil réis numa quinzena. No Frigorífico Continental, havia casas para chefes de seções, casas para os operários, mas essas eram feitas de madeira. Minha família morou lá, em uma casa de madeira, enquanto meu pai trabalhava no matadouro.

Algum tempo depois, comprei por dois contos de réis, meio alqueire de terra na Vila Yara e fiz uma pequena chácara. Paguei o terreno a prestações. Comprei uma vaca e comecei a vender leite para a população. Descia para o largo com um latão de vinte litros de leite nas costas. Não tinha um freguês que comprasse um litro, era apenas meio litro de leite e às vezes meia garrafa. O leite não era caro, apenas trezentos réis o litro. Mas o pouco dinheiro que as pessoas conseguiam economizar era para pagar o terreninho que haviam comprado ou pretendiam comprar. Quando um morador conseguia comprar o terreno que seria pago em prestações, fazia um barracão de madeira coberto de sapé e mudava-se para lá com a família. Na parte dos fundos plantava verduras e criava galinhas, patos e porcos. Aos poucos ia construindo sua casa de alvenaria, fazendo um cômodo por vez. Na época, havia igualdade, éramos todos pobres. Todos começavam do nada e ajudávamos uns aos outros. Meu pai construiu também na chácara uma casa em madeira e coberta de sapé. Depois comprou uma vaca, mais outra e logo havia muito leite a ser vendido. Economizando bastante, meu pai comprou uma charrete e ficou fácil vender o leite no centro de Osasco e em Presidente Altino.

Mais tarde nossa família foi morar na Rua da Cartiera, Largo dos Ratos. O meu pai não soube explicar o porquê desse nome, onde está o Cine Estoril.

Ali, minha mãe mantinha uma pensão. Além de cuidar da casa e dos filhos, ela fazia refeições para os pensionistas, lavava as roupas da família e dos pensionistas. Minha mãe lavava as roupas num rio. Era de costume naquela época lavar roupas no rio, pois a água era limpa. As casas tinham poços, retirava a água usando baldes, uma operação cansativa e demorada.

Após o casamento, comprei um boteco que havia defronte à farmácia do senhor Vasco da Rocha Leão esquina do Largo de Osasco com a Rua da Estação ao lado de Ferro Sorocabana, que não podia vendê-lo e nem alugá-lo. Por esse motivo fiquei três meses com o boteco e fui despejado. Mudei, então, para o prédio do doutor Ayrosa na Avenida João Batista. O Bar e Restaurante Bom Gosto era considerado o primeiro restaurante de Osasco e foi montado pelo senhor Gaspar Negri, sogro do senhor Bechara que algum tempo depois vendeu para o senhor Pedro Ciscato. Em 1934, o senhor Ciscato faliu e assim, em sociedade com meu pai, comprei o restaurante que passou a chamar-se Bar e Restaurante Luso-Brasileiro, localizado na esquina do Largo de Osasco com a Avenida João Batista, onde atualmente é a Lojas Marisa. Frequentado quase que exclusivamente por homens, além de comer e beber, se reuniam para jogar mora tocar sanfona e violão. Aos domingos, alguns homens mais abastados levavam para lá suas esposas e filhos para se alimentarem.

Eles não ficavam no salão, iam para a cozinha onde havia uma grande mesa com bancos de madeira e pediam frango assado. Lembro-me da família do senhor Ângelo Fornasari, quando almoçavam lá quase todos os domingos.

Antes da Farmácia Santa Teresinha do doutor Vasco, funcionava ali desde 1924 o Recreio Dom Bosco que pertencia ao senhor Comandini e era muito bem feitinho. No Restaurante Bom Gosto, eu trabalhei durante seis anos, mas com a morte do meu pai vendi a minha parte para meu irmão e comprei do senhor Pietro Michelli na Rua da Estação a padaria Bom Jesus, em sociedade com meu primo Antônio. Algum tempo depois, comprei uma casa de queijos perto do Mercado Municipal de São Paulo, à Rua Barão de Duprat, em sociedade com o veterinário Carlos Genta, conseguindo vender mil e quinhentos quilos de queijo por dia, porém a sociedade não deu certo. Voltei a trabalhar em Osasco, e desta vez na Padaria e Confeitaria Garoto, que montei na esquina do Largo de Osasco com a Rua Antônio Agú.

Vendi depois a padaria para o irmão Celestino e o primo Antônio e fui trabalhar com cereais, juntamente com dois mineiros, em Mandaguari, no Estado do Paraná. Nós comprávamos e revendíamos cereais. Era muito difícil arrumar transporte para trazer os cereais. Havia um conchavo com o F. Monteiro; para ele havia vagões todos os dias e para nós, raramente. Desse modo, embora o negócio fosse bom e lucrativo, tivemos que encerrá-lo.

Sobre o comércio no Largo de Osasco, início com a venida João Batista: naquela época a Farmácia Santa Teresinha do doutor Vasco da Rocha Leão, armazém de secos e molhados do senhor Pedro Fernandes, a sede da Associação Atlética Floresta, farmácia do senhor João Rocha Lima, o salão da cabeleireira da Madame Bruna, a venda e bar do senhor Lourenço Carleto, as padarias dos senhores Joaquim Soares Barbosa, Caetano Bertoni, esta no início da Rua Antônio Agú e que mais tarde foi vendida para o senhor Carnera. Um fato interessante sobre as padarias: quando não havia padarias em Osasco, um senhor chamado Pires ia buscar os produtos na cidade de São Paulo e vinha vender aqui, de porta em porta de carrocinha.

Depois, o senhor Caetano Bertoni começou ir a Lapa buscar pães para vender na padaria do cunhado dele, o senhor Giuseppina Pisapia, que não fazia pão apenas revendia.

O senhor Bertoni chegava pela Vila dos Remédios com a carroça cheia de pães, e atravessando o rio Tietê com a balsa na Vila São José. Lembro-me de um dia que a carroça caiu no rio Tietê e os dois burros morreram afogados. Mais tarde, o senhor Bertoni montou sua padaria e começou a fazer pães para vender. Outra padaria daquela época, do senhor Joaquim Soares Barbosa que comprou o estabelecimento do Giuseppe Pisapia e começou a fazer pães. Padaria portuguesa também conhecida como Padaria Aurora, nome da esposa do senhor Barbosa.

Além dos proprietários das casas comerciais, lembro-me de ter morado no Largo de Osasco, o chefe da estação e, quase na esquina do Largo com a Rua Dona Primitiva Vianco, as famílias Gallafrio e Giancolli.

Quanto ao incêndio no coreto do Largo de Osasco: eu trabalhava no Bar e Restaurante Luso-Brasileiro, tomava conta da bomba de gasolina da Companhia Calói, ali mesmo no Largo de Osasco. Naquela época estavam calçando o largo com paralelepípedos e as ferramentas que os operários da Prefeitura de São Paulo usavam eram guardadas lá no fundo do restaurante. Uma noite, reuniram-se no bar o Écio e Luciano Melli, os filhos de Lanciotto Viviani, filho do delegado e outros. Eles contaram que estavam querendo derrubar o coreto e foram pegar as ferramentas dos operários no fundo do bar.

Fui fechar a bomba de gasolina e aproveitei para pegar um galão de gasolina e despejá-la em volta do coreto que a turma já havia derrubado. Pusemos fogo e dez minutos depois não havia mais nada. O senhor Vasco, que morava na parte superior do prédio da farmácia, bateu palmas. Por isso foi indiciado no processo.

Mas aquele coreto era mesmo muito feio, estava sempre ocupado pelas cabras que andavam pelo largo e resolvemos acabar com ele. No dia seguinte, toda a rapaziada foi presa, menos o Vasco e eu. O delegado foi me prender, mas disse a ele que para isso era preciso evacuar o bar, pois eu estava sozinho.

Então, resolveu deixar para o dia seguinte. As pessoas iam ao bar e me diziam: 'Você botou a gasolina e eles que foram presos!' Na primeira noite que passaram na cadeia, assei um pernil no forno do bar, peguei o pernil e algumas cervejas e fui para a delegacia pedi para o carcereiro que deixasse os rapazes comerem o pernil, pois deviam estar com fome.

Nós todos comemos e bebemos. Foi uma farra. No dia seguinte, eu deveria ser preso, mas fui falar com um amigo, o senhor Lauro Gomes, que havia sido nosso pensionista na pensão de minha mãe, na Rua da Cartiera.

Ele havia trabalhado no Frigorífico Continental e, na época, eu levava comida para ele. O senhor Lauro Gomes, que mais tarde veio a ser prefeito de São Bernardo do Campo, casou-se com uma filha do Rudge Ramos, que era o chefe de polícia na cidade de São Paulo. Livrei-me da prisão, mas, tanto eu quanto o Vasco, acabamos fichados como incendiários.

Sobre a emancipação de Osasco, só fui contra por solidariedade a amigos do cartório, que frequentavam o meu bar. E acho que foi a melhor coisa que aconteceu e me sinto plenamente realizado e satisfeito.

Tanto que, quando eu morrer, quero que me leve para o museu (não vou dizer o porquê, mas muita gente sabe). Esta terra é o melhor lugar do mundo e eu não troco Osasco por nada. Gosto tanto daqui, que, ao viajar para Europa, o programado era trinta e cinco dias, não aguentei, no 28º dia voltei para cá, para o meu doce lar.

Sou casado com Santa Scatolin Coutinho, temos três filhos, um dos quais já faleceu.

Osasco, janeiro de 1992.

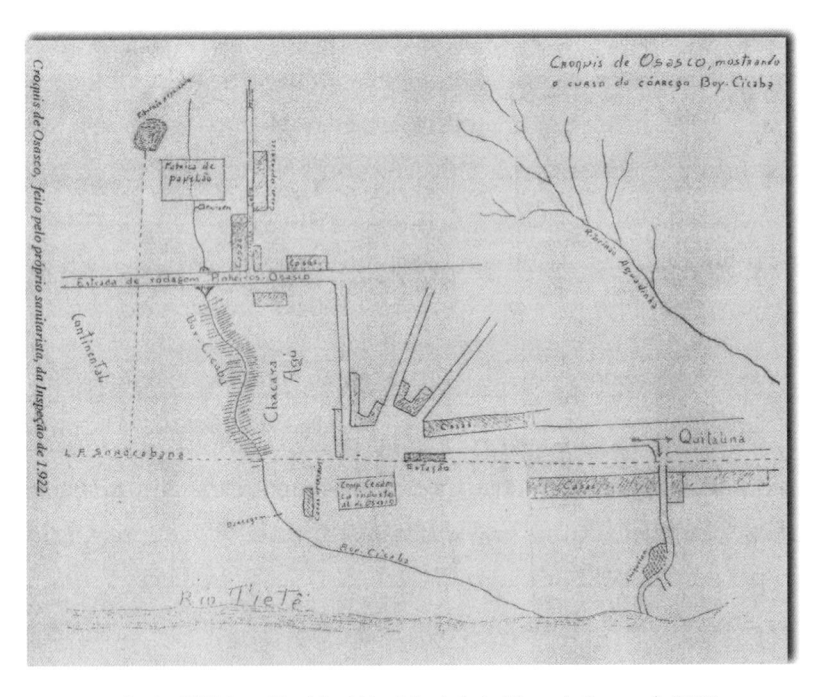

Fonte: Biblioteca Municipal Monteiro Lobato Mapa de Osasco de 1922

Mapa dos Bairros de Osasco

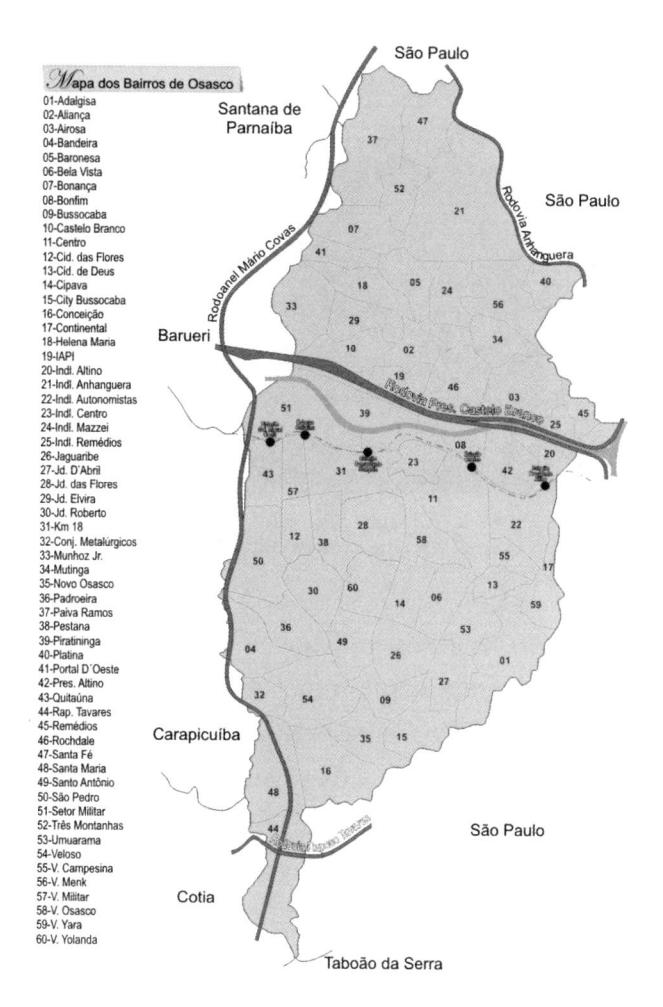

01-Adalgisa
02-Aliança
03-Airosa
04-Bandeira
05-Baronesa
06-Bela Vista
07-Bonança
08-Bonfim
09-Bussocaba
10-Castelo Branco
11-Centro
12-Cid. das Flores
13-Cid. de Deus
14-Cipava
15-City Bussocaba
16-Conceição
17-Continental
18-Helena Maria
19-IAPI
20-Indl. Altino
21-Indl. Anhanguera
22-Indl. Autonomistas
23-Indl. Centro
24-Indl. Mazzei
25-Indl. Remédios
26-Jaguaribe
27-Jd. D'Abril
28-Jd. das Flores
29-Jd. Elvira
30-Jd. Roberto
31-Km 18
32-Conj. Metalúrgicos
33-Munhoz Jr.
34-Mutinga
35-Novo Osasco
36-Padroeira
37-Paiva Ramos
38-Pestana
39-Piratininga
40-Platina
41-Portal D'Oeste
42-Pres. Altino
43-Quitaúna
44-Rap. Tavares
45-Remédios
46-Rochdale
47-Santa Fé
48-Santa Maria
49-Santo Antônio
50-São Pedro
51-Setor Militar
52-Três Montanhas
53-Umuarama
54-Veloso
55-V. Campesina
56-V. Menk
57-V. Militar
58-V. Osasco
59-V. Yara
60-V. Yolanda

Evolução populacional: 1920: 004.128 hab., 1930: 011.528 hab., 1940: 015.258 hab., 1960: 114.828 hab., 1970: 283.073 hab., 1980: 474.543 hab., 1991: 568.225 hab., 1996: 622.912 hab., 2000: 652.912 hab., 2006: 714.950 hab., 2008: 715.444 hab.

Temperatura: 12°C no inverno e 26°C no verão.

Precipitação anual: em torno de 2.000 mm.

Umidade relativa do ar: 80% na média.

Osasco, dezembro de 2009

Fonte: www.camaraosasco.sp.gv.br

Foto: Laura Leal
2009 - Osasco - Vila Yara, divisa de Osasco com São Paulo

A cidade de Osasco, localizada na Região Oeste do Estado de São Paulo, com o acesso através de importantes rodovias como: Raposo Tavares, Castelo Branco, Rodoanel, Anhanguera e pela Estrada de Ferro da Companhia Paulista de Trens Metropolitanos. Possui limites territoriais com diversos municípios da Grande São Paulo, como, a leste: São Paulo, Butantã, Jaguaré; a oeste: Taboão da Serra, Carapicuíba, Barueri, Santana de Parnaíba; e a sudeste: Cotia. A partir da metade do século XIX, a região começou a passar por uma série de transformações em função da construção da via férrea e da imigração europeia. Tais transformações alteraram o ritmo de vida da região promovendo a modernização de diversos setores e a formação de vários bairros, que ficavam próximos dos caminhos ou rotas por onde se transportavam as economias do Estado de São Paulo. Foi nessa época que surgiu a então Vila Osasco.

Depois, na condição de Distrito de Osasco, as necessidades básicas da população, como saúde e educação não eram atendidas, Osasco estava se firmando com polo industrial, sua população aumentando e os serviços essenciais não atendidos pela Administração da cidade de São Paulo, isso fez com que movimento pela emancipação de Osasco comece a ser discutidos.

Naquela época, as indústrias alavancando o processo de produção e desenvolvimento das cidades consequentemente aumentou fortemente a densidade demográfica nos centros urbanos. Nessa fase, a escola assumiu um papel importante, devendo satisfazer a exigência de especialização para o mercado de trabalho e de desenvolvimento tecnológico e científico. Assim, a escola fica ligada a esse processo na condição de agência educadora para atender as necessidades do progresso e da civilização nas grandes cidades.

Chamada Cidade Trabalho por ter alavancado a industrialização na região, Osasco hoje conta com poucas indústrias de grande porte, concentrando suas atividades no setor de comércio e prestações de serviços.

Com uma população aproximada de 715 mil (setecentos e quinze mil) habitantes, sendo a 5ª maior cidade do Estado de São Paulo.

Abrange sessenta e seis quilômetros quadrados de superfície terrestre e sua posição astronômica é marcada pelas coordenadas geográficas: 23° 31', 52' de latitude Sul e 46° 46', 30' de longitude Oeste.

Fonte: Livro Osasco Cidade Trabalho de Geraldo Francisco de Sales e Marlene Ordonez
Marco de divisa de Osasco com São Paulo

Considerações finais

Foi valoroso o trabalho de Antônio Agú, fundador e construtor-empreendedor de Osasco. Uma pessoa com visão futurista; transformou suas terras em bairro da cidade de São Paulo e ainda presta homenagem à sua terra natal, dando esse nome à Estação Ferroviária local, chamando-a de Estação Osasco que por sua vez, emprestaria aquele nome à Vila Osasco.

Por outro lado, também outros tantos imigrantes como Antônio Agú e seus descendentes não deixaram o sonho da liberdade no esquecimento, mas, sim lutaram pela emancipação. Hoje 2009, agradecidos pelas lutas, aprendemos que a história é a própria cultura e devemos preservá-la. Ao realizar este trabalho estou exercendo um papel fundamental de preservação e divulgação da memória histórica de Osasco. A geração seguinte irá precisar do espelho de sua cultura, no qual vai basear suas próximas histórias. Ao juntar-nos à força osasquense, podemos afirmar com muito orgulho, que fazemos parte da quinta maior cidade do Estado de São Paulo.

A autora.

Osasco, 31 de dezembro de 2009.

BIBLIOGRAFIA

OLIVEIRA Neyde Collino de; NEGRELLI Ana Lucia Marquetti Rocha. *Osasco e Sua História*. São Paulo. CG Editora. 1992.

PIGNATARI Helena Werner. Os primeiros habitantes in *Raizes do Movimento Operário em Osasco* – Museu Dimitri Sensaud de Lavaud – Osasco. Cortez Editora, 1981.

SALES Geraldo Francisco de; ORDONEZ Marlene. *Estudos Sociais – Osasco – Cidade Trabalho – Nosso Município*. Editora IBEP – Instituto Brasileiro de Edições Pedagógicas – São Paulo.

COELHO Maria Inês Zampolim de. *Geografia, Violência e Segurança Pública*. São Paulo. (FITO) Instituto Tecnológico de Osasco. 2000.

FITO - Instituto Tecnológico de Osasco, *Uma Viagem no tempo e no espaço – História da Cidade para o Ensino Fundamental Secretaria da Educação de Osasco* - São Paulo, 2000.

COELHO Maria Inês Zampolim de; MORETTI Helio Marcos Messias Maria do Carmo. *Osasco História e Identidade*. (FITO) Instituto Tecnológico de Osasco, 2004.

PIGNATARI Helena Werner. *O primeiro Voo da América do Sul.* São Paulo. PUC – Pontifícia Universidade Católica, 1969 – 1970.

IGREJA MATRIZ DE SANTO ANTÔNIO DE OSASCO. Livro de Atas (livro-tombo) da História fundamental.

ROCHA Pedro Silveira da. *Vida Social e Política de Raffard.* Editora Brasiliense, 1986, Lira, Heitor. História de Dom Pedro II, 1825 – 1891.

PADRE DE BIASI, COMPILATORE. * VII GIUGNO MDCCCLXXXV* AGOSTO MCMIV L'OSPETALE ITALIANO UMBERTO I * CONTRIBUTO ALLA STORIA * SAN PAOLO DEL BRASILE * SETTEMBRE MCMIV.

SACERDOTE GIUSEPPE DE MARCHI. GENNI STORICI SU OSASCO – S. E. MONS. GAUDENZIO BINASCHI Vescovo di Pinerolo – EDIZIONE A CURA DELLA PARROCCHIA DI OSASCO PER I RESTAURI DELL' ORGANO. Finito di stampare il 2 settemble 1939 – XVII COI ti della Tipografia G. ALZANI – Pinerolo.

Outras referências

Internet
　Câmara Municipal de Osasco – www.camaraosasco.sp.gov.br
　Polícia Militar do Estado de São Paulo – www.policiamilitar.com.br
　Prefeitura do município de Osasco – www.osasco.sp.gov.br
　Sabesp – O Tietê – www.sabesp.com
　Site Rodovias – Rodovias Paulistas – www.der.sp.gov.br

Inventário de Antônio Agú:
　Fornecido pelo Cartório do 3º Ofício da Família e das Sucessões da Comarca da capital do Estado de São Paulo - Capital - Carlos Figueiredo - Oficial Maior.
　(Fonte: José Luiz Alves de Oliveira).

Testamento:
　Cópia pelo Departamento de Planejamento e Urbanismo de Osasco (DPU).

Documento:
　Certidão de Batismo de Antônio Agú - Sacerdote Giuseppe de Marchi, em 10 de agosto de 1939, Acervo Museu Dimitri Sensaud de Lavaud.

Fontes de Informações:
Biblioteca Municipal Monteiro Lobato
Museu Municipal Dimitri Sensaud de Lavaud
Câmara Municipal de Osasco
Prefeitura do município de Osasco
Jornal O Diário de Osasco
Jornal A Vanguarda
Jornal Correio Paulista
Ordem dos Emancipadores
Circolo Italiano
Comunidade Armênia
Comunidade Japonesa
Tese Mestrado – Airton Cesar Domingues
José Luiz Alves de Oliveira (pesquisador)
Dra. Agnes Agú Cassavia

Fotos:
Walter Ramos, Acervo Mário Torres, Rômulo Fasanaro, Maurício Viel, Eudes Donisete, Wlisses Barbosa, José Luiz Alves de Oliveira, Jrholanda Barueri Blog e Laura Leal.

Textos:
Mara Danusa, Mércia Fasanaro, Ráriton Cassoli, Ana Lúcia Rodrigues da Luz e Santina Dadato de Freitas, Airton Cesar Domingues e Laura Leal.

Recorte de jornais:
Jornal A Vanguarda, Jornal O Diário de Osasco, Jornal Correio Paulista e Jornal Oficial do Município – IOMO.

Depoimentos sobre Osasco antigamente.

Senhoras: Maria Parolin Grossi, Ilda América Rizzardi Gallafrio, Lilian Giancoli, Zaira Collino Odália, Zilda Battiston, Idamis Veronesi Negrelli.

Senhores: doutor Reinaldo de Oliveira, Germano Pavão, Celso Collino, Manoel Coutinho e Américo Viviani.

INFORMAÇÕES SOBRE NOSSAS
PUBLICAÇÕES
E ÚLTIMOS LANÇAMENTOS

Cadastre-se no site:

www.novoseculo.com.br

e receba mensalmente nosso boletim eletrônico.

novo século®